小平錦城高等学校

〈収録内容〉

2024 年度 ……………………………一般（数・英・国）

2023 年度 ……………………………一般（数・英・国）
※国語の大問一は問題に使用された作品の著作権者が二次使用の許可を出していないため問題を掲載しておりません。

2022 年度 ……………………………一般（数・英・国）

2021 年度 ……………………………一般（数・英・国）

2020 年度 ……………………………一般（数・英・国）

DL 2019 年度 ……………………………一般（数・英）

DL 平成 30 年度 ……………………………一般（数・英）

便利な DL コンテンツは右の QR コードから →

解答用紙　過去年度

※データのダウンロードは 2025 年 3 月末日
※データへのアクセスには、右記のパスワードの入力が必要 ⇒ 367275

〈合格最低点〉

	特　進	進　学
2024年度	205点	175点
2023年度	240点	200点
2022年度	190点	150点
2021年度	175点	145点
2020年度	220点	190点
2019年度	200点	154点
2018年度	205点	165点

本書の特長

実戦力がつく入試過去問題集

- ▶ 問題 …………… 実際の入試問題を見やすく再編集。
- ▶ 解答用紙 …… 実戦対応仕様で収録。
- ▶ 解答解説 …… 詳しくわかりやすい解説には、難易度の目安がわかる「基本・重要・やや難」の分類マーク つき（下記参照）。各科末尾には合格へと導く「ワンポイントアドバイス」を配置。採点に便利な配点つき。

入試に役立つ分類マーク

基本 確実な得点源！
受験生の 90%以上が正解できるような基礎的、かつ平易な問題。
何度もくり返して学習し、ケアレスミスも防げるようにしておこう。

重要 受験生なら何としても正解したい！
入試では典型的な問題で、長年にわたり、多くの学校でよく出題される問題。
各単元の内容理解を深めるのにも役立てよう。

やや難 これが解ければ合格に近づく！
受験生にとっては、かなり手ごたえのある問題。
合格者の正解率が低い場合もあるので、あきらめずにじっくりと取り組んでみよう。

合格への対策、実力錬成のための内容が充実

- ▶ 各科目の出題傾向の分析、合否を分けた問題の確認で、入試対策を強化！
- ▶ その他、学校紹介、過去問の効果的な使い方など、学習意欲を高める要素が満載！

解答用紙ダウンロード	解答用紙はプリントアウトしてご利用いただけます。弊社ＨＰの商品詳細ページよりダウンロードしてください。トビラのＱＲコードからアクセス可。
リスニング音声ダウンロード	英語のリスニング問題については、弊社オリジナル作成により音声を再現。弊社ＨＰの商品詳細ページで配信対応しております。トビラのＱＲコードからアクセス可。
UD FONT	見やすく読みまちがえにくいユニバーサルデザインフォントを採用しています。

錦城高等学校

普通科
生徒数　1457名
〒187-0001
東京都小平市大沼町5-3-7
☎042-341-0741
西武新宿線小平駅　徒歩15分

勉強とクラブ両立の精神で 大学進学を目指す 明るく多彩な伝統校

URL	https://www.kinjo-highschool.ed.jp

環境

落ち着いた環境で快適な学校生活

小平市にあるキャンパスは、緑が多く落ち着いた雰囲気。快適に学習できるよう全教室に冷暖房を完備。また、2つある体育館やホールにも冷暖房が完備されるなど、施設も充実している。柔道・剣道・空手道の3つの道場を備えた立派な「武道館」に加え弓道場を完備しているのは、文武両道を目指す本校ならではだ。ガラス張りの校舎には広いラーニングスペースがあり、自習環境が備えられている。また、蔵書4万8千冊の図書室をはじめ、進路指導室、多目的ホール、各階にあるコモンスペース、260席を有する食堂もある。

カリキュラム

「わかる授業」で大学受験に対応

「わかる授業」をモットーに、大学進学を目指しており、頻繁に小テストを実施して理解度を確認するほか、早朝・放課後の特別指導や、夏期・冬期・春期講習など、実力をアップするためのプログラムが充実している。

生徒の進路志望に対応するため、特進・進学の2コースを設置。ハイレベルな授業で難関大学合格を目指す**特進コース**は、授業の進度が早く、演習が多いことが特徴である。教科書の基礎的な内容を踏まえたハイレベルな応用力を養い、難関国公立大学や早大・慶大などの難関私立大学への合格を目指す。自ら学び、その知識をもとに考え、課題や問題の解決に向かう力をつけるための発展的な授業が多く展開される。自分の目標を早い段階からしっかりと定め、その実現に向けて試行錯誤しながら継続して努力し、自身の成長を図ることはもちろん、仲間と互いに切磋琢磨しながら高めあい、新たな挑戦を楽しむ環境が整っている。

進学コースは、丁寧な授業で基礎力の充実を図り、多様な入試方式にも対応ができる。基礎学力の向上に重点を置き、教科書レベルの内容・知識の理解と定着を図る丁寧な授業が特徴である。カリキュラムは特進コースと同様だが、より基本的な事項に説明や演習の時間をかけている。生徒は授業を通して自分なりの学習ペースや学習法を確立していく。諦めず、じっくり考える力を養い、自身についても改めて見つめ直すなかで将来の目標を定め、その実現に向けての道を探っていく。仲間たちと情報や考えを交換・共有し、近年増えてきた総合型選抜等の多様な入試方式にも対応できるバランスの良い力をつける環境が整っている。

高校には珍しい弓道専用道場

学校生活

クラブやスポーツで心身を鍛える

クラブや生徒会などの課外活動も重視している。どの生徒も勉強とクラブ活動を両立させているのが特徴で、クラブ数も多く、体育系が23、文化系が18ある。体育系クラブは関東大会などで活躍しているものも多く、文化系クラブは映画研究部がNHK杯全国高校放送コンテストで優勝、吹奏楽部が都大会で金賞を受賞している。

全員参加の球技大会（春季・秋季）などスポーツ行事も盛んだ。また、修学旅行として蔵王でのスキー旅行を行っているのも特色で、専門の指導員のもと、大自然の中で心身を鍛える。そのほか1・2年生の希望者を対象にオーストラリア（夏）やアメリカ（冬）への語学研修を実施。また、1年生の3学期にオーストラリアの高校へ短期留学する「ターム留学プログラム」も行われる。

進路

卒業生のほぼ全員が4年制大学へ進学

2023年3月卒業生の主な進学先は、北海道大、筑波大、大阪大、お茶の水女子大、東京農工大、東京外語大、横浜国立大、東京医科歯科大、早稲田大、慶應義塾大、上智大など、国公立大学や難関私立大学へ多数が合格している。また、東京都立大、早稲田、慶應義塾、上智、明治、青山学院、立教、中央、法政、学習院、津田塾、東京女子、日本女子など、約350名以上の指定校推薦枠がある。

ひとこと

錦城高等学校入試広報部からのメッセージ

錦城高校は、自分で描いた未来に向かい「限りない前進」をする力を育てる学校です。ライフデザインまで見据えた教育体制、文武両道、生徒が自ら創る学校生活、教育環境の充実、世界で活躍する国際人を育てるグローバル教育を通して、多様性を理解しリーダーシップを発揮する人間教育を目指しています。

2022年度入学生から、幅広い知識を身につけた人材育成の新しいカリキュラムを導入しました。高校単独校として、生徒全員が同じラインから高校生活をスタートすることができます。錦城高校で充実した学校生活を送ってみませんか。

2024年度入試要項

試験日　1/22（推薦）　2/10（一般第1回）
2/12（一般第2回）

試験科目　作文+面接（推薦）
国・数・英（一般）

2024年度	募集定員	受験者数	合格者数	競争率
特進・一般 1回/2回	120	652/317	420/178	1.6/1.8
進学・推薦	130	191	191	1.0
進学・一般	200	363	293	1.2

※特進から進学へスライド合格あり

過去問の効果的な使い方

① **はじめに**　入学試験対策に的を絞った学習をする場合に効果的に活用したいのが「過去問」です。なぜならば，志望校別の出題傾向や出題構成，出題数などを知ることによって学習計画が立てやすくなるからです。入学試験に合格するという目的を達成するためには，各教科ともに「何を」「いつまでに」やるかを決めて計画的に学習することが必要です。目標を定めて効率よく学習を進めるために過去問を大いに活用してください。また，塾に通われていたり，家庭教師のもとで学習されていたりする場合は，それぞれのカリキュラムによって，どの段階で，どのように過去問を活用するのかが異なるので，その先生方の指示にしたがって「過去問」を活用してください。

② **目的**　過去問学習の目的は，言うまでもなく，志望校に合格することです。どのような分野の問題が出題されているか，どのレベルか，出題の数は多めか，といった概要をまず把握し，それを基に学習計画を立ててください。また，近年の出題傾向を把握することによって，入学試験に対する自分なりの感触をつかむこともできます。

過去問に取り組むことで，実際の試験をイメージすることもできます。制限時間内にどの程度までできるか，今の段階でどのくらいの得点を得られるかということも確かめられます。それによって必要な学習量も見えてきますし，過去問に取り組む体験は試験当日の緊張を和らげることにも役立つでしょう。

③ **開始時期**　過去問への取り組みは，全分野の学習に目安のつく時期，つまり，9月以降に始めるのが一般的です。しかし，全体的な傾向をつかみたい場合や，学習進度が早くて，夏前におおよその学習を終えている場合には，7月，8月頃から始めてもかまいません。もちろん，受験間際に模擬テストのつもりでやってみるのもよいでしょう。ただ，どの時期に行うにせよ，取り組むときには，集中的に徹底して取り組むようにしましょう。

④ **活用法**　各年度の入試問題を全問マスターしようと思う必要はありません。できる限り多くの問題にあたって自信をつけることは必要ですが，重要なのは，志望校に合格するためには，どの問題が解けなければいけないのかを知ることです。問題を制限時間内にやってみる。解答で答え合わせをしてみる。間違えたりできなかったりしたところについては，解説をじっくり読んでみる。そうすることによって，本校の入試問題に取り組むことが今の自分にとって適当かどうかが，はっきりします。出題傾向を研究し，合否のポイントとなる重要な部分を見極めて，入学試験に必要な力を効率よく身につけてください。

数学

各都道府県の公立高校の入学試験問題は，中学数学のすべての分野から幅広く出題されます。内容的にも，基本的・典型的なものから思考力・応用力を必要とするものまでバランスよく構成されています。私立・国立高校では，中学数学のすべての分野から出題されることには変わりはありませんが，出題形式，難易度などに差があり，また，年度によっての出題分野の偏りもあります。公立高校を含め，ほとんどの学校で，前半は広い範囲からの基本的な小問群，後半はあるテーマに沿っての数問の小問を集めた大問という形での出題となっています。

まずは，単年度の問題を制限時間内にやってみてください。その後で，解答の答え合わせ，解説での研究に時間をかけて取り組んでください。前半の小問群，後半の大問の一部を合わせて50%以上の正解が得られそうなら多年度のものにも順次挑戦してみるとよいでしょう。

英語

英語の志望校対策としては，まず志望校の出題形式をしっかり把握しておくことが重要です。英語の問題は，大きく分けて，リスニング，発音・アクセント，文法，読解，英作文の5種類に分けられます。リスニング問題の有無(出題されるならば，どのような形式で出題されるか)，発音・アクセント問題の形式，文法問題の形式(語句補充，語句整序，正誤問題など)，英作文の有無(出題されるならば，和文英訳か，条件作文か，自由作文か）など，細かく具体的につかみましょう。読解問題では，物語文，エッセイ，論理的な文章，会話文などのジャンルのほかに，文章の長さも知っておきましょう。また，読解問題でも，文法を問う問題が多いか，内容を問う問題が多く出題されるか，といった傾向をおさえておくことも重要です。志望校で出題される問題の形式に慣れておけば，本番ですんなり問題に対応することができますし，読解問題で出題される文章の内容や量をつかんでおけば，読解問題対策の勉強として，どのような読解問題を多くこなせばよいかの指針になります。

最後に，英語の入試問題では，なんと言っても読解問題でどれだけ得点できるかが最大のポイントとなります。初めて見る長い文章をすらすらと読み解くのはたいへんなことですが，そのような力を身につけるには，リスニングも含めて，総合的に英語に慣れていくことが必要です。「急がば回れ」ということわざの通り，志望校対策を進める一方で，英語という言語の基本的な学習を地道に続けることも忘れないでください。

国語

国語は，出題文の種類，解答形式をまず確認しましょう。論理的な文章と文学的な文章のどちらが中心となっているか，あるいは，どちらも同じ比重で出題されているか，韻文(和歌・短歌・俳句・詩・漢詩)は出題されているか，独立問題として古文の出題はあるか，といった，文章の種類を確認し，学習の方向性を決めましょう。また，解答形式は，記号選択のみか，記述解答はどの程度あるか，記述は書き抜き程度か，要約や説明はあるか，といった点を確認し，記述力重視の傾向にある場合は，文章力に磨きをかけることを意識するとよいでしょう。さらに，知識問題はどの程度出題されているか，語句(ことわざ・慣用句など)，文法，文学史など，特に出題頻度の高い分野はないか，といったことを確認しましょう。出題頻度の高い分野については，集中的に学習することが必要です。読解問題の出題傾向については，脱語補充問題が多い，書き抜きで解答する言い換えの問題が多い，自分の言葉で説明する問題が多い，選択肢がよく練られている，といった傾向を把握したうえで，これらを意識して取り組むと解答力を高めることができます。「漢字」「語句・文法」「文学史」「現代文の読解問題」「古文」「韻文」と，出題ジャンルを分類して取り組むとよいでしょう。毎年出題されているジャンルがあるとわかった場合は，必ず正解できる力をつけられるよう意識して取り組み，得点力を高めましょう。

数学

出題傾向の分析と合格への対策

●出題傾向と内容

本年度の出題数は大問5題，小問数にして20題程度であり，解答形式は大問4題がマークシート方式で，残り1題が筆記問題であった。

出題内容は，Ⅰが2次方程式，因数分解，方程式の文章題，データの活用，平面図形の計量などの計算を主体とした小問群，Ⅱは図形と関数・グラフの融合問題，Ⅲは立体図形の計量，Ⅳは確率，Ⅴはオイラーの多面体定理に関する問題で，例年通りのバランスの良い出題である。

また，筆記問題の小問数が例年の3問から1問になった。この傾向が続くかは不明だが，普段から解答を順序立てて書く練習をしておくと良いだろう。

✔学習のポイント

典型的な標準題から発展的内容まで幅広く出題される。数学的思考を鍛えるためにも，解法を深く理解するように心がけよう。

●2025年度の予想と対策

例年，中学数学の各分野からバランスよく出題されてはいるが，要求されている計算力・知識などは高いレベルにある。また，発展的な内容や数学的な思考力を必要とする出題もあるので，準備段階で，より深い理解と堅実な実践が必要である。

対策として，教科書レベルの単元整理はできるだけ早めに済ませ，標準レベルの問題集などで数多くの練習を行い，直前期には数学的な思考を必要とする応用題に取り組もう。もちろん，過去問を十分に解きこなすことも欠かせない。

さらに，途中式や図を丁寧に書けるようにしよう。

▼年度別出題内容分類表・・・・・・

出題内容			2020年	2021年	2022年	2023年	2024年
数と式		数の性質	○	○		○	○
		数・式の計算	○	○	○	○	○
		因数分解					○
		平方根	○	○	○	○	○
方程式・不等式		一次方程式					
		二次方程式		○	○	○	○
		不等式		○			
		方程式・不等式の応用		○			○
関数		一次関数	○	○		○	○
		二乗に比例する関数	○	○	○	○	○
		比例関数					
		関数とグラフ	○	○	○	○	○
		グラフの作成					
図形	平面図形	角度				○	
		合同・相似	○	○	○	○	○
		三平方の定理	○		○	○	○
		円の性質		○	○	○	○
	空間図形	合同・相似					○
		三平方の定理					○
		切断					
	計量	長さ	○	○	○	○	○
		面積	○	○	○	○	○
		体積				○	○
		証明					
		作図					
		動点			○		
統計		場合の数		○			
		確率	○	○	○	○	○
		統計・標本調査	○			○	○
融合問題		図形と関数・グラフ	○	○	○	○	○
		図形と確率					
		関数・グラフと確率		○			
		その他					
その他			○	○	○	○	○

錦城高等学校

英語

出題傾向の分析と合格への対策

●出題傾向と内容

本年度は，リスニング問題1題，語句整序問題1題，英作文問題1題，資料読解問題1題，長文の読解問題2題と，多岐にわたって出題された。大問数は昨年同様6題であった。

資料読解問題および長文読解問題2題はいずれも文章量が多い。設問は内容吟味を中心としたもので，文章の正確な理解が求められている。最後の長文読解は総合問題形式だが，設問も選択肢も全て英語で書かれており，難度が高い。

文法問題は語句選択のようなものではなく，語句整序作文や英作文など，ハイレベルな問題が多く見られた。昨年に引き続き，リスニングテストも出題された。

学習のポイント

文法の参考書や問題集に出てくるような有名構文はしっかり覚えて，どの出題形式でも対応できるようにしておこう。

●2025年度の予想と対策

長文問題は，内容吟味に加え，語句解釈や本文の内容の言い換えの問題が出題される可能性がある。語句解釈は，問われている単語そのものの意味がわからなくても，前後の文章から導き出せるよう，落ち着いて文脈を把握することが重要だ。

文法問題は和文英訳や語句整序問題で文章を書く作文の設問が多いので，文を書いて構文を意識する習慣をつけておきたい。標準レベルをしっかり定着させるのはもちろん，応用レベルまでぜひ目を通しておこう。

▼年度別出題内容分類表 ……

	出題内容	2020年	2021年	2022年	2023年	2024年
話し方・聞き方	単語の発音					
	アクセント					
	くぎり・強勢・抑揚					
	聞き取り・書き取り	○	○	○	○	○
語い	単語・熟語・慣用句		○	○		○
	同意語・反意語					
	同音異義語					
読解	英文和訳(記述・選択)					
	内容吟味	○	○	○	○	○
	要旨把握					
	語句解釈				○	○
	語句補充・選択	○	○	○	○	○
	段落・文整序					
	指示語		○	○		
	会話文					
文法・作文	和文英訳		○		○	○
	語句補充・選択					
	語句整序	○	○	○	○	○
	正誤問題					
	言い換え・書き換え					
	英問英答				○	○
	自由・条件英作文	○				
文法事項	間接疑問文			○		○
	進行形				○	
	助動詞	○	○	○		
	付加疑問文					
	感嘆文					
	不定詞	○	○		○	○
	分詞・動名詞	○	○	○		○
	比較		○	○	○	○
	受動態	○	○	○	○	○
	現在完了	○	○	○	○	○
	前置詞		○			
	接続詞	○	○	○	○	
	関係代名詞	○		○	○	○

錦城高等学校

国語

出題傾向の分析と 合格への対策

●出題傾向と内容

本年度は読解問題として，論説文，小説，古文が出題された。それに漢字や和歌などの知識問題を含め，計4題が出題された。

論説文は，内容の難易度が高く，文脈把握と要旨を中心にした出題となっている。

小説は場面や人物関係を深く読み取らせる問題も出題された。

古文は，語句の意味や難易度のやや高い文法，内容の解釈に関するものなど，幅広く出題されている。

現代文・古文ともに掘り下げた内容が問われている。また，いずれも本文が長文であるうえ，本文を読んだ人物たちの談義からも読解を求められ，文章を読む量はきわめて多いと言える。

学習のポイント

長い文章を素早く読み取り，解答できるようにしておこう。詩や和歌・短歌にも触れておこう。制限時間を意識した練習をしておこう。

●2025年度の予想と対策

現代文の読解問題を中心に古文や韻文の鑑賞など，幅広く学習しておこう。

制限時間に対してかなりの長文が出題されることもあるので，長めの文章読解を問題集などで制限時間を設けながら，数多く練習しておくようにしよう。

選択式の出題ではあるが、正確に読み取っていなければ正解できないので，細部まで文章を丁寧に読むように心がけることが大切である。さらに，問われていることに対する根拠となる箇所を素早く見つけ出す読み方も習得しよう。

漢字は必ず実際に書いて覚えるようにしよう。基本的な文学史や語彙力といった知識事項も身につけておくことが大切である。

▼年度別出題内容分類表・・・・・・

出題内容			2020年	2021年	2022年	2023年	2024年
内容の分類	読解	主題・表題	○	○	○		
		大意・要旨		○	○	○	○
		情景・心情	○	○	○	○	○
		内容吟味	○	○	○	○	○
		文脈把握	○	○	○	○	○
		段落・文章構成					
		指示語の問題	○				
		接続語の問題					
		脱文・脱語補充	○	○	○	○	○
	漢字・語句	漢字の読み書き	○	○			○
		筆順・画数・部首					
		語句の意味	○	○	○	○	○
		同義語・対義語					
		熟語	○		○	○	○
		ことわざ・慣用句					
	表現	短文作成					
		作文(自由・課題)					
		その他					
	文法	文と文節					
		品詞・用法	○	○	○		○
		仮名遣い					
		敬語・その他					
	古文の口語訳				○	○	○
	表現技法						
	文学史		○	○	○	○	○
問題文の種類	散文	論説文・説明文	○	○	○	○	○
		記録文・報告文					
		小説・物語・伝記	○	○	○	○	○
		随筆・紀行・日記					
	韻文	詩					
		和歌(短歌)			○	○	○
		俳句・川柳					
	古文		○	○	○	○	○
	漢文・漢詩						

錦城高等学校

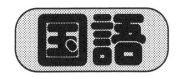

2024年度 合否の鍵はこの問題だ!!

数学 Ⅱ(3)，(4)

典型的な図形と関数・グラフの融合問題であるが，(3)では答えを出すまでの処理がやや多く，また分数を含む計算が煩雑なので，得点に差がついたと考えられる。座標平面上での点対称な図形の作図と，対称の中心が対応する点と点を結んだ線分の中点となることを理解して，正確な計算処理が求められる問題であった。

(4)は△BDA′と△O′A′Eの面積に関する問題である。直接面積を求める解法も考えられるが，作業量が多く計算ミスも起こり得る。ここでは，A′が線分O′Dの中点になることに気づきたい。つまり，底辺を線分DA′，線分A′O′と見るとそれぞれの長さが等しいので，高さが等しくなることがわかる。その後，平行線を作図し，傾きについて立式することで解くことができる。経験の有無が影響すると思われるので，類題で復習しよう。

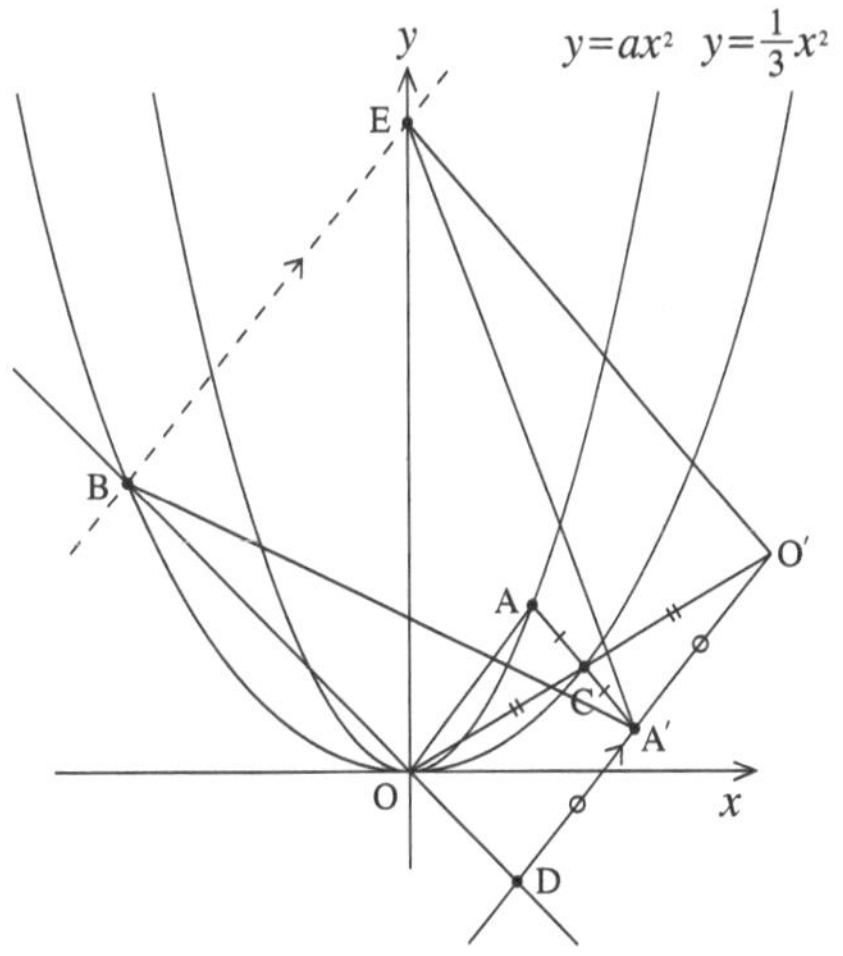

英語 6 問10

a「タロウは試合よりも練習をもっと楽しみたかった」(×)　空所(8)に入る文からタロウは勝つことが最優先の考えだったとわかる。

b「タロウは他のメンバーが辞めたいと言うまで，チームメートの内の何人かが自分と同じ気持ちではないことに気づいていなかった」(○)　空所(8)を含む段落の第2文に一致する。

c「アーダーンは2017年からニュージーランドの首相である」(×)　この文は現在完了時制なので，「2017年から今現在まで首相だ」という意味になる。しかし，空所1dの次の段落の内容より，アーダーンがすでに首相を辞任していることがわかる。

d「アーダーンはニュージーランドで産休を取った最初の女性だった」(×)　空所1dの次の段落の第5文参照。在任中に産休を取った初めての首相である。

e「2020年，外国からニュージーランドに来る訪問者は，コロナを食い止めるために人と会うことをできるだけ避けるようにしなくてはならなかった」(○)　空所(6)を含む段落の第3文参照。self-isolate「自主隔離する」とは他の人との接触を避けることである。

f「筆者はすべてのリーダーがアーダーンのようであるべきだと主張している」(×)　そのような記述はない。

g「ニュージーランドの人々はアーダーンのコロナ政策を受け入れた」(○)　下線部(7)の前文の内容から正しいと判断できる。

h「アーダーンについての情報を得た後，太郎は自分がしていることは良いと確信した」(×)　空所(8)を含む段落参照。タロウは自分の態度を改める必要があるとわかったので，誤り。

i「チームメートの気持ちを第1に考えるというタロウの心変わりによって，チームは全国大会に進んだ」(×)　空所(9)を含む文の次の文参照。「タロウのチームは目標に到達できなかった」とあるので全国大会に出場できなかったとわかる。

j「タロウのチームメートはお互いに理解するよう努力することの重要性を実感した」(○)　空所(9)を含む文の次の文参照。

国語 一 問7

★ 合否を分けるポイント(この設問がなぜ合否を分けるのか？)

文章の内容を正しく読み取った上で，選択肢の文の細かい部分と照らし合わせながら検討し，正誤を判断する必要があるため。

★ こう答えると「合格できない」！

(×) ア

→傍線部Gの三つあとの段落の「幼児が事前に……と計画して，……大人へと自己形成するということはありえない」という内容が，選択肢の文の内容に合致している。

(×) イ

→傍線部Gの四つあとの段落の「成熟した後にしか，自分がたどってきた行程がどんな意味をもつものなのかがわからない」という内容が，選択肢の文の内容に合致している。

(×) ウ

→傍線部Gの五つあとの段落の「成熟のありありとした実感を最終的に担保するのは，理知や概念ではなく，生身の身体なのである」「幼児のときには見えなかったものが見え，……かつては感知できなかった他者の感情の変化や思考の揺れがわかる。それが成熟するとうこととの実相である」という内容が，選択肢の文の内容に合致している。

★ これで「合格」！

(○) エ

→選択肢の文の「人間の成熟プロセスは，身体的に構築されたものが，力動的な経過を経て，理知的な経験になっていくもの」という内容は，成熟は生身の身体を通した力動的なプロセスである，という筆者の考えと矛盾している。

三 問8

★ 合否を分けるポイント(この設問がなぜ合否を分けるのか？)

読解問題のほかに，文学史などの知識問題を確実に得点する必要があるため。

★ こう答えると「合格できない」！

(×) ア

→『竹取物語』は，平安初期にできた最古の作り物語。

(×) イ

→『枕草子』は，平安時代の随筆。作者は清少納言。

(×) エ

→『土佐日記』は平安時代の日記。作者は紀貫之。

★ これで「合格」！

(○) ウ

→『徒然草』は鎌倉時代の随筆。作者は兼好法師。

2024年度

★★★★★★★★★★★★★★★★★★★★★★★★

入　試　問　題

2024年度

錦城高等学校入試問題

【数　学】（50分）　＜満点：100点＞

Ⅰ　次の［　］にあてはまる数値を答えなさい。

(1)　2次方程式 $x-3=-(2x-a)^2$ の1つの解が－1であるとき，a の値は［ア］と－［イ］である。

(2)　$(x-y-3)(x-y+1)-5$ を因数分解すると，$(x-y+$［ウ］$)(x-y-$［エ］$)$ である。

(3)　75gの食塩を含んでいる食塩水500gに［オ］［カ］［キ］gの水を加えると，10％の食塩水となる。

(4)　右の表は，あるクラスの生徒40人の右手の握力の分布を相対度数で表したものである。この表から，握力の小さい方からかぞえて9番目の生徒の属している階級の階級値は［ク］［ケ］(kg) である。

階級(kg)	相対度数
以上　未満	
10 ～ 20	0.10
20 ～ 30	0.30
30 ～ 40	0.35
40 ～ 50	0.20
50 ～ 60	0.05
計	1.00

(5)　右図は点Oを中心とする，半径4cmの半円である。$\angle OBP=60°$，$\overset{\frown}{AQ}=\overset{\frown}{QP}$ のとき，円周率を π として斜線部分の面積を求めると，

［コ］π－［サ］［シ］$\sqrt{［ス］}$ cm²である。

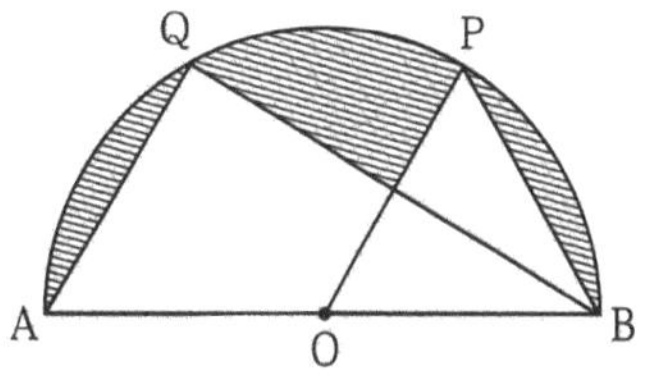

Ⅱ　右図のように原点をOとする座標平面上に2つの関数のグラフ $y=ax^2$ と $y=\frac{1}{3}x^2$ がある。$y=ax^2$（ただし，$a>0$）上に x 座標が $\frac{5}{4}$ である点Aがあり，$y=\frac{1}{3}x^2$ 上に x 座標が－3である点Bがある。

また，$y=ax^2$ について，x の値が0から $\frac{5}{4}$ まで増加するときの変化の割合は $\frac{5}{3}$ である。

このとき，次の問いに答えなさい。

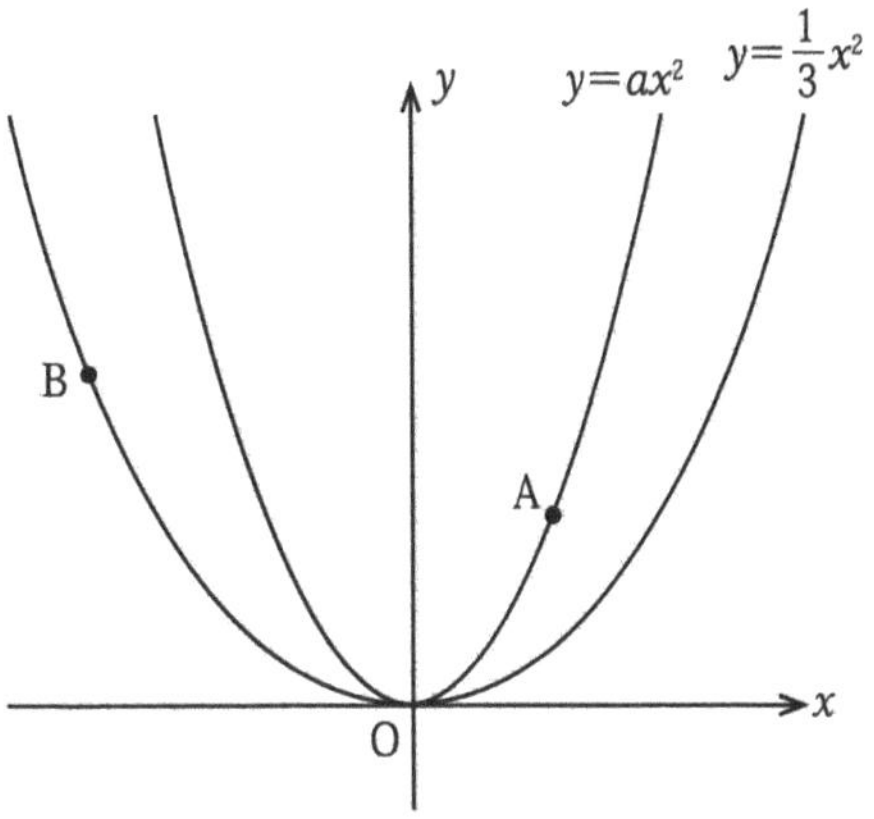

(1)　点Bの y 座標は［ア］，a の値は $\frac{［イ］}{［ウ］}$ である。

⑵　関数 $y=\frac{1}{3}x^2$ のグラフ上に点Cを x 座標と y 座標の和が $\frac{10}{3}$ となるようにとる。

このとき，x 座標が正となる点Cの座標は（［エ］，$\frac{［オ］}{［カ］}$）である。

⑶　⑵のとき，△OACを点Cを回転の中心として180°だけ回転移動した図形を△O′A′Cとする。ここで，点Oに対応する点がO′，点Aに対応する点がA′である。

直線O′A′と直線OBとの交点をDとするとき，点Dの x 座標は $\frac{［キ］}{［ク］}$ である。

また，直線AA′の傾きは－［ケ］である。

⑷　⑶のとき，y 軸上に点Eを△BDA′と△O′A′Eの面積が等しくなるようにとる。点Eの座標は（0，［コ］）である。ただし，点Eの y 座標は正とする。

［Ⅲ］　図１の立体は，底面の半径３㎝，高さ６㎝の円すいである。
半径５㎝の半球形の容器を満水にして図１の立体を，底面の周が容器に密着するように沈めた。

図１

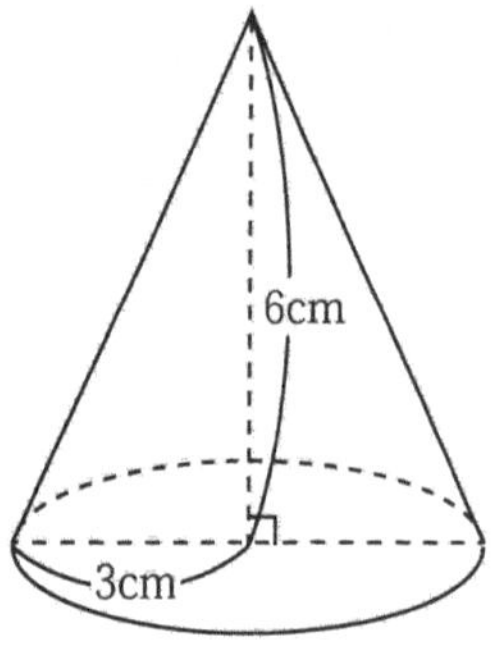

図２

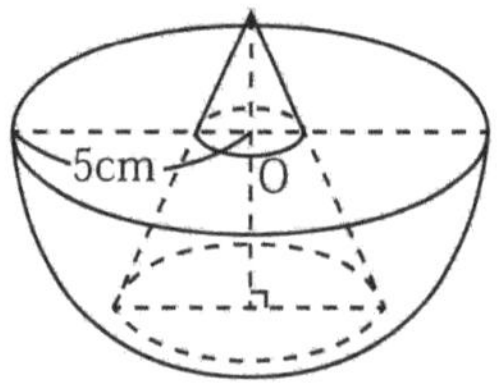

図３

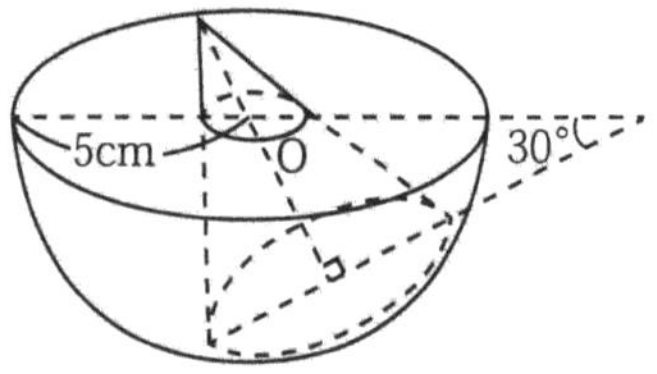

図２は，図１の立体を，その底面が水面と平行になるように沈めた状態を示したものであり，図３は，同じ立体を，その底面を水面に対して30°傾けて沈めた状態を示したものである。
このとき，次の問いに答えなさい。
ただし，図１の立体は中身がつまっているものとし，容器の厚みは考えないものとする。また，円周率は π とする。

⑴　図１の立体の体積は［ア］［イ］π ㎤である。

⑵　図２の状態にしたとき，あふれ出した水の量は $\frac{［ウ］［エ］}{［オ］}\pi$ ㎤である。

⑶　図２において，水面から上に出ている部分の側面積は $\sqrt{［カ］}\pi$ ㎠である。

⑷　図３において，水面から円すいの頂点までの高さは $\sqrt{［キ］}$ ㎝である。

Ⅳ　２つのさいころA，Bを同時に振り，出た目の数をそれぞれ a，b とする。
このとき，次の問いに答えなさい。

(1)　$a+1=\frac{1}{3}b$ となる確率は $\frac{\boxed{\text{ア}}}{\boxed{\text{イ}}\boxed{\text{ウ}}}$ である。

(2)　$\sqrt{ab}$ が整数となる確率は $\frac{\boxed{\text{エ}}}{\boxed{\text{オ}}}$ である。

(3)　a と b の差が１となる確率は $\frac{\boxed{\text{カ}}}{\boxed{\text{キ}}\boxed{\text{ク}}}$ である。

(4)　$\frac{b}{a}$ が整数となる確率は $\frac{\boxed{\text{ケ}}}{\boxed{\text{コ}}\boxed{\text{サ}}}$ である。

Ⅴ　**（注意，この問題はマーク方式ではありません）**

平面からなる立体を多面体といい，以下ではへこみのない多面体について考える。

一郎くんと淳子さんは，次の条件を満たす多面体について考察している。

〈条件〉

どの頂点にも４つの面が集まり，頂点を共有する４つの面は，となり合わない２つが四角形で他のとなり合わない２つが三角形である。

一郎：どんな形の多面体か想像するのが難しいね。
淳子：そうね。ではまずこの多面体の面の数をF，辺の数をE，頂点の数をVとしてわかることを式にまとめてみましょうよ。
一郎：この多面体は三角形と四角形でできているから三角形の面の数を x，四角形の面の数を y としよう。
淳子：それならまずはFを x と y の式で表すと，F＝ $\boxed{\text{(ア)}}$ とできるわ。
一郎：うん。あとは…。あ，三角形に注目すれば，どの三角形もとなり合わないのだから，Eは x を使ってE＝ $\boxed{\text{(イ)}}$ とできるよ。
淳子：そうね。同じように四角形に注目すればEは y を使ってE＝ $\boxed{\text{(ウ)}}$ ともできるわね。
一郎：この２つの式を使って２Eを x と y の式で表せば２E＝ $\boxed{\text{(エ)}}$ とできるね。
辺の数に注目したから続いて頂点の数について考えてみようよ。
淳子：えーっと，三角形１つにつき３つ，四角形１つにつき４つの頂点があって，どの頂点にも４つの面が集まっているのだから，Vを x と y の式で表すとV＝ $\boxed{\text{(オ)}}$ とできるわ。
一郎：そうだね。ということは $\frac{\mathrm{E}}{\mathrm{V}}=\boxed{\text{(カ)}}$ とできるね。
先生：２人ともがんばっているね。実はこの多面体については，「多面体の面の数をF，辺の数をE，頂点の数をVとするとき，F－E＋V＝２　が成り立つ」と証明されているんだよ。
これと君達が導いた結果を使うと，今考えている多面体の面，辺，頂点の数を求めることができるよ。

(1)　(ア)～(カ)にあてはまる式または値を答えよ。
(2)　F，E，Vの値をそれぞれ求めよ。

【英　語】（50分）　＜満点：100点＞　※リスニングテストの音声は弊社HPにアクセスの上，音声データをダウンロードしてご利用ください。

1　＜リスニング問題＞

英文を聞き，それに関する質問の答えとして最も適切なものを１つずつ選び，その記号をマークしなさい。放送される英文は一回読まれます。

1．Question: Which is today's weather in Boston?

(a) Sunny　(b) Cloudy → Rainy　(c) Cloudy → Snowy　(d) Rainy

2．Question: How much did Damian pay for the pair of sneakers?

(a) $60　(b) $80　(c) $100　(d) $120

3．Question: Which is Silent Hill?

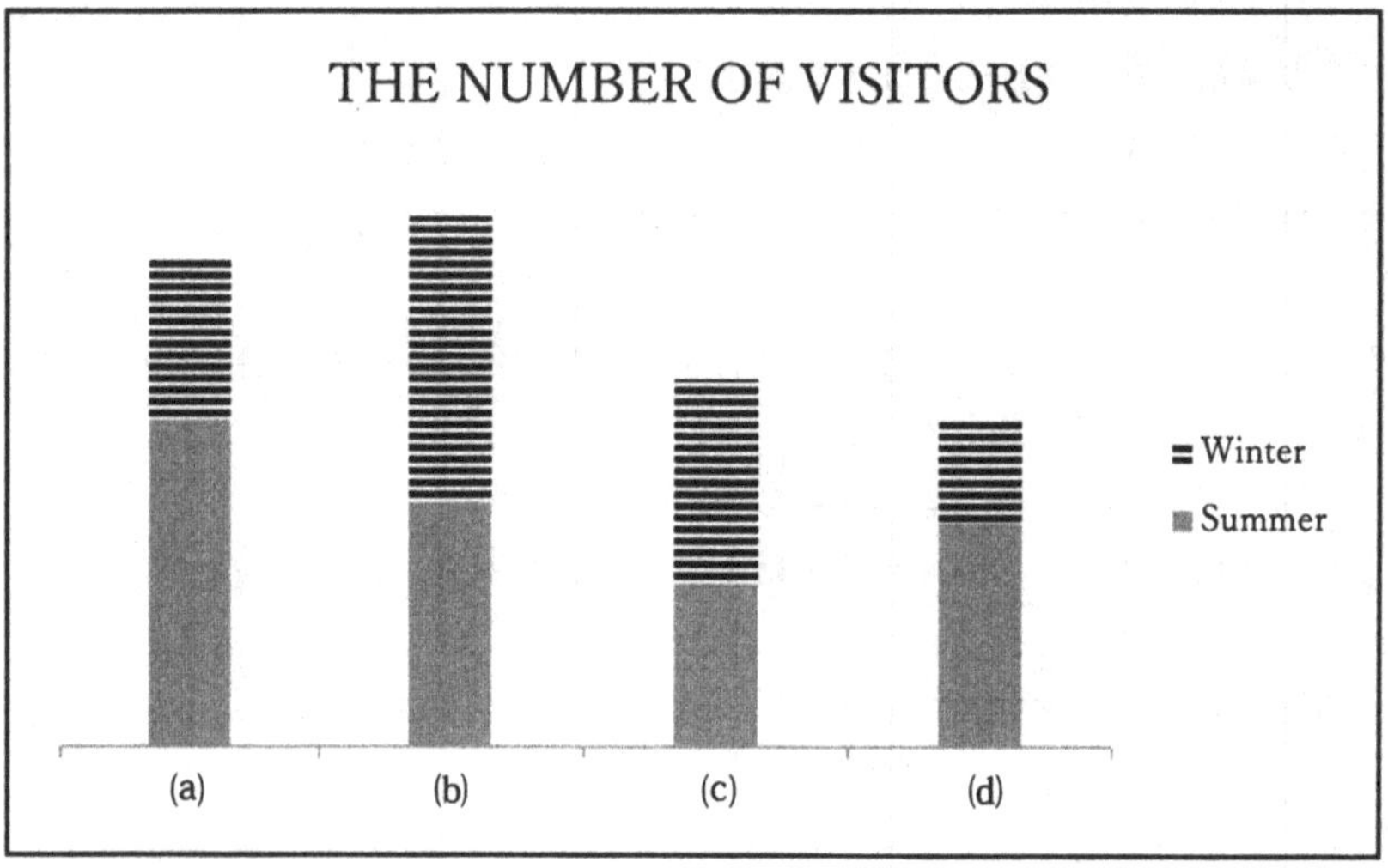

4．Question: Which is the place of Castle café?

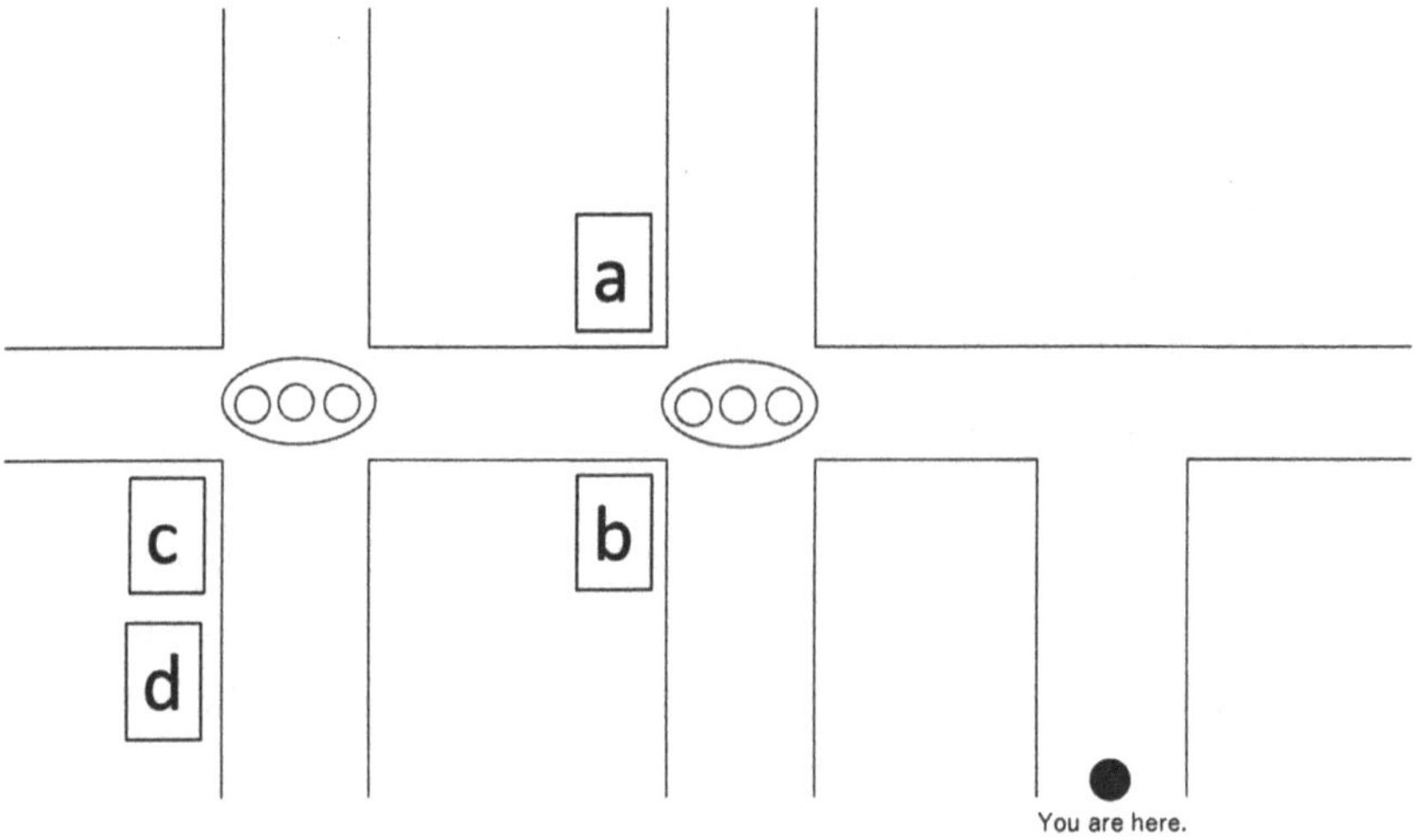

5．Question: Which is true about the announcement?

(a) "Let's Give Food to Tiger" program is going to start in the morning.

(b) To join the program, people need to pay some money.
(c) To join the program, people need to go to the information center.
(d) Only 15 people can join the program.

2 次の英文の[ ]内の語句を並べ替え，3番目と6番目にくるものの記号をマークしなさい。尚，文頭にくる語も小文字にしてある。

1．
A: [(a) take (b) I (c) bus (d) should (e) to Kinjo High School (f) to go (g) which]?
B: The bus number 21 will take you there.

2．
A: What happened to you? You don't look happy.
B: [(a) made (b) marriage (c) me (d) my favorite musician's (e) of (f) so sad (g) the news].

3．
A: There are so many dogs in this dog park. Where is your dog?
B: [(a) a pink shirt (b) there (c) is (d) and running (e) over (f) the dog (g) wearing] mine.

4．
A: Mom, [(a) bought (b) difficult words (c) has (d) many (e) me yesterday (f) the book (g) you].
B: It's a good chance to learn new things.

3 次の下線部の日本語を英語で表現しなさい。ただし，[ ] 内に与えられた語句を，そのままの順序で形を変えずに用いなさい。

1．
A：この図書館には，英語で書いてある本がたくさんあるんですね。[There / which]
B：Yes. I often come here to study English.

2．
A：It's the meeting time. Oh, is Kenji here?
B：彼は先週の水曜日から学校を欠席しています。[from / since]

3．
A：僕には何カ国語も話せる友達がいます。[I / who / many]
B：Are you speaking about Hiroki?

4．
A：私の娘は，クラスで一番泳ぐのが速いんです。[the class]
B：She is famous in our school.

4 次のメールを読み，空所に入る最も適切なものを１つずつ選び，その記号をマークしなさい。

Sam is a high school student living in San Francisco. He went to Mexico last year to meet his old friend living there.

To: Tommy
Date: January 21st, 2024
Subject: Meeting again

Hello there! How have you been? I hope everything is going well for you and your family. Do you remember the time when we met in Mexico last year? My family has been interested in some places in Mexico after my stay, and we're planning to visit them this August.

I'm going to take my family to the places where you took me last time. But I have a problem: [1]. Do you have any hints about the name of the building with the green roof? I only remember that a big dinosaur is painted on its wall...

If you are OK, I would like to meet you during my visit. It'll be a nice time. Looking forward to hearing from you soon!

Best regards,

Sam

To: Sam
Date: January 23rd, 2024
Subject: Re: Meeting again

Hi Sam,

It's so great to hear from you. We've been doing well. Thanks for asking! It's hard to believe it's been a year since our wonderful time in Mexico. I'm excited to know that your family is interested in Mexico, and it's fantastic that you're planning to come here again!

Maybe the building you are talking about is *MONTE ROJO RIDGE*. Is that the place we visited with Jenny, right? *MONTE ROJO RIDGE* is the largest museum about dinosaurs in Mexico, so [2]. However, we also have the *MONTE AZUL RIDGE* museum here.
These museums have very similar names, and the second one only shows insects. Don't mix them up!

It would be wonderful to see you again, but [3]. I'm going to experience a homestay program in China next summer. I'll do my best to make sure we can meet. Let me know when you'll be in Mexico.

Looking forward to welcoming you and your family here!

Take care,

Tommy

[1]

(a) I clearly remember where we went
(b) It's difficult for me to remember the name of a building
(c) My family doesn't have enough time to do sightseeing
(d) No one in my family has ever visited that place

[2]

(a) the other museum will be better for you to know about dinosaurs
(b) you can see as many dinosaur bones there as in the other museum
(c) you should go to the other museum in order to learn dinosaurs
(d) you can see more dinosaur bones here than in any other museum

[3]

(a) it shouldn't be difficult for us to arrange a meeting in Mexico
(b) it would be my pleasure to meet your family
(c) we're not expected to have a good time at the meeting
(d) there may be some difficulties in setting up a meeting

5 以下のウェブサイトから読み取れる情報として適切なものを，後の(a)～(h)の中から3つ選び，その記号をマークしなさい。

Smartphone vs. Professional Camera：Which One Is Right for You?

Hello, young photographers! Are you interested in using your smartphone or a nice professional camera for taking pictures? We're here to help you understand the differences.

1. Size：

Smartphone：

Your smartphone is like a magic picture box in your pocket. It's small, so you can carry it everywhere. You can take quick pictures anytime, like selfies and funny cat moments.

Professional Camera：

These cameras are bigger and need a bag. They're like photo superheroes but you cannot easily take them out. They're best for planned photo adventures.

2. Picture Quality：

Smartphone：

Your smartphone can take cool pictures, especially when it's sunny outside. But when it's dark, things get a little difficult, and your photos might not look as great.

Professional Camera：

These cameras are like magicians. They make your pictures look super clear and colorful, even in the dark. They're great for making amazing photos in any weather.

3. Making It Special：

Smartphone：

Your smartphone lets you do some fun stuff with pictures. You can add filters and make your photos look fancy.

Professional Camera：

These cameras give you superpowers! You can change settings to make your photos look exactly how you want. Want a super sharp picture? You can do it!

4. Battery Power：

Smartphone：

Taking lots of pictures on your phone can use up the battery quickly. Your battery might be over when you need your phone for other fun things.

Professional Camera：

These cameras have strong batteries. You can take pictures all day long without worrying about the battery.

5. Prices：

Smartphone：

Most people already have smartphones, so you don't need to spend extra money for pictures.

Professional Camera：

These cameras can be expensive, especially with their special lenses. They're for people who really, really love taking pictures and want to pay a lot of money in their hobby.

How to choose?

Both styles will give you wonderful photo experiences, but remember that taking pictures means having fun and recording special moments. So take your camera, in your pocket or in your bag, and go out there to take some fantastic shots!

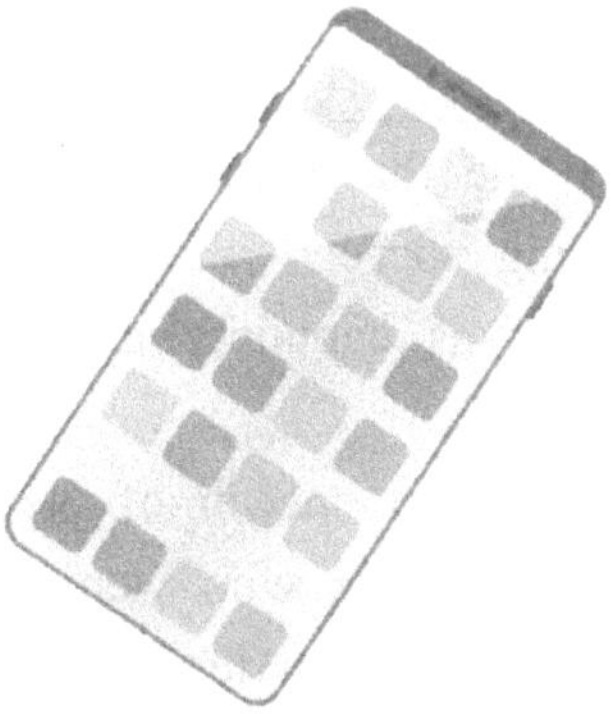

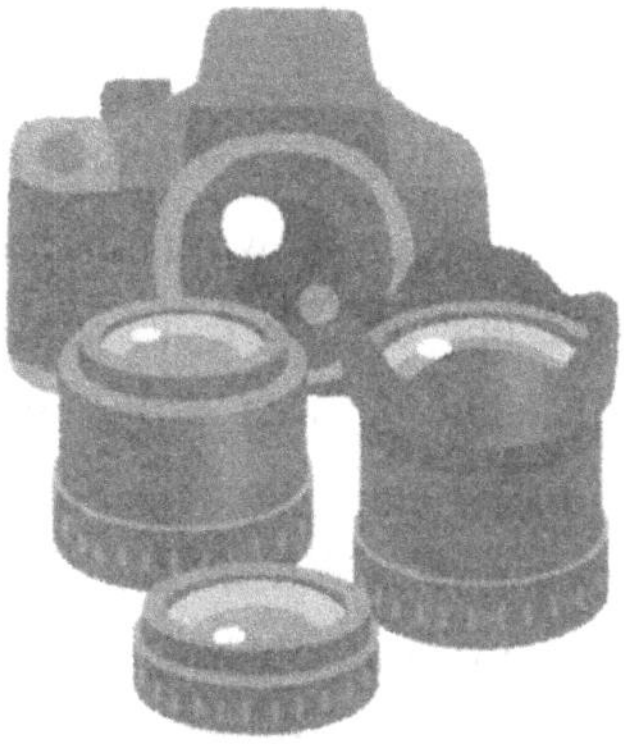

(a) If you don't want to miss out a chance to take cute cat photos, you should get a professional camera.

(b) If you want to take pictures of beautiful night scenes, the best option is to buy a professional camera.

(c) The author strongly believes that young people should buy a professional camera.

(d) When you think about batteries, professional cameras are better than smartphones.

(e) If you are not sure about what kind of camera to buy, you should talk to someone who has been using cameras for a long time.

(f) The average prices of smartphones are lower than those of professional cameras.

(g) Some expensive smartphones are so powerful that they can take completely the same picture as professional cameras.

(h) You cannot easily take a professional camera with you because of its size, but it is a good choice if you are ready to prepare well.

6 次の文章を読んで，後の設問に対する最も適切な答えを選択肢から選び，その記号をマークしなさい。＊印のついている単語には，本文の後に［注］がある。

What image do you have of a leader? Someone who is good at giving directions to the people of a team? Someone who is good at seeing ahead and leading a team? Maybe some of you have had experience of being the leader of a group and had some trouble bringing the team together. What do you need to be a good leader?

Taro was the captain of a soccer team. He wanted to play in the national tournament the next year, so his team began hard training. [1 a] When someone in the team tried to skip practice, Taro was angry and gave a warning. The team practiced so hard from morning till night every day that they (2). Everything seemed to be going well.

But one day, a few members of the team said they wanted to quit the team. [1 b] When they (3)( )(A)( )( )(B)( )( ), one of them said, "I like soccer very much, but I don't like this team. I am happy to win the game, but I want to have more fun playing soccer." Taro was shocked. He was trying as much as possible to do his best as captain, but he began to wonder if what he was doing was wrong. [1 c]

A few days later, he watched the news about the last speech of New Zealand Prime Minister*. When she finished her speech, the people who were listening to her speech applauded* her. [1 d] He wanted to learn about leadership from her, so he decided to learn about her career.

Her name is Jacinda Ardern. People think of her as a new kind of leader. She is the former Prime Minister of New Zealand. In 2017, when she was 37, she became New Zealand Prime Minister and worked for about five years. She gave birth to a baby in 2018, and became famous as the first Prime Minister who took maternity leave* while in office. She was popular among the people, and the political party she led won the 2020 election easily.

Here are some stories that tell you about what kind of person she is. In 2019, a young white supremacist* man with a gun attacked a Muslim* mosque* in Christchurch and about 50 people were shot and lost their lives. The day after the incident, Ardern went there and showed her (4) for the people who lost family members by wearing a Muslim head scarf. In her speech, she said that (5)<u>the terrorist would be nameless when she spoke</u>. She asked the people to say the names of those who were lost, rather than the name of the man who killed them. Also, she hoped that the people in the Muslim community could have a comfortable life with love and kindness. She immediately announced that she would change the gun control law.

One year later, in March 2020, New Zealand was going to have the first anniversary of the Christchurch shooting with a national memorial event. However, things changed after the World Health Organization declared* a coronavirus pandemic. They had to cancel the event, and Ardern announced that people coming to New Zealand would have to self-isolate* to prevent the spread of the coronavirus and that New Zealand would enter a lockdown. She asked people to "Unite Against Covid-19" and repeatedly called the country "our team of five million." When she spoke to the people during the lockdown, she ended with the same message: Be strong. Be kind. Her kind attitude (6), and it is said that the lockdown measures in New Zealand were a success to some extent.

Ardern seems to have put the people's feelings first and tried to make her politics closer to the people. Many people were impressed by her words and tried to overcome the coronavirus pandemic in cooperation with the government. Thanks to her (7)empathy and communication skills in her words, she became popular. She got a lot of attention from the country and all over the world because of her leadership.

After learning about Ardern, Taro began to think again about what he was doing. Before the few members wanted to leave the team, he set the goals by himself, and he didn't care about what the other members were thinking or how they felt. Of course, it is important for the team to win, but (8), so some other members didn't feel like following him. He found that he needed to change his attitude.

The next day he talked with the members. He listened to their feelings, and told them about his feelings. Finally, the members agreed to the goals he set, and seemed to understand why they had hard trainings. He said to them that it might be tough, and suggested that they should work together to play in the national tournament.

One year later, on his last day of the team, Taro received a message from one of his teammates: "Last year, some members and I said to you that we didn't like this team. In fact, some of them left this team and I also wanted to do. (9), you changed and I decided to stay here. Our team lost the final match and couldn't reach our goal, but I found it important to try to understand each other. You are our leader."

There are many kinds of leaders in the world. Many of you may have to experience to work as a leader in the future, so what about making an ideal image of a leader or thinking about what kind of skills are required to be a good leader?

［注］ Prime Minister：首相　applaud：拍手する　maternity leave：産休
white supremacist：白人至上主義者　Muslim：イスラム教徒
mosque：イスラム教徒の礼拝堂　declare：宣言する　self-isolate：自主隔離する

問 1 Which is the best place to put the following sentence in? Choose [1 a] ～ [1 d] in the passage.

Taro was moved by the scene.

問 2 Choose the best answer to fill in the blank (2).

(a) lost the game in the national tournament

(b) were improving gradually

(c) didn't help Taro work as leader
(d) were not ready for the game

問3 Put the words in the correct order and choose the word in the blank (A) (B) of the underlined part (3).

【 (a) asked (b) they (c) leave (d) were (e) to (f) why (g) wanted 】

問4 Choose the best answer to fill in the blank (4).

(a) memory (b) fact (c) happiness (d) respect

問5 What does the underlined part (5) mean? Choose the best answer.

(a) The name of the terrorist would not be famous in New Zealand.
(b) The terrorist wouldn't have his real name.
(c) The name of the terrorist would not be called in her speech.
(d) No one would like the name of the terrorist because he did something terrible.

問6 Choose the best answer to fill in the blank (6).

(a) kept the people outside the country
(b) wanted the people to have their opinions against her
(c) made the people trust her
(d) made the people a little sad and afraid of her

問7 What does the underlined word (7) mean? Choose the best answer.

(a) the ability to know what is in someone else's mind without using words
(b) the ability to understand another person's feelings or experience
(c) the ability to do something dangerous, or to face pain, without showing fear
(d) the feeling of strong dislike or anger

問8 Choose the best answer to fill in the blank (8).

(a) he put too much importance on winning the game
(b) actually he realized that he would rather get along with other members than win
(c) the other members wanted to win in the tournament
(d) he took great care of the other players in the team because they were important to him

問9 Choose the best answer to fill in the blank (9).

(a) However (b) Therefore (c) By the way (d) For example

問10 Choose four sentences which are true of the story.

(a) Taro wanted to enjoy the practice more than the game.
(b) Taro was not aware that some of the teammates didn't have the same feeling as him until other members said they wanted to quit.
(c) Ardern has been the Prime Minister of New Zealand since 2017.
(d) Ardern was the first woman that took maternity leave in New Zealand.
(e) In 2020, visitors to New Zealand from abroad had to try to avoid meeting

people as much as possible to stop the Covid-19.

(f) The writer insists that every leader should be like Ardern.

(g) The people in New Zealand accepted the Ardern's policy about coronavirus.

(h) After getting the information about Ardern, Taro was sure that what he did was good.

(i) A change of Taro's mind like putting teammates' feelings first brought the team to the national tournament.

(j) Taro's teammate realized the importance of making an effort to understand each other.

四 次の各問いに答えよ。

問一 次の1～3の傍線部のカタカナを漢字に表したとき、傍線部と同じ漢字を含むものを一つずつ選べ。

1 彼は幼少期からイサイを放っていた。

ア イベントのシュサイ者となる。
イ 彼女にはブンサイがある。
ウ 困っている人をキュウサイする。
エ 彼の服はメイサイ模様だ。

2 式典にイギを正して出席する。

ア その意見にイロンはない。　**イ** 野良猫にイカクされる。
ウ 郷土のイジンを調べる。　**エ** 言葉のイミを勉強する。

3 不正な行いをテキハツする。

ア 遺物のテキシュツ手術を行う。
イ 病院でテンテキ治療を受ける。
ウ その仕事はテキニンだと思う。
エ ガイテキから自身の身を守る。

問二 次の1・2の熟語の成り立ちを説明したものとして最も適切なものを、あとの選択肢よりそれぞれ一つ選べ。

1 往復　**2** 遭難

ア 似た意味の漢字を組み合わせたもの
イ 対になる漢字を組み合わせたもの
ウ 主語・述語の関係になるもの
エ 修飾・被修飾の関係になるもの
オ 上の字が下の字を打ち消しているもの
カ 下の字が上の字の目的語になるもの

問三 例を参考に、次の各文の傍線部から敬意を取り除きなさい。なお、解答の際には、傍線部を終止形（言い切りの形）に改めること。

（例）今日は帰ってゆっくり休みます。　A　休む

1 夕食後にお茶を召し上がってください。
2 乗車予定の電車が参りました。

問四 次の1～3の和歌の□にはそれぞれ同じ語が入る。最も適切なものを一つずつ選べ。

1 「富士の嶺《ね》を　高み畏《かしこ》み　天□も　い行きはばかり　たなびくものを」（高橋虫麻呂）
「しるしなき　けぶりを□に　まがえつつ　夜を経て富士の　山と燃えなむ」（紀貫之）

ア 晴　**イ** 雲　**ウ** 月　**エ** 霧

2 「春の野に　鳴くや□　なつけむと　我が家の園に　梅が花咲く」（大伴旅人）
「□の　鳴き散らすらむ　春の花　いつしか君と　手折《たお》りかざさむ」（大伴家持）

ア ひぐらし　**イ** まつむし　**ウ** かるがも　**エ** うぐいす

3 「□降らず　との曇る夜の　しめじめと　恋いつつ居りき　君待ちがてり」（阿倍広庭）
「黄葉を　散らす時□に　濡れて来て　君が黄葉を　かざしつるかも」（久米女王）

ア 雪　**イ** 手　**ウ** 雨　**エ** 星

ど、これについてはどう思う?

生徒F：尼を感じて涙を流したってことは、「殿ばら」はもともと朝綱との思い出に浸るためだけにこの家を訪れたんだからその朝綱と縁がある尼と会えたことに感動して涙を流したのかな、って思ったよ。

生徒G：私は漢詩の才能に秀でていた、「殿ばら」からしたらいわば憧れの存在である朝綱の家で詠んだ漢詩がきっかけで、朝綱に縁のある尼と朝綱について思いを馳せることができたのが感慨深かったんだと思った。

生徒H：尼は朝綱に古くから仕えていた下女だったみたいだけど「殿ばら」は生前の朝綱とは直接的なかかわりはなかったように読み取れるし、尼と自分たちを比較して朝綱との関係性の違いや漢詩の技術の実力差を実感して悔しいと思ったんじゃないかな。

問7 次の会話は高校一年生の言語文化の授業の中でこの文章を読み終わった後に話す生徒たちのものである。会話中の空欄 G にはいる語として最も適当なものを後の【選択肢】より一つ選べ。

生徒A：今日の授業で読んだ文章の★の箇所で特によくでてきた「し」って何なんだろう。

生徒B：助動詞みたいだよ。過去の意味をあらわす助動詞らしい。

生徒A：助動詞って言われると英語で習うイメージだけど、日本語でも助動詞ってあるんだね。現代語を話している中で助動詞を意識することってあんまりないけど…。

生徒B：それが現代語と古語の違いで、昔使われていた言葉から変遷したことの一つなのかな。そういえば「けり」も過去の意味の助動詞って聞いたことがあるんだけど、この二つって何か違いがあるのかなあ。

生徒A：この★の箇所でも「ける」の形で使われているね。それぞれの使い方をみてみよう。

生徒B：「し」は尼がどんな人物であるか、とか尼が G ことを述べる、とか確実性のある過去の出来事を述べるのに使っているみたいだね。

生徒A：「ける」はこの文章自体の場面の説明をしているところで使われているね。これらを語っているのは文章の作者になるわけだけど、場面の説明なんだから作者が G ことを述べていることはないよね。それが「し」と「けり」の使い方の違いなのかな。

生徒B：そんな感じがする! 現代語との違いもそうだけど古語の中でも言葉の使い分けをしてたっていうことが知れて面白かったな。これからも古文を読むときに意識してみよう。

【選択肢】

ア 実際に経験した　**イ** 誰かから聞いた

ウ 噂されていた　**エ** 考えついた

問8 本文の出典『今昔物語集』は平安時代に成立した作品である。次の選択肢の中から平安時代に成立した作品ではないものを一つ選べ。

ア 竹取物語　**イ** 枕草子

ウ 徒然草　**エ** 土佐日記

選べ。

ア　村上天皇　　イ　朝綱　　ウ　殿ばら　　エ　尼

問6　次の各問いに答えなさい。

（ⅰ）空欄 D には朝綱の家に集まった者達の漢詩の詠み方の文言が入る。本文の内容を参考にして最も適当なものを一つ選べ。

ア　月のために長安の百尺の楼から上れり

イ　月のために長安の百尺の楼を上れり

ウ　月は長安の百尺の楼を上げり

エ　月は長安の百尺の楼に上れり

（ⅱ）次の会話はこの話を読んだ先生と生徒の会話の記録である。生徒の発言A～Hのなかで正しいものについてはア、誤っているものについてはイをマークせよ。

先生　：この話はある漢詩の詠み方の違いについてがテーマになっている話でした。朝綱の家に集まった者達、本文中では「殿ばら」と呼ばれているので「殿ばら」としておきましょう。その者達と朝綱の漢詩の詠み方の違いについて、みなさんはどんな風に解釈しましたか？

生徒A：「殿ばら」の漢詩の詠み方について、その人々の前に現れた尼が「月は何しに楼には上るべきぞ」って指摘しているね。これは「月は何かをするために楼に上るべきだ」って訳せると思うから、「殿ばら」の詠み方では月が楼に上る理由について全く述べられていないのが良くない、ってことを伝えたいんだと思った。

生徒B：私はその部分、「月はどうして楼に上ることがあるだろうか」って訳すのが一番良いと思うな。このあと更に尼が「人こそ月を見むが為に楼には上れ」って補足してるから「上る」の動作を行うのは「人」であって「月」が楼を上ることはない、ってことを尼は伝えたかったんだと思う。

生徒C：「殿ばら」の詠み方だとあたかも月が意思を持って楼に上っている、という風に解釈できるから、尼は「朝綱の詠み方とは似ていない」って指摘したんだね。でもその詠み方も良い詠み方だと私は思ったよ。百尺もの高さがある楼と綺麗な月が並んで見えている情景を詩の中で詠んだんじゃないかなあ。

生徒D：朝綱の詠み方は、「依存」とか「依頼」という熟語で使うような「依」の字があてられているし「月が出ているから百尺の楼に上る」って解釈すると良さそう。つまり朝綱の漢詩の詠み方は「上る」の動作の主体が「人」だって明らかにわかるね。なんだかこの場面そのものを表しているみたい。月に引き寄せられた人々が朝綱の家に集い、そこから見えた美しい月を漢詩に詠んでいるんだもんね。

生徒E：尼は「殿ばら」の詠み方が間違っているって指摘しているからその者たち以上に朝綱への尊敬の気持ちを強く持っていたんだろうな。長い間朝綱に仕えていてよく朝綱から漢詩の知識を教えてもらってたと書いてあるし、尼も漢詩に対する知識が多かったから間違いを指摘することができたんだね。

先生　：では、その尼からの指摘の後、「殿ばら」は「涙を流して尼を感ずること限りなし」とあるように涙を流しているんだけ

※注

1　煙屋——炊事場のこと。

2　この人々——朝綱の家を訪れた漢詩文を好む人々。後の「道を好む人々」、「殿ばら」も同じ。

3　百尺楼——尺は長さの単位のこと。百尺もの高さがあるひときわ高い建物。

4　唐に某いひける人——ここでは唐（中国）の白居易という詩人のこと。

5　文花の微妙なりし事——漢詩文の学識が非常に深いということ。

6　遊びたまふぞ——「たまふ」は尊敬語。「詩をお詠みになっているのですか」と訳す。

7　汝——お前、あなたのこと。

8　故宰相殿——大江朝綱を指す。

9　残りてはべる——「はべる」は丁寧語。「残っております」と訳す。

10　その数はべりしかども——「はべり」は丁寧語。「ずいぶんたくさんおりましたが」と訳す。

11　今明とも知らではべるなり——「はべる」は丁寧語。「今日明日ともわからない命でございます」と訳す。

12　詠じ給ひつる——「給ひ」は尊敬語。「お詠みになった」と訳す。

13　似はべらず——「はべら」は丁寧語。「似ていません」と訳す。

14　物張にてなむはべりし——「はべり」は丁寧語。「裁縫や洗い張りをする下女でございました。」と訳す。

15　かづけ物——褒美として与えるもののこと。

16　言ふ甲斐無き女そら、かくのごとし——「身分の低い下仕えの女ですら、このようである。」と訳す。

問1　傍線部A「その家」の説明として適当なものを選択肢の中からすべて選べ。

ア　朝綱が亡くなった後も多くの人が訪れるほどの活気がある。

イ　家屋は倒れ傾き、炊事場だけが残っている。

ウ　朝綱が亡くなる前は朝綱に仕える者が多くいた。

エ　朝綱が亡くなった後は朝綱と縁のあった人々のみ入ることができる。

オ　唐の詩人が漢詩を詠むために訪れたことがある。

問2　傍線部B「踏沙被練立清秋」は「白砂を踏み練絹を肩にかけて清秋に立てば」と解釈する。このように読み下せるように正しく返り点をつけたものとして最も適当なものを一つ選べ。レ点は、下の一字からすぐ上の一字に返って読む符号。一・二点は、二字以上を隔てて下から上に返って読む符号である。

ア　踏㆑沙被㆑練㆑立㆓清秋㆒　　**イ**　踏㆑沙被㆑練立㆓清秋㆒

ウ　踏沙㆑被㆑練立㆓清秋㆒　　**エ**　踏沙㆑被㆓練立㆒㆑清秋

問3　傍線部C「八月十五夜に月をもてあそびて作れる詩」とあるが、次の文章は八月十五日の夜に見られる月についての説明である。文中の空欄にあてはまる適切な語を漢字二文字で答えよ。

陰暦の考え方における八月は「秋」にあたり、その中旬にあたる十五日に出る月のことを［　　］の名月と呼ぶ。

問4　傍線部E「夜もすがら」の意味として最も適当なものを一つ選べ。

ア　夜になったから　　**イ**　一晩中

ウ　夜が明けたから　　**エ**　夜になるまで

問5　文中の空欄 F にあてはまる人物として最も適当なものを一つ

〈[　　]のことを知らない〉という印象を最初に読者に与えることを強く意識している気がするな。

三島さん：ということは、テクストを読み進めていけば、[　　]のことがだんだん開示されていく、という展開になるのかな。

森さん　：〈何もわからない、想像もできない〉「私」と一緒に、読者は[　　]のことを知っていく。それにまつわるある種の「怖さ」が体感できるテクストなのかもね。

【選択肢】

ア　家の中　イ　妻の様子　ウ　猫の玉　エ　日々の生活

問5　作者の島尾敏雄は、主に昭和に活躍した作家である。次の作家たちの中で、主に昭和に活躍したと言える作家を一人選べ。

ア　森鷗外　イ　夏目漱石　ウ　三島由紀夫　エ　芥川龍之介

三　**次の文章は『今昔物語集』の一節である。村上天皇の時代に、漢詩文の学識が非常に高く、長年朝廷に仕えていたものの七十歳余りで亡くなった大江朝綱という文章博士がいた。その朝綱の家は月が非常に綺麗に見える場所として人々に知られていた。以下は朝綱が亡くなった後、ある年の八月十五日、月が出ていた夜に漢詩文を好む者達が朝綱の家を訪れた場面である。これを読み、後の問いに答えよ。なお、設問の都合上、原文の表記を改めた箇所がある。**

Aその家を見れば、旧《ふる》く荒れて人気無し。屋共に皆倒れ傾きて、ただ※1煙屋ばかり残りたるに、※2この人々壊れたる縁に居並みて、月を興じて詩句を詠じけるに、

B踏沙被練立清秋　月上長安百尺※3楼

といふ詩は昔※4唐に某いひける人、C八月十五夜に月をもてあそびて作れる詩なり、それをこの人々詠じけるに、また故朝綱の※5文花の微妙なりし事共をいひ語らひける間、丑寅の方より、尼一人出で来たりて、問ひていはく、「これは誰人の来たりて※6遊びたまふぞ」と。答へていはく、「月を見む為に来たれるなり。また※7汝《なんぢ》はいかなる尼ぞ」と。尼のいはく、※8「故宰相殿に仕へ人は尼一人なむ今に※9残りてはべる。この殿に男女の仕へ人※10その数はべりしかども、皆死に果てて、※11己一人今明《けふあす》とも知らではべるなり」と。道を好む人々はこれを聞きても、あはれに思ひて、尼を感じて、あるいは泣く人もありけり。

しかる間、尼の言はく、「そもそも、殿ばらの、『[D]』と※12詠じ給ひつる、古《いにし》へ故宰相殿は『月に依《よ》りて百尺の楼に上《のぼ》る』とこそ詠じ給ひしか。これは※13似はべらず。月は何しに楼には上るべきぞ」と、「人こそ月を見むが為に楼には上れ」といふを、この人々聞きて、涙を流して尼を感ずる事限り無し。

★

「そもそも尼は何者にて有り[し]ぞ」と問へば、尼、「己は故宰相殿の※14物張にてなむはべり[し]。それが常に聞き[し]事なれば、殿ばらの詠じ給ふ時に、ほのかに思へはべるなり」といへば、人々E夜もすがらこの尼に談じて、皆尼に※15かづけ物してなむ暁に帰り[ける]。

これを思ふに、[F]の家風いよいよ重く思へ、※16言ふ甲斐無き女そら、かくのごとし。いはむや、[F]の文花思ひやるべし、となむ語り伝へたるとや。

エ　家の外で妻がどのような表情や身のこなしをしているかを考えたことがなかったため、買物をする姿自体を信じることができず、とまどう気持ち。

問2　傍線部B「うん、早く帰るよ。いやおそくなるかも分らない。泊らないつもりだけど泊るようになるかも分らない。心配しなくていいんだよ。どっちにしても、早く寝ていてほしいな」とあるが、この時の「私」の様子を説明したものとして最も適当なものを一つ選べ。

ア　妻を気遣い、早く帰ろうという強い意志はあるが、やむをえない事情により帰れないこともあるため断定を避けようとしている。

イ　妻が人ごみの中で歩いている姿に疑念をいだいていたことにより、早く帰ってきてほしいという妻の言葉の意味を測りかねている。

ウ　妻に早く帰ってきてほしいと懇願されたことにより、その懇願する妻の姿を哀れに感じながらも、早く帰る気がないため言葉を濁している。

エ　妻を醜くしたのは自分だという認識を持っていたが、そのことに開き直ることもできず、かといって弁明することもできないため答えに窮している。

問3　傍線部C「しかし、私はその猫を飼うことに同意した。」とあるが、次に示す【会話】は、この一文についてなされたものである。これを読み、空欄a、bに入るものとして最も適当なものを後の【選択肢】よりそれぞれ一つ選べ。

【会話】

坪内さん：猫を飼おうと提案したのは妻だね。

尾崎さん：でもその提案は「おねがいだからおこらないでね」という言葉にもある通り、すごく「私」を恐れているように見えるよ。

幸田さん：つまりここでは明らかに、［　a　］。そういうものがありながら、猫を飼うことにするわけだよね。

上田さん：しかもそれは、提案の体をとりながら、既に決まったこととして「私」に提示されている。

樋口さん：ということは、この一文には、［　b　］ことが暗示されているんじゃないかな。

山田さん：お話はこれ以降も続くみたいだし、二人の関係が今後どのようになっていくのか、興味がわくね。

【選択肢】

ア　「私」と妻の力関係のあり様が変化しつつある

イ　「私」と妻の力関係に上下のある様が描かれている

ウ　「私」と妻の力関係のあり様が見えにくくなっている

エ　「私」と妻の力関係が均衡を保っている様が描かれている

問4　次に示す【会話】は、本文を読み終わった者たちによるものである。これを読み、空欄に共通して入るものとして最も適当なものを後の【選択肢】より一つ選べ。

【会話】

芥川さん：タイトルは「［　　］」みたいだけど、冒頭で「私」は「何が起きているのか、さっぱり分らない」と言っていて、読者としては当惑するよね。

夏目さん：「思い及ぶこともできなかった」とも言っていて、つまりスに包まれた骸骨《がいこつ》だけのように見えた。その日も私が家を出かけるときは彼女がこう言ったにちがいなかった。「あなた早く帰ってきてちょうだい。泊って来ないでね。おそくてもいいから帰ってきてね。真夜中がおそろしくておそろしくてたまらないの」

　すると私はせつなそうにこう返事して、妻のひとみをふりもぎって出かけて行ったはずだ。「Bうん、早く帰るよ。いやおそくなるかも分らない。泊らないつもりだけど泊るようになるかも分らない。心配しなくていいんだよ。どっちにしても、早く寝ていてほしいな」

　だが私は不首尾※1で早く帰ってきて、そして家の近くの人ごみの中に妻のすがたをみとめたのだ。私は妻に遠くから笑いかけようとして思わず寒気を覚え、口をつぐんで人のかげにかくれた。それは生きている人の顔ではない。私はそんな暗い妻の素顔を見たことがない。私は妻の表情のすべてをあきあきするほど知り尽《つ》くしていると思っていた。しかしそのときの妻の顔は私の全く知らないものであった。そのとき私はからだのがらんどう※2の底から「彼女をそんなに醜くしたのは、つまりおまえなのだ」とつぶやいている暗い腹話の声をきいたと思った。

　私は思いとどまるべきであったが、そうしないで、同じ日の上に同じ日を重ねた。私は家にいるときよりよそにいるときの方が多かった。

　猫の玉はそれらの日のいつか、私の家にまぎれこんできたままいついた。

　或《あ》る日、陽が高くなってからやっと眼覚めた私に妻はこう言った。

「あなた、おこらないで下さいね。おこるかしら。おねがいだからおこらないでね。だってあんまり、こどもたちがむちゅうになって喜ぶものだから、ついかわいそうになって……」

「何のことだい、早く結論を言ってくれ」

　私はすぐ不機嫌になり、こういう調子の返事をする。

「あのねえ、昨日ね、見たことのない猫がうちにはいってきたの」

「それで」

「うちで飼うことにしたわ。いいかしら」

　私は自分にこどもが二人もできる年配になるまで、家の中に家畜を飼った経験がない。理窟《りくつ》をぬきにして、けだものが自分のまわりで共に寝起きして動き廻《まわ》っている気味の悪さは想像を越《こ》えた。

Cしかし、私はその猫を飼うことに同意した。

注1　不首尾で――思うとおりにいかない様子で。
　2　がらんどう――中がからになっているさま。

問1　傍線部A「一度妻が買物をしているすがたを遠くから見たことがある」とあるが、この時の「私」の心情を説明したものとして最も適当なものを一つ選べ。

ア　家の中で見る妻の姿が、妻のすべてだと思っていたため、偶然見かけた町での様子に知らない面があることを突きつけられ、驚く気持ち。

イ　家の外で妻がうろつきまわり、体に傷をつけていたことも知らなかったため、初めて町にいる様子に妻の心情を感じ取り、反省する気持ち。

ウ　家の中で子供に接している妻の様子しか見たことがなかったため、子供を連れずに町にいる姿に妻の新たな一面を見せられ、恐れる気持ち。

会においてである。それは、到達目標を明らかにして、計画的に取り組まなければ実現しないものだが、それには30年を超えるような長い時間も必要になる。このようなレヴィナス哲学は、何かに向けて歩んでいく過程においては、その意味が分からないという点で、武道修業と同じであるということ。

イ　レヴィナス哲学によれば、信仰とは、勧善懲悪の神を頼らずに、自ら善悪を判断していける人間の主体性を信じることである。それは、永続的な法律に頼らずに、理知や概念に基づいて行動できる人間を目指すということである。このようなレヴィナス哲学は、神秘主義に頼らずに、科学的な態度で探求されるものであるという点で、武道修業と同じであるということ。

ウ　レヴィナス哲学によれば、信仰が目指すのは、すべてを解決してくれる神を信じることではなく、主体的な成人として成熟することである。そういう成人とは、正義と慈愛のバランスを感知し、それぞれを付与・抑制する判断を皮膚感覚で行うことができる者のことである。このようなレヴィナス哲学は、生身の身体感覚の上に構築されているという点で、武道修業と同じであるということ。

エ　レヴィナス哲学によれば、悪とは、人間的なスケールを超えることであり、逆に言えば、善とは、本質的に食い合わせが悪い正義と慈愛のバランスをそのつど取ろうとして、個人的に関与することである。このようなレヴィナス哲学は、二つの概念を対立させて捉える因習にとらわれていないという点で、次第に内外や主客の境目があいまいになっていく武道修業と同じであるということ。

二　**次の文章は、島尾敏雄の書いた小説の冒頭の一節である。これを読み、後の各問いに答えよ。**

そのころ私の心は家の外にあった。昼間は大方眠っていた。眼がさめると外に出かけて行き、もし帰宅するとしたら夜中の一時とか二時とかに終電車でもどってきたが、そのまま泊《とま》ってくることも多かった。だから家の中で何が起きているのか、さっぱり分《わか》らない。家の中どころでなく、のめりこむように一箇所ばかりに気持《きもち》が執着していたから、自分がどこをどう歩いたかもそのとき誰がどう自分を観察していたかにも気のつきようはない。まだ小学校まえのこどもが二人、母親に言いふくめられて、朝寝をしている父親の眼をさまさないように足音をしのばせて歩く気配、それでもにぎやかな音をたてているので妻がしのんで叱っているつきささるような声、夫の機嫌をそこねないために気を配れば配るほどよけいに生彩を失って身も魂もだんだんやせ細って行く妻の落着《おちつ》きを失った立居《たちい》、それが家の中のすべてとして私に映った。

自分のいないときの家の中の様子や、妻がひとりでいるときのその表情や又ひとりでどこかを歩いているときの身のこなしに思い及ぶこともできなかった。妻が豹《ひょう》のように敏捷《びんしょう》な眼の配りで夜の町をさまよい歩き、駅のプラットフォームから線路にころげ落ちて、からだじゅううちみやかすり傷をこしらえても、想像もつかなかった。私が家にいるときの、私に気がねしたひそひそした退屈な物音だけが妻だと思った。

A 一度妻が買物をしているすがたを遠くから見たことがある。私ははじめその女が自分の妻であることを疑ったほどだ。その女は暗い険悪な顔付《かおつき》をし、みけんに不吉なたて皺《じわ》をよせ、幽鬼のように人ごみの中を歩いてきた。ぼろの買物かごをさげ下駄をはいたそのからだは、ワンピー悪を根絶するというタイプの過剰な正義感の持ち主は、人間の弱さや愚かさに対して必要以上に無慈悲になる。逆に慈愛が過剰な人が、邪悪な人間を無原則に赦《ゆる》してしまうと、社会的秩序はがたがたになる。

社会が十分に正義でありながら、かつ十分に手触りの優しいものであるためには、人間の生身が必要である。正義が過剰に攻撃的なものにならないように、慈愛が過剰に放埒《ほうらつ》なものにならないように、バランスを取ることができるのは生身の人間だけである。

そういうデリケートなさじ加減の調整は、身体を持った個人にしかできない。法律や規則によって永続的に「正義と慈愛のバランスを取る」ことはできない。

今自分がいる世界が、十分に公正でかつ十分に慈悲に満ちた世界でないとしたら、どちらの要素がどれだけ足りないのか、何をどう付け加え、何を抑制したらいいのかという判断は、人間の皮膚感覚にしか任せることができない。それが判定できるような身体を持つこと、それが霊的成熟である。レヴィナスはそう考えていたのだと思う。

信仰が根づき開花するのは、人間の生身においてであるということ、信仰がめざすのは霊的な成熟であるということ、それがレヴィナスのもっともたいせつな教えであるということに気づいたときにようやく、I<u>レヴィナス哲学と武道修業の間の本質的な同一性</u>を言葉で言い表せる見通しがついた。

ほんの入り口に過ぎないが、そこにたどりつくためにさえ、私には30年を超える時間が必要だった。

注　14　スターリン主義――ソビエト共産党書記長になったスターリンによってもたらされた思想・体制・政策の総称。

問8　傍線部H「制度として正義と慈愛を実践する社会システム、それはあらゆる権力者に取り憑く夢想の一種である」とあるが、なぜ「夢想」なのか。その説明として最も適当なものを一つ選べ。

ア　普遍的な規模で、正義と慈愛が両立し続ける社会を実現しようとすれば、権力者による抑圧や追放や粛清といった非人間的な管理の暴力を防ぐための法律や規則が必要とされ、その法律や規則によって権力者は悪として根絶されてしまうから。

イ　正義と慈愛のバランスを取るさじ加減は、生身の個人には到底できないデリケートなものであるにもかかわらず、権力者が実現を目指す正義と慈愛に満ちた社会システムは、それを人間の等身大を超えた普遍的なスケールで実践しようとするものだから。

ウ　正義と慈愛は両立しがたいものであるがゆえに、そのつど調整を図らなければならないにもかかわらず、それらが両立する社会を制度によって普遍的に実現しようとすれば、権力者が関与できる範囲を超えたところで、その構想はいずれ破綻を迎えるから。

エ　人間の弱さや愚かさに対して必要以上に無慈悲になると同時に、邪悪な人間も無原則に赦してしまうタイプの権力者は、普遍的な規模で、正義と慈愛のバランスが取れた社会を作ろうとするが、そのバランスを取ることができるのは、法律や規則によってだけだから。

問9　傍線部I「レヴィナス哲学と武道修業の間の本質的な同一性」とあるが、それはどういうことか。【文章1】から【文章7】の全体を踏まえた説明として最も適当なものを一つ選べ。

ア　レヴィナス哲学によれば、信仰が開花するのは、真に人間的な社きないということである。

問７　傍線部Ｇ「少しはわかってきたことがある」とあるが、それはどういうことか。その説明として不適当なものを一つ選べ。

ア　レヴィナス哲学の基礎にある人間の成熟プロセスは、事前に計画や目標を立てられないものであり、その点において、合気道の修業に通ずるものがあるということ。

イ　レヴィナス哲学の基礎にある人間の成熟プロセスは、その過程のもつ意味が修業の最中には当人にもわからないものであり、その点において、合気道の修業と同様であるということ。

ウ　レヴィナス哲学の基礎にある人間の成熟プロセスは、かつて感知できなかったものが感知できるようになったという生身の身体における実感を到達点とするが、それが合気道の修業にも共通するということ。

エ　レヴィナス哲学の基礎にある人間の成熟プロセスは、身体的に構築されたものが、力動的な経過を経て、理知的な経験になっていくものであり、それが合気道の修業に近いということ。

【文章７】信仰も修業も、人間の生身においてのみ開花する

20世紀の、戦争と粛清と強制収容所の歴史的経験から、レヴィナスが学んだことのひとつは、悪とは「人間的スケールを超えること」だということであった。

あらゆる非人間的な行為は、人間の等身大を超えた尺度で「真に人間的な社会」や「真に人間的な価値」を作り出そうと願った人たちによって行われた。自分の生身が届く範囲に「正義」や「公正」の実現を限定しようとせず、自分が行ったこともない場所、出会うこともない人たち、生きて見ることのない時代にまで拡がるような「正義」や「公正」を実現しようとした人たちは、ほとんど例外なく、世界を人間的なものにする事業の過程で、非人間的な手段（抑圧や追放や粛清）を自分に許した。巨大なスケールの善をなすためには、小さな悪を犯すことは正当化される。かつてレヴィナスは、人間的スケールを超えた正義の実践についてこう述べたことがある。

「個人的な慈悲なしでも私たちはやっていけると考える人がいます。慈悲の実践には個人的な創意が必要なのですが、そんなものはなくてもよいのだ、と。そのつどの個人的な慈悲や愛の行為を通じてしか実現できないものを、永続的に、法律によって確実なものにすることができると考えること、それがスターリン※14主義です。スターリン主義は正しい意図から出発しましたが、管理の暴力のうちに崩れ落ちてしまいました。」

(Emmanuel Lèvinas et François Poiriè,Qui êtes-vous,Emmanuel Lévinas?, La Manufacture,1987, p98)

そのつどの個人的なコミットメントに頼ることなく、H制度として正義と慈愛を実践する社会システム、それはあらゆる権力者に取り憑く夢想の一種である。

しかし、歴史上かつて一度として、「生身の人間の関与抜きの、非人称的・官僚的な正義と慈愛」が実現したことはない。それは正義と慈愛は本質的に食い合わせが悪いからである。

ど教化的な建築物はあるまい」とあるが、ここで前提となっている「学び」とは、どのような経験か。そのことを具体例によって示したものとして不適当なものを一つ選べ。

ア　外国人と英語でスラスラ話せるようになろうと思って英会話の勉強を始めたが、英語圏にしかない概念に触れることを通して、不意に世界がそれまでとは違って見えた。

イ　どのような成果が得られるかわからないまま、興味を持った日本史上の出来事について探究していったところ、思わぬ問題が日本にいまも残っている可能性に気づいた。

ウ　計算の速度と精度を高めようとして数学の勉強を始めたところ、新たな公式を知ることができ、それを用いることで飛躍的に速く、かつ正確に問題を解いていけるようになった。

エ　漢字検定に合格するために勉強しているうちに、関心が漢字そのものの歴史や変化に移っていき、最終的には検定の合否にとらわれず、漢字を通して日本や中国のことを知ろうと思うようになった。

【文章6】　成熟するということの実相

最後に個人的なことを書く。

二十代の私が、レヴィナスの哲学と合気道修業の間に「同じもの」を感じたまま、その内在的連関を言葉にできなかったと書いたけれど、40年も同じことを繰り返していると、さすがにG少しはわかってきたことがある。

それはこのどちらもが、人間の生身の身体感覚の上に構築された体系だということである。

レヴィナスの弁神論は、一見すると徹底的に理知的な構築物であり、机上で思弁的に絞り出されたもののように見えるけれども、それが「幼児」と「成人」という人間の生物学的な成熟プロセスをベースにして構想されたものであることを見落としてはならない。

成熟を果たした人間にしか、「成熟する」ということの意味はわからない。幼児が事前に「これから、こんなふうな能力や資質を開発して、大人になろう」と計画して、そのようにして起案されたロードマップに基づいて大人へと自己形成するということはありえない。

幼児は「大人である」ということがどういうことかを知らないから幼児なのであり、大人は「大人になった」後に、「大人になる」とはこういうことだったのかと事後的・回顧的に気づいたから大人なのである。成熟した後にしか、自分がたどってきた行程がどんな意味をもつものなのかがわからない。それが成熟という力動的なプロセスの仕掛けである。

そして、なるほど私は成熟を遂げたのだという成熟のありありとした実感を最終的に担保するのは、理知や概念ではなく、生身の身体なのである。幼児のときには見えなかったものが見え、聞こえなかったものが聞こえ、判別できなかった香りや味がわかり、かつては感知できなかった他者の感情の変化や思考の揺れがわかる。それが成熟するということの実相である。

成熟とは、徹底的に身体的な経験なのである。

そして、レヴィナスは、霊的成熟を遂げたものしか、本当の意味での信仰を担うことはできないと書いた。それは言い換えれば、おのれの生身の身体にしっかりと根づいたものしか、信仰を持ちこたえることはで

エ　武道も能楽も、長く稽古していけば、多くの人には感知できない事柄が、誰にでもわかるように、その技法は組織化され、その訓練も体系化されているということ。

【文章5】思いがけないところに通じる扉

残念ながら、私たちの生きている現代社会では、空間を行き交っている無数のシグナルを感知し、それに応じた最適行動をとる訓練の必要性を感じている人はきわめて少ない。それでも、心身の計測精度を上げる方法は無数にあるから、それと気づかぬうちにシグナルへの感受性が上がっているということは起こりうるだろう。

先に触れたヴォーリズは宣教師でもあったから、彼が設計した建物が「信仰への導き」の装置となっているのは当然のことである。建物を実際にご覧になるとわかるけれど、ヴォーリズの建物には無数の暗がりがある。思いがけないところに隠し扉があり、隠し階段があり、隠し部屋がある。一つとして同じ間取りの部屋がない。

好奇心にかられてドアノブを回して、見知らぬ空間に踏み込んだ学生は、その探求の行程の最後で必ず「思いがけないところに通じる扉」か「思いがけない景観に向かって開く窓」か、どちらかを見出す。

その点でヴォーリズはほんとうに徹底している。好奇心を持って、自分の決断で、扉を押し開き、階段を昇っていったものは、「思いがけないところに出る扉」か「そこ以外のどこからも見ることができない景色」という報奨を必ず与えられる。F信仰への誘いとして、また学びの比喩として、これほど教化的な建築物はあるまい。

ヴォーリズの建築物は「計測装置の精度を上げる」ことへのインセンティブ[※12]として、きわめてすぐれたものであったと私は思う。私自身、その建物の中で長い時間を過ごしたが、それが武道家としての感覚形成と無関係であったとは思われない。

身体技法の修業では、「私の身体にはこんな部位があって、こんな働きをするのか」という驚きに満ちた発見が繰り返し起こる。見出された部位やその制御法は、稽古に先立つ段階では予見されていないものであった。そもそもそのような身体部位があることさえ知らぬままに稽古をしているうちに、獲得された身体部位の感知と制御の技法である。それを「鍛える」とか「強める」ということは、はじめから不可能なのである。

「そんなこと」が人間にできるとは思ってもいなかったことを、自分ができるようになるというのが、修業の順道なのである。だから、稽古に先立って「到達目標」として措定されたものは、修業の途中で必ず放棄されることになる。そもそも修業とは「そんなところに出るとは思ってもいなかった所に出てしまう」ことなのである。

なぜかこのようなアプローチを、現代社会は「非科学的」として退ける。少なくとも「どんな結果が出るかわからない研究」に科研費[※13]は下りない。修業的アプローチの有効性を信じるのを止めてしまったことが、日本の学術的生産性の急激な低下の一因だと私は思っているが、それはまた別の話である。

（中略）

注　12　インセンティブ——やる気を起こさせるような刺激。動機付け。
　　13　科研費——科学研究費。

問6　傍線部F「信仰への誘いとして、また学びの比喩として、これほ

【文章4】心身の計測精度を上げる――儀礼、稽古の技法

その一方で私は、武道の修業を通じて「濃密な実在感をもつ非現実」が切迫することを、身体実感として繰り返し経験した。私はこの感覚の統御のしかたを、師に就いて体系的に学んだ。

これを「神秘主義」にカテゴライズする人がいるかもしれないが、非現実のものをリアルに感知するという経験は、別に神秘的なものではない。ある周波数の空気の波動は、人間の耳には聞こえないが、犬には聞こえる。たまたま犬に聞き取れる波動を感知した人間に向かって、「あなたは神秘体験をした」と言うのも、「人間に聞き取れるはずがない」と決めつけるのも、どちらもあまり賢い態度とは言えない。

「そういうことって、あるかも知れない」とひとまず受け容れ、どういう条件が整うと「そういうこと」が起こるのか、それを丹念に詰めてゆくのが科学的な態度だと私は思っている。

実際に、世に「神秘的」と呼ばれる経験の多くは、「精度の低い計測機器では感知できなかった量的変化」である。計測機器の精度が上がれば、誰にでも観察できる。

だから、宗教の儀礼や武道の技法は、たいていの場合、「身体という計測機器の精度を上げる」という、たいへんにプラクティカル※9な要請に応えて組織化されているのである。

E武道だけでなく、私が稽古している能楽もそうである。

長く稽古していると、能舞台と空間は、そこで演じられ奏される動きや響きに応じて、微妙にねじれたり、たわんだり、厚みを増したり、減じたり、熱を持ったり、冷え込んだり、粘度が上がったり、下がったりするということが、皮膚感覚でわかるようになる。※10囃子《はやし》の音楽と謡《うたい》の詞《し》章《しょう》の意味と型の表象が、舞台上のシテ※11にくっきりとした動線を指示するということが、わかるようになる。

その指示に従えば、唯一無二の動線上で「それ以外にありえない」ような動きをするようになる。

別にこのとき、シテは神秘体験をしているわけではない。そういうことが「わかる」ようになるための、体系的な訓練をしてきたことの、結果を享受しているに過ぎない。

注　9　プラクティカル――実践的。

10　囃子の音楽と謡の詞章――囃子と謡は、能の音楽を成り立たせるもの。囃子は笛、小鼓、大鼓、太鼓を用いる。謡は声楽にあたる。

11　シテ――能の主役。

問5　傍線部E「武道だけでなく、私が稽古している能楽もそうである」とあるが、これはどういうことか。その説明として最も適当なものを一つ選べ。

ア　武道も能楽も、身体という計測機器の精度を上げれば、空間の変化を察知するといった神秘的な体験ができるようになっているということ。

イ　武道も能楽も、組織化された場において、師に就いて長く稽古していれば、型や動線が身につき、唯一無二の動きができるようになるということ。

ウ　武道も能楽も、空間に指示される動線に従って稽古していけば、神秘的な要請に対応できるくらい、心身の計測精度が上がるようになっているということ。

である。

なるほど、勧善懲悪の神が完全に支配している世界では、善行はただちに顕彰され、悪事はただちに処罰されるだろう。だが、神があらゆる人間的事象に奇跡的に介入するそのような世界では、人間にはもう果たすべき何の仕事もなくなってしまう。

たとえ目の前でどんな悪事が行われていても、私たちは手をつかねて神の介入を待っているだけでいい。神がすべてを代行してくれるのだから、私たちは不正に苦しんでいる人がいても疚《やま》しさを感じることがなく、弱者を支援する義務も免ぜられる。それらはすべては神の仕事だからだ。あなたがたはそのように、人間を永遠の幼児のままにとどめおくような神を求め、信じていたのか?

ホロコーストは、人間が人間に対して犯した罪である。人間が人間に対して犯した罪の償いや癒やしは、神がなすべき仕事ではない。神がその名にふさわしいものなら、必ずや「神の支援なしに地上に正義と慈愛の世界を打ち立てることのできる人間」を創造されたはずである。自力で世界を人間的なものに変えることができる高い知性と徳性を備えた人間を創造されたはずである。

「唯一なる神に至る道程には神なき宿駅がある」(レヴィナス『困難な自由』)。この「神なき宿駅」を歩むものの孤独と決断が、信仰の主体性を基礎づける。この自立した信仰者を、レヴィナスは「主体」あるいは「成人」と名づけたのである。

秩序なき世界、すなわち善が勝利し得ない世界において、犠牲者の位置にあること、それが受難です。そのような受難が、救いのために顕現することを断念し、すべての責任を一身に引き受けるような人間の全き成熟をこそ求める神を開示するのです。

(エマニュエル・レヴィナス『困難な自由』内田樹訳、国文社、２００８年、２１３頁)

レヴィナスはこの峻厳《しゅんげん》なロジックによって、戦後いったん崩れかけたフランスユダヤ人共同体を再建した。二十代の私は、このレヴィナスの複雑な弁神論につよく惹きつけられた。信仰を基礎づけるのは市民的成熟であるという言葉は、私がそれまでどの宗教者からも聞いたことのない言葉だったからである。

注　７　先の大戦――第二次世界大戦。

８　アウシュヴィッツ――ポーランド南部、マウォポルスカ県の都市。第二次世界大戦中、ユダヤ人強制収容所があったことで知られる。

問４　傍線部Ｄ「あなたがたが信じていたのは「幼児の神」である」とあるが、ここでいう「幼児の神」とはどのようなものか。その説明として最も適当なものを一つ選べ。

ア　正義と慈愛と主体性に乏しく弱者の救済も悪事への懲罰も行わない神。

イ　人民が大量に殺され共同体が崩壊寸前となっているのにそれを看過する神。

ウ　神が自ら選んだ民であるにもかかわらず彼らを救済せず見捨ててしまう神。

エ　人間自身の問題を自ら主体的に引き受けようとしない未熟な人間が求める神。

は祈るときに「耳を澄まして待つ」という構えを取らずにはいられない。「何かが到来するのを待つ」という備え抜きに、人は「祈る」ことができない。

注6　「石火之機」とか「啐啄之機」という言葉――筆者によると、「石火之機」は、火打ち石を打つことと火花が散ることが同機すること、「啐啄之機」は、母鳥が卵の殻を外からつつき、雛《ひな》は同じ殻を内からつつく、そのふたつがぴたりと一致したとき、雛が孵《かえ》ること。筆者は同書の別の箇所で次のようにも述べている。「主体と客体の二元性が溶融した状態、入力と出力という継起的なプロセスがない状態を、武道の用語では『機』と言う。」

問2　傍線部B「合気道を教えるのはイタリアの方がずっとやさしい」とあるが、それはなぜか。その説明として最も適当なものを一つ選べ。

ア　武道修業は、初歩のうちはただ手足を動かしているだけでよいが、「気配」や「気の起こり」といった、相手を伴う修練に進んでいくと、イタリア人と比べて、身体の固い日本人を指導するのは難しくなってくるから。

イ　眼には見えないもの、耳には聞こえないものの存在を受け入れない日本人よりも、そういったものを信じるイタリア人のほうが、反応速度を速くしたり、動体視力をよくしたりするための身体制御について教えやすいから。

ウ　武道は、内外や主客の境目にとらわれているふだんの自分には感知できないものが、次第に感知できるようになっていく修業を伴うため、自分には感知できないが存在するものはありうるということを受け入れない日本人よりも、それを受け入れるイタリア人を相手にしたほうが指導しやすいから。

エ　眼に見えず、耳にも聞こえないのに、リアルに「切迫」してくるものがあるという実感の上に、信仰は基礎づけられており、人間の五感に感知できるものだけが存在するもののすべてで、感知できないものは存在しないという断定の上に、宗教は成立しないから。

問3　傍線部C「境界線があいまいになる感覚」とあるが、この「境界線があいまいになる」という箇所と、ほぼ同じ内容を、別の表現で記している箇所を、**【文章2】**から22字で探し、その最初と最後の三字を記せ。

【文章3】　私を惹《ひ》きつけたレヴィナスの弁神論

私が研究したレヴィナスという人は、先の大戦※7で応召したのち、捕虜となり、捕虜収容所に終戦まで収監された。戦争が終わってみると、リトアニアにいた親族のほとんどは、アウシュヴィッツ※8で殺されていた。帰化した第二の祖国フランスのユダヤ人共同体は、崩壊寸前だった。

若いユダヤ人たちは、父祖伝来の信仰に背を向けた。彼らはこう言った。もし神が存在するというのがほんとうなら、なぜ神は彼が選んだ民が600万人も殺されるのを看過したのか。なぜいかなる奇跡的な介入もされなかったのか。信者を見捨てた神を、なぜ私たちはまだ信じ続けなければならないのか、と。

そういう人たちに向かって、レヴィナスはこう語った。

では訊《き》くが、あなたがたはこれまでどんな神を信じてきたのか？　善行をするものに報奨を与え、悪行をするものには罰を下す「勧善懲悪の神」をか？　だとしたら、Dあなたがたが信じていたのは「幼児の神」

問1　傍線部A「センモン」を漢字に直して記せ。

【文章2】「感知できないもの」の切迫

私の師である多田先生は、久しくイタリアで合気道を指導されてきたが、つねづね「B合気道を教えるのはイタリアの方がずっとやさしい。彼らは信仰を持っているから、眼に見えないもの、耳に聞こえないものがこの世にはあることを素直に信じる。日本人の方がその点ではずっと頑《かたく》なだ」と言われていた。その言葉がずっと記憶に残っていた。

武道修業も初歩のうちは、ただ手足を運動的に動かしているだけである。

それも愉《たの》しいのだが、やがて身体感覚が敏感になってくると、数値的・外形的には考量不能のシグナルがしだいに感知できるようになる。「気配」とか「気の起こり」がわかってくる。さらに修練が進むと、「機」というものがわかってくる。

「機」というのは※6「石火之機《せっかのき》」とか※6「啐啄之機《そったくのき》」という言葉から知れるように、入力と出力が同機することをいう。

右手と左手が拍手するときに、「右手が左手を探す」とか「左手が右手を受け止める」というようなことは起こらない。右手と左手は互いにためらいなく、まっすぐに出会いの点に向かって進む。

武道的な斬り込みと斬り返しでも、同じことが起こる。これは反応速度が速いとか、動体視力がよいとか、「先手を取る」とかいうこととは違うレベルの話である。外界と内面、対象と主体という、二元論的なもののとらえかたそのものが失効する境位があるという話である。

私たちはふだん、「ここまでは現実で、ここから先（たとえば夢や幻覚）は非現実」というデジタルな境界線を守って生きている。「自分の身体は制御可能だが、他者の身体や心は遠隔制御することはできない」と信じている。

だが、武道では、練度があるレベルに達すると、そういう因習的な内外や主客の境目が、しだいにあいまいになってくる。自他のボーダーを越える「出入り」が可能になってくる。

この「C境界線があいまいになる感覚」と信仰には、深い関係があると私は思う。多田先生はおそらくそのことを指摘されたのだと思う。

眼に見えないもの、耳に聞こえないもの、にもかかわらずリアルに「切迫」してくるものがある、という実感の上に、信仰は基礎づけられている。人間の五感に感知できるものだけが存在するもののすべてで、感知できないものは存在しないというような断定の上に、宗教は絶対に成立しない。あらゆる信仰の基礎には、この「感知できないものの切迫」という経験がある。

初詣のときに、あまり信仰心があるとも見えない人々が、一心に手を合わせている光景にぶつかる。おそらく心の中で、「家内安全」とか「学業成就」とかいう実利的な願いをしているのだろう。

だが、見ていると、そのような祈りの言葉を心の中で何度か繰り返すのに要する以上の時間、彼らは黙想している。何をしているのか。

彼らは何かが触れてくるのを待っているのだと私は思う。息をひそめて、耳を澄まして、皮膚感覚を敏感にして、「自分宛てのメッセージ」がどこかから届くのではないかと、待っている。

そういう参拝をこれまで何百回何千回も繰り返してきて、過去に一度だって「メッセージ」が到来したことなどなかったにもかかわらず、人

【国　語】（五〇分）〈満点：一〇〇点〉

一　次の文章は内田樹著『修業論』からの引用である。これを読んで、あとの問いに答えよ。なお出題の都合上、【文章1】～【文章7】に分けているが、実際にはひと続きの文章である。ただし途中で（中略）を施したり、省略したりした箇所がある。

【文章1】　レヴィナスと合気道

23年間、神戸女学院大学というミッションスクール[※1]で教師をしていた。それまで、キリスト教との接触はほとんどなかったが、在職中はチャプレン[※2]と語らい、礼拝に出て、ときには奨励で『聖書』を論じた。ユダヤ教哲学をAセンモンにしていたので、ノン・クリスチャンではあったが、『聖書』は学生時代から繰り返し読んでいた。

私が研究していたのは、エマニュエル・レヴィナスというフランスのユダヤ人哲学者である。リトアニアに生まれ、フランスとドイツで哲学を学び、ホロコースト[※3]を生き延び、タルムード[※4]解釈学を相伝され、その学知によって、崩壊寸前だったフランスのユダヤ人共同体の精神的導師となった人物である。

あるきっかけで、この哲学者を「師」と仰ぐことに決め、この人のものの考え方を理解しようとつとめているうちに、私は一神教信仰の基本的な考え方を学んだ。

その一方で、私は40年ほど前から合気道という武道を修業してきた。東京にいたころに多田宏先生に就いて学び、神戸では、大学に合気道部を創部し、退職後の今は、一階が道場、二階が自宅という建物を建てて、稽古に明け暮れている。

仏文[※5]の院生・助手時代は、昼間はレヴィナスを翻訳し、夕方からは合気道の稽古に通うという、判で捺《お》したようなルーティンを10年以上続けていた。

このときは、ユダヤ教哲学と武道の間にどういう内的なつながりがあるのか、よくわからなかった。院の先生たちからは、「そんな時間があったら研究をしろ」とよく叱られた。

でも、止められなかった。自分が知的に探求していることと、身体が感覚的に探求していることが、「同じもの」だという直感がしたからである。

ただ、どういうふうに「同じ」であるのかは、そのときにはまだ言葉にできなかった。

無宗教の公立校からミッションスクールに移ってきて、ここは武道家として居心地がよい場だと感じた。それは、ウィリアム・メレル・ヴォーリズが設計した煉瓦《れんが》造りの重厚な建物で暮らし、朝夕パイプオルガンや賛美歌の音楽に身をひたしていたことと、深い関係があったと思う。

注　1　ミッションスクール――キリスト教徒や教会が、その信仰に基づいて一般教育を行うために設立した学校。
2　チャプレン――学校・病院・軍隊など、教会以外の施設や組織で活動する聖職者。
3　ホロコースト――１９３３年から１９４５年までのナチス・ドイツによるユダヤ人大虐殺。
4　タルムード――ユダヤ教の宗教的典範。
5　仏文――フランス文学。

2024年度

解　答　と　解　説

《2024年度の配点は解答欄に掲載してあります。》

＜数学解答＞

Ⅰ　(1)　ア　0　イ　4　(2)　ウ　2　エ　4　(3)　オ　2　カ　5　キ　0
(4)　ク　2　ケ　5　(5)　コ　8　サ　1　シ　0　ス　3

Ⅱ　(1)　ア　3　イ　4　ウ　3　(2)　エ　2　オ　4　カ　3
(3)　キ　3　ク　2　ケ　1　(4)　コ　8

Ⅲ　(1)　ア　1　イ　8　(2)　ウ　5　エ　2　オ　3　(3)　カ　5　(4)　キ　3

Ⅳ　(1)　ア　1　イ　3　ウ　6　(2)　エ　2　オ　9
(3)　カ　5　キ　1　ク　8　(4)　ケ　7　コ　1　サ　8

Ⅴ　(1)　(ア)　$x+y$　(イ)　$3x$　(ウ)　$4y$　(エ)　$3x+4y$　(オ)　$\frac{1}{4}(3x+4y)$
(カ)　2　(2)　(式)　解説参照　F＝14　E＝24　V＝12

○配点○
Ⅰ　各4点×5　Ⅱ　(1)，(3)　各3点×4　他　各4点×2　Ⅲ　各5点×4　Ⅳ　各5点×4
Ⅴ　(1)(カ)　4点　他　各2点×8　計100点

＜数学解説＞

Ⅰ　**(二次方程式の解，因数分解，方程式の文章題，データの活用，平面図形の計量)**

基本　(1)　$x-3=-(2x-a)^2$に$x=-1$を代入して，整理すると，$(-2-a)^2=4$　$-2-a=\pm2$　$a=-2\pm2$　$a=-4,\ 0$

やや難　(2)　$x-y$をかたまりと見て，与式を展開してから因数分解する。$(x-y-3)(x-y+1)-5=(x-y)^2-2(x-y)-8=\{(x-y)+2\}\{(x-y)-4\}=(x-y+2)(x-y-4)$

基本　(3)　加える水の量をx(g)として，食塩の重さについて立式する。$75=\frac{10}{100}(500+x)$　分母を払って，$750=500+x$　$x=250$(g)

基本　(4)　階級が10(kg)以上20(kg)未満の生徒数は，$0.1\times40=4$(人)，階級が20(kg)以上30(kg)未満の生徒数は，$0.3\times40=12$(人)であることから，握力の小さい方からかぞえて9番目の生徒が属している階級の階級値は，$\frac{20+30}{2}=25$(kg)である。

やや難　(5)　OPとBQとの交点をRとする。条件から，△OBPは正三角形，△ABQは30°，60°，90°の直角三角形である。弓型AQと弓型QPと弓型PBの面積はそれぞれ等しく，半径4(cm)，中心角60°のおうぎ形の面積から1辺4(cm)の正三角形の面積を取り除いて，$\pi\times4^2\times\frac{60}{360}-\frac{\sqrt{3}}{4}\times4^2=\frac{8}{3}\pi-4\sqrt{3}$ (cm²)…①となる。また，△PQRの面積は，$\frac{1}{2}\times2\times2\sqrt{3}=2\sqrt{3}$ (cm²)…②となる。以上より，求める斜線部分の面積は，①×3＋②＝$\left(\frac{8}{3}\pi-4\sqrt{3}\right)\times3+2\sqrt{3}=8\pi-10\sqrt{3}$ (cm²)となる。

Ⅱ （図形と関数・グラフの融合問題）

基本 (1)　点Bのy座標は，$y=\frac{1}{3}x^2$に$x=-3$を代入して，$y=\frac{1}{3}\times(-3)^2=3$となる。次に，$y=ax^2(a\neq 0)$において，$x$の値が$p$から$q$まで増加するときの変化の割合は，$a(p+q)$である。今，この値が$\frac{5}{3}$であるから，$a\left(0+\frac{5}{4}\right)=\frac{5}{3}$　$\frac{5}{4}a=\frac{5}{3}$　$a=\frac{4}{3}$

重要 (2)　$\mathrm{C}\left(c,\ \frac{c^2}{3}\right)$とおく。条件から，$c+\frac{c^2}{3}=\frac{10}{3}$　両辺を3倍して，$c^2+3c-10=0$　左辺を因数分解して，$(c+5)(c-2)=0$　$c>0$より，$c=2$　よって，点Cの座標は，$\mathrm{C}\left(2,\ \frac{4}{3}\right)$

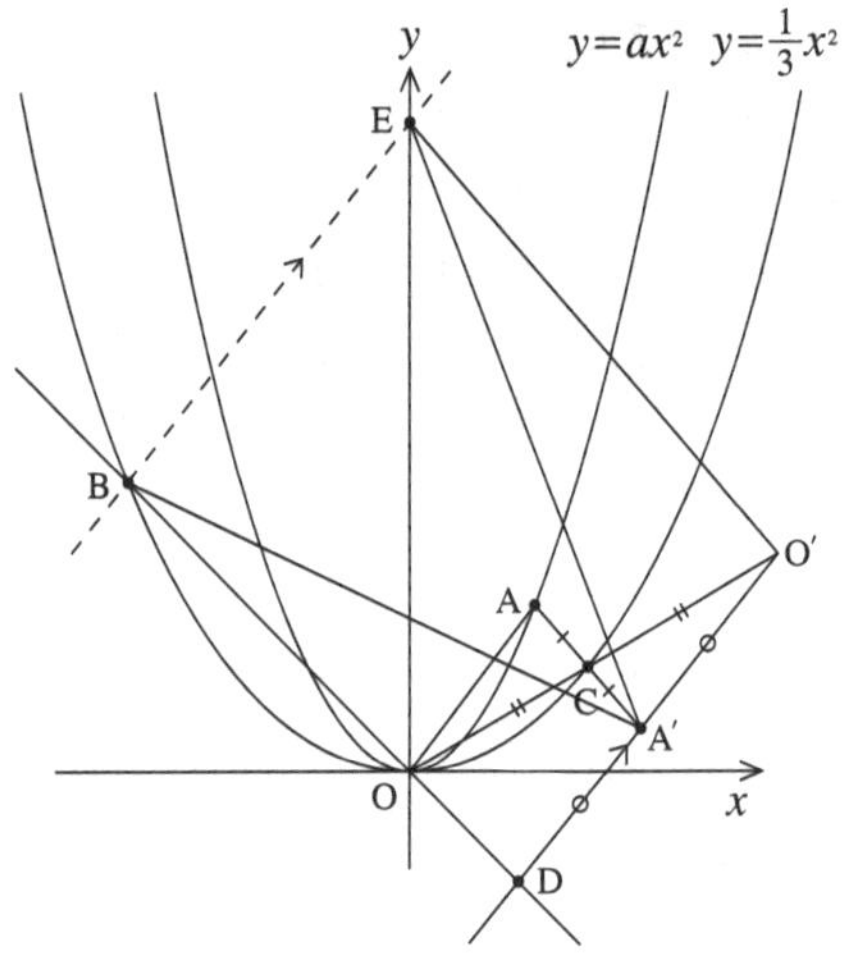

重要 (3)　△O′A′Cは右図のようになり，線分OO′，線分AA′の中点が点$\mathrm{C}\left(2,\ \frac{4}{3}\right)$となるから，$\mathrm{O}'\left(4,\ \frac{8}{3}\right)$，$\mathrm{A}'\left(\frac{11}{4},\ \frac{7}{12}\right)$と求められる。よって，直線O′A′の式は，傾きが，$\left(\frac{8}{3}-\frac{7}{12}\right)\div\left(4-\frac{11}{4}\right)=\frac{25}{12}\div\frac{5}{4}=\frac{5}{3}$となるから，$y=\frac{5}{3}x+b$として，$x=4$，$y=\frac{8}{3}$を代入して，$\frac{8}{3}=\frac{5}{3}\times 4+b$　$b=-4$　よって，$y=\frac{5}{3}x-4$…①となる。また，直線OBの式は，原点と$\mathrm{B}(-3,\ 3)$を通るから，$y=-x$…②となる。点Dは直線O′A′と直線OBの交点だから，①，②式を連立して，$\frac{5}{3}x-4=-x$　$\frac{8}{3}x=4$　$x=\frac{3}{2}$　次に，直線AA′の傾きは，$\left(\frac{7}{12}-\frac{25}{12}\right)\div\left(\frac{11}{4}-\frac{5}{4}\right)=-\frac{3}{2}\div\frac{3}{2}=-1$

やや難 (4)　$\mathrm{D}\left(\frac{3}{2},\ -\frac{3}{2}\right)$となる。これと，$\mathrm{A}'\left(\frac{11}{4},\ \frac{7}{12}\right)$，$\mathrm{O}'\left(4,\ \frac{8}{3}\right)$から，点A′は線分O′Dの中点であることがわかる。つまり，底辺を線分DA′，線分A′O′と見るとそれぞれの長さが等しいので，△BDA′＝△O′A′Eのとき，2つの三角形の高さが等しくなることがわかる。よって，線分O′D//線分BEとなり，(直線O′Dの傾き)＝(直線BEの傾き)…☆が成り立つ。直線O′Dの傾きは$\frac{5}{3}$，直線BEの傾きは，$\mathrm{E}(0,\ e)$とおくと，$\frac{e-3}{0-(-3)}=\frac{e-3}{3}$と表せる。☆より，$\frac{5}{3}=\frac{e-3}{3}$　$5=e-3$　$e=8$　よって，点Eの座標は，$\mathrm{E}(0,\ 8)$

Ⅲ （立体図形の計量）

基本 (1)　$\frac{1}{3}\times(\pi\times 3^2)\times 6=18\pi\,(\mathrm{cm}^3)$

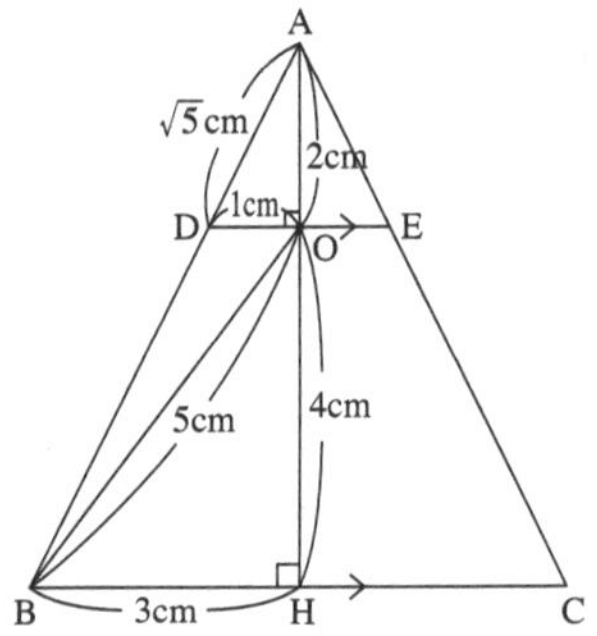

重要 (2)　求める水の量は，水に沈んだ立体の部分の体積である。右図は，図2における半球形の容器の中心Oを通る立体の断面図を表している。まず，OBの長さは，半球形の容器の半径と等しいので5(cm)である。また，△OBHで三平方の定理より，$\mathrm{OH}=\sqrt{\mathrm{OB}^2-\mathrm{BH}^2}=\sqrt{5^2-3^2}=4$(cm)となる。よって，AO＝AH－OH＝6－4＝2(cm)となる。DE//BCより，DO：BH＝AO：AHが成り立

つ。DO：3＝2：6　DO＝1(cm)　以上から，求める水の量は，大円すいの体積から小円すいの体積を取り除いて，$18\pi-\frac{1}{3}\times(\pi\times1^2)\times2=\frac{52}{3}\pi$(cm^3)となる。

重要 (3)　求める側面積は，小円すいの側面のおうぎ形の面積である。△ADOで三平方の定理より，AD＝$\sqrt{AO^2+DO^2}=\sqrt{2^2+1^2}=\sqrt{5}$(cm)となる。これを小円すいの母線の長さと見ると，求める面積は，$DO\times AD\times\pi=1\times\sqrt{5}\times\pi=\sqrt{5}\pi$(cm^2)となる。

重要 (4)　頂点Aから水面に対して垂線AHを引く。求める長さは，AHの長さである。容器を傾けてもAOの長さは図2の場合と変わらないから，図3においても，AO＝2(cm)である。また，∠AOH＝60°となるから，△AHOは，1：$\sqrt{3}$：2の直角三角形である。よって，$AH=AO\times\frac{\sqrt{3}}{2}=\sqrt{3}$(cm)となる。

基本 **Ⅳ　(確率)**

(1)　2つのさいころA，Bの目の出方の総数は，$6^2=36$通りある。等式の両辺を3倍して，整理すると，$a+1=\frac{1}{3}b$　$3a-b=-3$　この等式を満たすa，bの値の組は，$(a,\ b)=(1,\ 6)$の1通りである。よって，求める確率は，$\frac{1}{36}$

(2)　$\sqrt{ab}$が整数になるときは，積abが平方数になるときであり，$(a,\ b)=(1,\ 1)$，$(1,\ 4)$，$(2,\ 2)$，$(3,\ 3)$，$(4,\ 1)$，$(4,\ 4)$，$(5,\ 5)$，$(6,\ 6)$の8通りある。よって，求める確率は，$\frac{8}{36}=\frac{2}{9}$

(3)　aとbの差の絶対値が1になるときを考えて，$(a,\ b)=(1,\ 2)$，$(2,\ 1)$，$(2,\ 3)$，$(3,\ 2)$，$(3,\ 4)$，$(4,\ 3)$，$(4,\ 5)$，$(5,\ 4)$，$(5,\ 6)$，$(6,\ 5)$の10通りある。よって，求める確率は，$\frac{10}{36}=\frac{5}{18}$

(4)　$\frac{b}{a}$が整数になるa，bの組は，$(a,\ b)=(1,\ 1)$，$(1,\ 2)$，$(1,\ 3)$，$(1,\ 4)$，$(1,\ 5)$，$(1,\ 6)$，$(2,\ 2)$，$(2,\ 4)$，$(2,\ 6)$，$(3,\ 3)$，$(3,\ 6)$，$(4,\ 4)$，$(5,\ 5)$，$(6,\ 6)$の14通りある。よって，求める確率は，$\frac{14}{36}=\frac{7}{18}$

重要 **Ⅴ　(立体図形―オイラーの多面体定理)**

(1)　(ア)　多面体の面の数は，三角形の面の数と四角形の面の数の和であるから，$F=x+y$と表せる。　(イ)　多面体の辺の数は，どの三角形もとなり合わないので，三角形の面の数と辺の数の積で表せる。よって，$E=3x$…ⅰ　(ウ)　四角形に注目した場合も同様に，多面体の辺の数は，四角形の面の数と辺の数の積で表せるから，$E=4y$…ⅱ　(エ)　ⅰ＋ⅱより，$2E=3x+4y$　(オ)　多面体の三角形の頂点の数と四角形の頂点の和は，$3x+4y$と表される。ここで，多面体の頂点は，1つの頂点につき2つの三角形の頂点と2つの四角形の頂点の合計4つの頂点を共有しているので，$V=\frac{1}{4}(3x+4y)$と表される。　(カ)　$\frac{E}{V}=\frac{2E}{2V}=(3x+4y)\div\left\{2\times\frac{1}{4}(3x+4y)\right\}=2$

(2)　$F-E+V=2$…①　また，(1)より，$F=x+y$…②　$E=\frac{1}{2}(3x+4y)$…③　$V=\frac{1}{4}(3x+4y)$…④　②，③，④を①に代入すると，$(x+y)-\frac{1}{2}(3x+4y)+\frac{1}{4}(3x+4y)=2$　すなわち，$x=8$　よって，(1)(イ)より，$E=24$　また，$E=4y$であるから，$y=6$　したがって，②，④より，$F=x+y=14$　$V=\frac{1}{4}(3x+4y)=12$

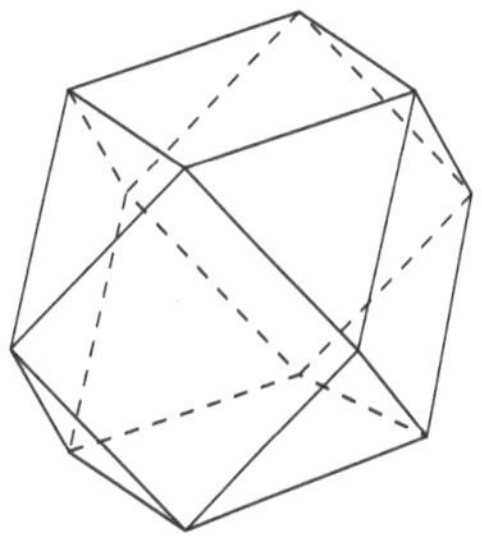

（参考）　本問の多面体は図のような，立方体から頂点を切り落としてできた図形の1種であると考えられる。

★ワンポイントアドバイス★

Vは，オイラーの多面体定理を扱った問題だった。問題としては標準的だが，解き慣れていない受験生も多いと思われるので，知識を整理しておくとよいだろう。

＜英語解答＞

1　1　c　2　b　3　a　4　d　5　b

2　1　3番目　d　5番目　f　2　3番目　d　5番目　c　3　3番目　a　5番目　b　4　3番目　a　5番目　d

3　1　There are a lot of books which are written in English in this library.　2　He has been absent from school since last Wednesday.　3　I have a friend who can speak many languages.　4　My daughter can swim fastest in the class.

4　1　b　2　d　3　d

5　b, d, h

6　問1　1d　問2　b　問3　A　a　B　g　問4　d　問5　c　問6　c　問7　b　問8　a　問9　a　問10　b, e, g, j

○配点○

1・2・4・5・6　各3点×28（2，6 3各完答）　3　各4点×4　計100点

＜英語解説＞

1　（リスニング問題）

1. Good morning. This is Mary from ABC Weather Center. Today in New York, it will be rainy all day. In Boston, it will be cloudy in the morning, but it will be snowy in the afternoon. Both cities will be very cold, so if you are going to go out, please remember to take a coat with you. In Washington D.C, it will be sunny. Have a nice day!
Question : Which is today's weather in Boston?

2. Damian went to a department store to buy a birthday present for his child. He found a pair of cool sneakers, but it was a little expensive. When he was thinking about buying others, a clerk said to him, "You can buy it for a 20 percent discount of the regular price of $100, if you join our email newsletter program." He joined it and bought the pair. He thought it was going to be a nice present because his child began to practice basketball.
Question : How much did Damian pay for the pair of sneakers?

3. These graphs show how many people visited the four places this year: Long Field, Silent Hill, Blue Forest, New Lagoon. Long Field is the most popular place of the four because it is cool in the summer and has many ski resorts. However, when we look only at the summer, we can find that more people visited Silent Hill than Long Field. This is because it is near the beautiful beach. New Lagoon and Blue Forest are not as popular

as the other two, but they are famous for its food.
Question : Which is the graph of Silent Hill?

4. A : Excuse me, but do you know where Castle café is? The battery of my smartphone is dead, so I cannot search with it.
B : Okay. First, you go straight along this street until you come to the big crossroad. Then turn left and walk straight to the second traffic light. You'll see a big library on the corner and the café is next to it.
A : I see. Thank you very much!
B : You're welcome.
Question : Which is the place of Castle café?

5. Hello, everyone! Welcome to Animal Paradise! We have lots of wild life from all over the world such as Lions, Tigers, Elephants. Also, we have some exciting programs. Let's Give Food to Tiger, the most popular program in this zoo, is going to start at 3 P.M. The price of the program is 500 yen. If you want to join the program, please come to No.1 gate of the Tiger Area. We limit the number of people to 50. Hurry up!
Question : Which is true about the announcement?

〔全訳〕 1 おはようございます。ABC天気センターのメアリーです。今日ニューヨークでは一日中雨でしょう。ボストンでは午前中曇りですが午後は雪になるでしょう。両方の都市とも非常に寒くなるので外出する予定ならコートを持参することをお忘れなく。ワシントンD.C.では晴れるでしょう。良い一日を！
問 ボストンの今日の天気はどれか。
(a) 晴れ (b) 曇り→雨 (c) 曇り→雪 (d) 雨

2 ダミアンは自分の子供の誕生日プレゼントを買うためにデパートへ行った。彼は格好の良いスニーカーを一足見つけたが，少し高価だった。彼が他のものを買うことを考えていると，店員が彼に「もしあなたが我々のeメールニュースレタープログラムに参加してくだされば，通常価格の100ドルから20％割引で買うことができます」と言った。彼はそれに参加し，その一足を買った。彼の子供はバスケットボールの練習を始めたので，それは良いプレゼントになるだろうと彼は思った。
問 ダミアンはそのスニーカー一足に対していくら支払ったか。
(a) 60ドル (b) 80ドル (c) 100ドル (d) 120ドル

3 これらのグラフは今年，その4か所をどのくらいの人数が訪問したかを表しています。ロングフィールド，サイレントヒル，ブルーフォレスト，ニューラグーンです。ロングフィールドは4つのうちで最も人気の場所です，なぜなら夏は涼しく，多くのスキーリゾートがあるからです。しかし夏だけを見ると，ロングフィールドよりサイレントヒルを訪れた人のほうが多いことがわかります。というのも，それは美しいビーチに近いからです。ニューラグーンとブルーフォレストは他の2つほど人気ではありませんが，食べ物で有名です。
問 サイレントヒルはどれか。
(a)～(d) 問題参照。

4 A：すみませんが，キャッスルカフェがどこかご存じですか。私のスマホのバッテリーが切れてしまったので，それで検索することができないのです。
B：そうですか。まず，大きな交差点まで，この通りに沿って直進してください。そして左に曲がり，2つ目の信号まで直進してください。角に大きな図書館が見えます，そのカフェはそこの隣です。

A：わかりました。どうもありがとうございました！

B：どういたしまして。

問　キャッスルカフェの場所はどれか。

(a)～(d)　問題参照。

5　みなさん，こんにちは！　アニマルパラダイスへようこそ！　ライオン，トラ，ゾウなど世界中からたくさんの野生動物がいます。またワクワクするプログラムもございます。この動物園で最も人気のあるプログラム「トラにエサをあげよう！」は午後3時に始まります。プログラムの価格は500円です。プログラムに参加したい場合は，トラエリアの1番ゲートにお越しください。人数は50人までに制限いたします。お急ぎください！

問　アナウンスについて正しいものはどれか。

(a)　「トラにエサをあげよう！」プログラムは午前中に始まる予定だ。

(b)　そのプログラムに参加するにはいくらかお金を払う必要がある。

(c)　そのプログラムに参加するにはインフォメーションセンターに行く必要がある。

(d)　そのプログラムには15人しか参加できない。

重要 **2** (語句整序：疑問詞，不定詞，構文，分詞，関係代名詞)

1　A：錦城高校に行くにはどのバスに乗るべきですか。／B：21番のバスがあなたをそこへ連れて行ってくれます。　Which bus should I take to go to Kinjo High School?　〈which ＋名詞〉「どの～」　take「(乗り物)に乗る」　to go は目的を表す副詞的用法の不定詞。

2　A：どうしたの？　あなたはうれしそうに見えないよ。／B：私の大好きなミュージシャンの結婚のニュースが私をとても悲しくしたの。　The news of my favorite musician's marriage made me so sad.　marriage「結婚」〈make ＋人＋形容詞〉「(人)を～にする」

3　A：このドッグパークには犬がたくさんいる。あなたの犬はどこ？／B：ピンク色のシャツを着て向こうで走っている犬が私の犬よ。　The dog wearing a pink shirt and running over there is (mine.)　形容詞的用法の現在分詞句 wearing a pink shirt and running over there「ピンク色のシャツを着て向こうで走っている」が dog を後ろから修飾する。mine「私のもの」はここでは my dog「私の犬」の意味。

4　A：ママ，あなたが昨日私に買ってくれた本には難しい言葉がたくさんあるわ。／B：それは新しいことを学ぶ良い機会よ。　the book you bought me yesterday has many difficult words. you の前に目的格の関係代名詞が省略されており，you bought me yesterday「あなたが昨日私に買ってくれた」が book を後ろから修飾する。

重要 **3** (和文英訳：構文，関係代名詞，受動態，現在完了，比較)

1　まず〈There are ＋複数名詞＋場所〉「－に～がある」の構文で There are a lot of books in this library とする。次に主格の関係代名詞 which を用いて which are written in English「英語で書かれた」の部分を作り books の後ろに挿入する。

2　「学校を欠席する」は be absent from school と表す。現在完了時制で継続を表し He has been absent from school since last Wednesday. とする。since ～「～以来」

3　まず I have a friend「僕には友達がいます」とし，主格の関係代名詞 who を用いて who can speak many languages「多くの言語を話すことができる」と続ける。

4　副詞 fast「速い」を最上級 (the) fastest にして My daughter can swim (the) fastest in the class.「私の娘はクラスで最も速く泳ぐことができる」と表す。副詞の最上級には the を付けても付けなくてもよい。

4 （長文読解問題・メール文：文補充・選択）

（全訳） サムはサンフランシスコに住んでいる高校生だ。彼は去年，メキシコに住んでいる旧友に会いに行った。

受信者：トミー
日付　：2024年1月21日
件名　：また会うこと

こんにちは！　調子はどう？　君と君の家族にとって万事順調なことを願っているよ。君は去年メキシコで僕たちが会った時のことを覚えている？　僕の滞在後，僕の家族はメキシコのいくつかの場所に興味を持っていて，僕たちは今度の8月に訪問する予定だよ。

僕は家族を，君が前回僕を連れて行ってくれた場所に連れて行くつもりだ。でも1つ問題がある。[1]僕はある建物の名前を思い出せない。君はあの緑色の屋根の建物の名前について，何かわかる？　僕は大きな恐竜が壁に描かれていたことしか思い出せないんだ。

君の都合が良ければ，訪問中に君に会いたい。それは素敵な時間になるだろう。君からすぐに連絡があることを楽しみにしているよ！

それでは，

サム

受信者：サム
日付　：2024年1月23日
件名　：Re：また会うこと

やあ，サム，

君から連絡があってとてもうれしい。僕たちは元気にしているよ。聞いてくれてありがとう。メキシコで素晴らしい時を過ごしてからもう1年だなんて，信じられないよ。君の家族がメキシコに興味があると知って僕はうれしいし，君がまたここに来ることを計画しているとはすばらしいね！

君が話している建物はもしかしたらモンテ・ロホ・リッジかもしれない。僕たちがジェニーと一緒に行った場所だよね？　モンテ・ロホ・リッジはメキシコ最大の恐竜博物館だから[2]ここでは他のどの博物館よりも多くの恐竜の骨が見られる。でもここにはモンテ・アズール・リッジ博物館もある。これらの博物館はとても似た名前で，2番目のほうは昆虫の展示をしているだけだ。混同しないように！

君にまた会えるのは素晴らしいだろう，でも[3]会う調整をするのは少し難しいかもしれない。僕は今度の夏に中国でホームステイプログラムを経験するつもりなんだ。僕たちが必ず会えるように僕はベストを尽くすよ。君たちがいつメキシコにいるか知らせて。

君と君の家族をここで歓迎することを楽しみにしているよ！

元気でね，

トミー

問　全訳下線部参照。

重要 5 （長文読解問題・資料読解：内容一致）

（全訳） スマートフォン対プロ用カメラ：どちらがあなたにとって良いか

こんにちは，若い写真家のみなさん！　あなたは写真を撮るのに自分のスマホ，または素晴らしいプロ用カメラを使うことに興味がありますか。私たちはあなたがその違いを理解するのをお手伝いします。

1. サイズ
スマートフォン
スマートフォンはポケットに入る魔法の映像箱のようです。小さいのでどこへでも持っていけます。自撮りや猫のおもしろい瞬間など，いつでもサッと写真が撮れます。
プロ用カメラ
これらのカメラは大きくてカバンが必要です。写真のスーパーヒーローのようですが，簡単に持ち出すことはできません。それらは計画された写真旅行に最適です。

2. 画質
スマートフォン
スマホは，特に晴れた屋外で良い写真が撮れます。しかし暗いと少し困難になり，あなたの写真はあまり素晴らしく見えないかもしれません。
プロ用カメラ
これらのカメラはマジシャンのようです。それらは暗い場合でもあなたの写真を非常にくっきりと鮮やかに見せることができます。それらはどんな天気でも素晴らしい写真を作ることに優れています。

3. 特別な点
スマートフォン
スマートフォンは写真を使っておもしろいことができます。フィルターを追加したり写真をおもしろく見せたりできます。
プロ用カメラ
これらのカメラはあなたに強大な力を与えてくれます！　あなたの写真をあなたの希望通りに見せるために設定を変えることができます。すごく鮮明な写真がほしい？　できます！

4. バッテリー
スマートフォン
スマホでたくさんの写真を撮るとすぐにバッテリーを使いきってしまいます。別の楽しいことのためにスマホが必要な場合でも，バッテリーがなくなっているかもしれません。
プロ用カメラ
これらのカメラは強力なバッテリーを持っています。バッテリーのことを心配せずに一日中写真を撮ることができます。

5. 価格
スマートフォン
ほとんどの人がすでにスマホを持っているので，写真のためにさらにお金を使う必要がありません。
プロ用カメラ
これらのカメラは高額なことがあります。特に特別レンズを付ける場合は。それらは写真を撮ることが本当に大好きで，趣味に大金を払いたい人向けです。

どうやって選ぶ？
どちらの種類もあなたに素晴らしい写真の経験をさせてくれるでしょう。でも写真を撮ることは楽しむことと特別な瞬間を記録することだと覚えておいてください。ポケットに，またはカバンの中にカメラを入れて，素晴らしい写真を撮るために出かけましょう！
(a)「かわいい猫の写真を撮るチャンスを逃したくないなら，プロ用カメラを入手するべきだ」

(×)

(b) 「美しい夜景の写真を撮りたいなら，最適な選択はプロ用カメラを買うことだ」(〇)

(c) 「筆者は，若者はプロ用カメラを買うべきだと強く信じている」(×)

(d) 「バッテリーのことを考えると，プロ用カメラのほうがスマートフォンより良い」(〇)

(e) 「もしあなたがどんな種類のカメラを買うべきかわからないなら，カメラを長い間使っている人と話すべきだ」(×)

(f) 「スマートフォンの平均価格はプロ用カメラより低い」(×)　プロ用カメラは高価だと書かれているが，スマートフォンとプロ用カメラの平均価格の比較については書かれていない。

(g) 「いくつかの高額なスマートフォンは非常に強力なのでプロ用カメラと全く同じ写真を撮ることができる」(×)

(h) 「サイズの問題でプロ用カメラを簡単に持ち運ぶことはできないが，よく準備しておきたいならばそれは良い選択だ」(〇)

6 **(長文読解問題・物語文：英問英答，脱文補充，語句補充・選択，語句整序，受動態，間接疑問，語句解釈，単語，内容一致)**

(全訳)　あなたはリーダーにどんなイメージを持っているだろうか。チームの人たちに指示を与えるのが得意な人？　先を見てチームを率いるのが得意な人？　もしかしたらあなたたちの中にはある集団のリーダーになり，チームをまとめるのに苦労した経験がある人がいるかもしれない。良いリーダーになるには何が必要か？

タロウはあるサッカーチームのキャプテンだった。彼は来年の全国大会でプレーしたかったので彼のチームは厳しいトレーニングを始めた。チームの誰かが練習を休もうとすると，タロウは怒って警告を与えた。チームは朝から晩まで非常に熱心に練習したので，彼らは(2)どんどんうまくなっていった。万事順調に見えた。

しかしある日，チームの数人がチームを辞めたいと言った。彼らは(3)どうして去りたいのかと尋ねられると，そのうちの1人が「僕はサッカーが大好きだけれどこのチームは好きじゃない。試合に勝つのはうれしいけれど，サッカーをしてもっと楽しみたい」と言った。タロウはショックを受けた。彼はキャプテンとしてベストを尽くすためにできるだけ頑張っていたが，自分がしていることは間違っているのではないかと疑問に思い始めた。

数日後，彼はニュージーランド首相の最後の演説についてのニュースを見た。彼女が演説を終えると，演説を聞いていた人々は彼女に拍手をした。1d太郎はその光景に感動した。彼は彼女からリーダーシップについて学びたいと思い，彼女のキャリアについて知ることにした。

彼女の名前はジャシンダ・アーダーンだ。人々は彼女を新しいタイプのリーダーだと考えている。彼女はニュージーランドの前首相だ。2017年，37歳の時に彼女はニュージーランドの首相になり，約5年間務めた。彼女は2018年に赤ちゃんを産み，在任中に産休を取った初めての首相として有名になった。彼女は国民に人気があり，彼女が率いた政党は2020年の選挙で圧勝した。

彼女がどんな人間かを教える話がいくつかある。2019年，銃を持った若い白人至上主義の男がクライストチャーチのイスラム教礼拝堂を襲撃し，およそ50人が撃たれて命を失った。事件の翌日，アーダーンはそこへ行き，イスラム教徒のヘッドスカーフを着用することによって家族を失った人々に対する(4)敬意を表した。演説で，彼女は(5)テロリストは私が話す時には名前がないと言った。彼女は人々に，殺した男の名前よりむしろ亡くなった人の名前を言ってほしいと頼んだ。また，彼女はイスラム教の人々が愛と親切のある快適な暮らしができるよう望んだ。彼女はすぐに銃規制法を改正すると宣言した。

1年後，2020年3月にニュージーランドはクライストチャーチ襲撃事件の1周年を国の追悼行事として行うことになっていた。しかしWHOがコロナウィルスのパンデミックを宣言してから，状況が変わった。彼らはその行事を中止せざるを得ず，アーダーンはコロナウィルスの拡散を防ぐためにニュージーランドに来る人は自主隔離をしなくてはならないこと，そしてニュージーランドはロックダウンに突入することを宣言した。彼女は人々に「コロナに対して団結しよう」と頼み，国のことを「私たちの500万人のチーム」と繰り返し呼んだ。ロックダウン中に彼女が国民に対して呼びかける時には，同じメッセージで締めくくった。強くなりましょう，親切になりましょう。彼女の親切な態度は(6)国民に彼女を信じさせ，ニュージーランドのロックダウン措置はある程度成功したと言われている。

アーダーンは国民の感情を第1に置き，自分の政策を国民に近づけようとした。多くの人が彼女の言葉に感銘を受け，政府と協力してコロナウィルスのパンデミックを乗り越えようとした。彼女の言葉にある(7)共感とコミュニケーション能力により，彼女は人気を博した。彼女はリーダーシップによって国内外から非常に注目された。

アーダーンについて学んだ後，タロウは自分のしていることについて再び考え始めた。数名がチームを辞めたいと言う前は，彼は1人で目標を定めて，他のメンバーたちが何を考えているか，どう感じているかを気にしなかった。もちろん，チームにとって勝つことは重要だが，(8)彼は勝つことを重視しすぎていたので，数人のメンバーたちが彼についていきたくなくなった。彼は自分が態度を変える必要があるとわかった。

翌日彼はメンバーたちと話した。彼は彼らの気持ちを聞き，自分の気持ちについて話した。最終的にメンバーたちは彼が設定した目標に賛成し，なぜ自分たちが大変なトレーニングをするのか理解したようだった。彼は彼らにそれは大変かもしれないと言い，全国大会でプレーするために自分たちは協力するべきだと提案した。

1年後，チーム最後の日に，タロウはチームメートの1人からメッセージを受け取った。「去年，何人かのメンバーと僕は君にこのチームは好きじゃないと言った。実際に彼らのうちの何人かはこのチームを辞め，僕もそうしたかった。(9)しかし君は変わって，僕はここに残ることにした。僕たちのチームは最終試合で負けて目標に到達しなかったけれども，お互いに理解しようとすることは大切だとわかった。君は僕たちのリーダーだ」

世界には様々な種類のリーダーがいる。君たちの多くは将来リーダーとして働くことを経験しなくてはならないかもしれない，だからリーダーの理想像を作ったり，良いリーダーになるためにはどんな能力が要求されるかを考えてみたりするのはどうだろうか。

重要 問1 「次の文を入れるのに最適な場所はどこか。文章中の1a～1dから選びなさい」 be moved by ～「～に感動する」 scene「シーン，場面」

問2 「空所(2)に入る最適な答えを選びなさい」 improve「うまくなる，向上する」 gradually「次第に，だんだんと」

やや難 問3 「単語を正しい順に並べ，下線部(3)の空所(A)(B)に入る語を選びなさい」 (When they) were asked why they wanted to leave　they were asked は受動態で「彼らは尋ねられた」，その後ろに間接疑問〈疑問詞＋主語＋動詞〉で「なぜ彼らは出ていきたいのか」と続ける。leave「出る，去る」はここではチームを辞めるという意味。

問4 「空所(4)に入る最適な答えを選びなさい」 respect「尊敬，敬意」

問5 「下線部(5)は何を意味するか。最適な答えを選びなさい」 (c)「テロリストの名前は彼女の演説の中で呼ばれない」

問6 「空所(6)に入る最適な答えを選びなさい」 〈make ＋人＋動詞の原形〉「(人)に～させる」「彼女の親切な態度は国民に彼女を信じさせた」とは「彼女の親切な態度によって，国民は彼女を信じた」という意味である。

問7 「下線部(7)は何を意味するか。最適な答えを選びなさい」 (b)「他の人の感情や経験を理解する能力」 empathy「共感」

問8 「空所(8)に入る最適な答えを選びなさい」 put importance on ～「～を重視する」 put too much importance では「重視しすぎる」となる。

問9 「空所(9)に入る最適な答えを選びなさい」 however「しかしながら」

重要 問10 「文章と合う文を4つ選びなさい」 (b)「タロウは他のメンバーが辞めたいと言うまで，チームメートの内の何人かが自分と同じ気持ちではないことに気づいていなかった」(○) (c)「アーダーンは2017年からニュージーランドの首相である」(×) (d)「アーダーンはニュージーランドで産休を取った最初の女性だった」(×) (e)「2020年，外国からニュージーランドに来る訪問者は，コロナを食い止めるために人と会うことをできるだけ避けるようにしなくてはならなかった」(○) (f)「筆者はすべてのリーダーがアーダーンのようであるべきだと主張している」(×) (g)「ニュージーランドの人々はアーダーンのコロナ政策を受け入れた」(○) (h)「アーダーンについての情報を得た後，太郎は自分がしていることは良いと確信した」(×) (j)「タロウのチームメートはお互いに理解するよう努力することの重要性を実感した」(○)

★ワンポイントアドバイス★

6の長文読解問題はタロウに関する記述とアーダーン首相に関する記述を整理して読み進めよう。

＜国語解答＞

一 問1 専門 問2 ウ 問3 (最初) 二元論 (最後) 効する 問4 エ
問5 エ 問6 ウ 問7 エ 問8 ウ 問9 ウ

二 問1 ア 問2 ウ 問3 a イ b ア 問4 ア 問5 ウ

三 問1 イ・ウ 問2 イ 問3 中秋[仲秋] 問4 イ 問5 イ 問6 (i) エ
(ii) A イ B ア D ア D ア E イ F イ G ア H イ
問7 ア 問8 ウ

四 問1 1 エ 2 イ 3 ア 問2 1 イ 2 カ 問3 1 飲む 2 来る
問4 1 イ 2 エ 3 ウ

○推定配点○

一 問7～問9 各4点×3 他 各3点×6 二 問5 2点 問3 各3点×2 他 各4点×3 三 問3・問6(i)・問7 各4点×3 問6(ii) 各1点×8 他 各2点×5 四 各2点×10 計100点

＜国語解説＞

一 (論説文―漢字の書き取り，内容理解，要旨)

基本 問1 「専」の右上に点を書かないように注意。

問2 イタリアの人のついて直後に「彼らは信仰を持っているから，目に見えないもの……を素直に信じる」とあることに注目。七つあとの段落に「武道では，……因習的な内外や主客の境目がしだいに曖昧になってくる。……可能になってくる」とあり，この両方の内容をふまえると，ウが正しい。

問3　三つ前の段落に「外面と内面，対象と主体という，二元論的なもののとらえかたそのものが失効する境位」とある。この部分から，指定字数で抜き出す。

問4　「幼児」と反対のものとして，あとに「自力で世界を人間的なものに変えることができる高い知性と徳性を備えた人間」「自立した信仰者」が挙げられている。これをふまえると，「幼児の神」とは，エにあてはまることがわかる。

問5　傍線部Eの「そう」は直前の段落の内容を指している。これとあわせて，「能」について直後の段落から述べられている内容をとらえる。

やや難　問6　「学び」における「思いがけないところに出る扉」「そこ以外のどこからも見ることができない景色」とはどのようなものかを考える。ウの「計算の速度と精度」や「公式」はあらかじめ決まった範囲のものであり，これにあてはまらない。

問7　傍線部Gの三つあとの段落がアに，四つあとの段落がイに，五つあとの段落がウに合致している。エの「人間の成熟プロセスは，身体的に構築されたものが，力動的な経過を経て，理知的な経験になっていくもの」という内容は，成熟は生身の身体を通した力動的なプロセスである，という筆者の考えと矛盾している。

問8　直後の四つの段落の内容が，ウに合致している。

重要　問9　【文章3】の内容がウの一文めに，【文章7】の内容がウの二・三文めに合致している。

二　**（小説─心情理解，表現理解，内容理解，文学史）**

問1　直前にあるように，「家にいるときの，……退屈な物音だけが妻だと思っ」ていた「私」にとって，外で見かける「妻」の姿は意外だったのである。

やや難　問2　哀れな「妻」の懇願に「私」は答えているものの，「いやおそくなるかも分らない。……かも分らない」という言葉からは，早く帰る気がないことがわかる。

問3　「おこらないでね」と下手な態度をとる「妻」に対して，「私」は「早く結論を言ってくれ」と偉そうな態度をとっていることから，aには，二人の間に上下関係があるという内容が入る。しかし，立場が上であるはずの「私」が，「妻」の提案を受け入れていることから，bには，二人の上下関係に変化が生じているという内容が入る。

重要　問4　この小説では，「家の外」「家の中」「家にいるとき」という言葉が鍵になって，物語が展開している。

基本　問5　ウの三島由紀夫(1925～1970年)は小説家・劇作家。作品に「仮面の告白」「金閣寺」など。ア・イ・エはどれも，明治～大正に活躍した小説家。

三　**（古文─内容理解，返り点，古典知識，語句の意味，空欄補充，文学史）**

〈口語訳〉　その(朝綱の)家を見ると，荒れ果てて人気もない。屋敷はどれも倒れ傾いて，ただ炊事場だけが残っていたが，(やって来た)この人々が壊れた縁側に並んで，月を愛でて詩句を詠じるに，

白砂を踏み，絹布を肩に掛け，清らかな秋の気配の中に立てば，月は高く長安の百尺の楼の上にかかっている。

という詩は，昔，唐のなんとかという人が，八月十五日の月を愛でて作った詩である。この詩を人々は詠じ，また朝綱が漢詩文の学識が非常に深かったことなどを語り合っていると，丑寅の方から尼が一人現れて尋ねて言うには，「これは誰がおいでになって，詩をお詠みになっているのですか」と。答えて言うには，「月を見るために来たのだ。それでお前はどういう尼か」と。尼が言うには，「故宰相殿(朝綱)にお仕えしていた人で，この尼一人が残っております。この屋敷には，男

女仕える人がずいぶんたくさんおりましたが，皆死んでしまい，私一人が今日明日ともわからない命でございます」と。詩文を好む人々はこれを聞いて，哀れに思い，尼(の言葉)に感動して，その中には泣く人もいた。

そうしている間に，尼が言うには，「ところで，あなた方は，『月は長安の百尺の楼にかかっている』とお詠みになったが，かつての故宰相殿は，『月が出ているから百尺の楼に上る』とお詠みになった。これらは似ていません。月はどうして楼に上ることがあるだろうか」と。「人こそが月を見るために楼に上るのです」と言ったのを，この人々が聞いて，涙を流して尼(の言葉)に感じ入った。

「いったい尼はどういう者であったのか」と問うと，尼は，「私は故宰相殿の裁縫や洗い張りをする下女でございました。それで御主人様のお詠みになるのを聞いていましたので，あなたがたがお詠みになった時に，ほのかに思い出したのでございます」と言ったので，人々は一晩中この尼と語り合い，おのおの尼に褒美を与えて夜明け前に帰った。

これを思うと，朝綱の家風はいちだんと立派に思われ，身分の低い下仕えの女ですら，このようである。ましてや，朝綱の漢詩文の学識のすばらしさを思いやるがよい，と語り伝えているということだ。

重要 問1 「旧く荒れて人気無し。屋共に倒れ傾きて，……」がイに，「この殿に男女の仕え人その数はべりしかども」がエに合致している。

問2 「沙→踏→練→被→清→秋→立」の順で読むように，返り点をつける。

問3 「中秋」とも「仲秋」とも書く。

問4 「すがら」には，初めから終わりまで，という意味がある。

問5 朝綱の「家風」や「文花」のすばらしさをたたえている。

やや難 問6 (ｉ) 「月は何しに楼は上るべきぞ」(＝〝月はどうして楼に上ることがあるだろうか〟)とあることに注目する。

(ⅱ) A～D 「月は何しに楼は上るべきぞ」は〝月はどうして楼に上ることがあるだろうか〟，「月に依りて百尺の楼に上る」は〝月が出ているから百尺の楼に上る〟と訳せることに注意する。

E 尼は，朝綱が詩を詠むのを聞いていたからそれを覚えていた，と述べているので，生徒Eの「朝綱から漢詩の知識を教えてもらってたと書いてある」は誤りである。 F 「殿ばら」は，尼に出会ってその言葉を聞いたことで，改めて，朝綱の漢詩文の学識のすばらしさに思い至ったのである。尼に会えたことだけに感動しているわけではない。 G 文章中の「殿ばら」と尼の様子に合っている。 H 「尼と自分たちを比較して……悔しいと思った」という内容は，文章中からは読み取れない。

問7 「し」は助動詞「き」の連体形。助動詞「き」は，自分が直接体験した過去のことを表す。

基本 問8 ウ『徒然草』は鎌倉時代の随筆である。

四 (同音異字，二字熟語の構成，尊敬語，和歌)

問1 1 「異彩」と書く。ア「主催」，イ「文才」，ウ「救済」，エ「迷彩」。

2 「威儀」と書く。ア「異論」，イ「威嚇」，ウ「偉人」，エ「意味」。

3 「摘発」と書く。ア「摘出」，イ「点滴」，ウ「適任」，エ「外敵」。

問2 1 「往復」は，行きと帰り，という意味。 2 「遭難」は「難に遭う」と読むことができる。

問3 1 「召し上がる」は，「飲む」「食う」の尊敬語。 2 「参る」は，「行く」「来る」の謙譲語。

問4 1 和歌はそれぞれ，「富士山は高く，おそれおおいので，雲も行く手をはばまれてたなびいている」「私はききめのない恋の思いの煙を立ち昇らせ，雲にまぎれさせながら，幾夜も富士山のように燃え続けるのであろう」という意味。 2 和歌はそれぞれ，「春の野に鳴くうぐいすをよび寄せようと，わが家の庭に梅の花の咲くことよ」「うぐいすが鳴いて散らしているだろう春の花を，いつかあなたと手折って髪飾りにしたい」という意味。　3　和歌はそれぞれ，「雨が降りそうで降らない一面曇り空の夜，うつうつとした湿っぽい気持ちで恋しく思っていた。あなたを待って」「黄葉(もみじば)を散らす時雨に濡れてきて，あなたがくださった黄葉を髪飾りにしたことよ」という意味。

★ワンポイントアドバイス★

現代文と古文では，文章の読解をふまえた発展的な思考力が試されている。ふだんからの読書や，読解の実践の中で，キーワードや段落構成をとらえる力を蓄えよう。知識問題も多いので，多種の問題を解き，基礎知識も広げておこう！

2023年度

★★★★★★★★★★★★★★★★★★★★★★★

入　試　問　題

2023年度

錦城高等学校入試問題

【数　学】（50分）　　＜満点：100点＞

I　次の［　］にあてはまる数値を答えよ。

(1)　$x=\sqrt{5}+\sqrt{3}$，$y=\sqrt{5}-\sqrt{3}$ のとき，x^2+y^2-2xy の値は［ア］［イ］である。

(2)　2次方程式 $x^2-ax-b=0$ の2つの解が $x=-5$，7であるとき，
$a=$［ウ］，$b=$［エ］［オ］である。

(3)　2つのさいころA，Bがある。目の和が6より大きくなる確率は $\dfrac{\text{［カ］}}{\text{［キ］［ク］}}$ である。

(4)　以下の表は，ある生徒たちのハンドボール投げの記録である。平均が31.0mのとき，$a=$［ケ］，
$b=$［コ］である。

階級(m)	度数(人)
15以上～19未満	1
19以上～23未満	2
23以上～27未満	a
27以上～31未満	b
31以上～35未満	5
35以上～39未満	7
計	20

(5)　次の円に内接する四角形ABCDの図において，∠CBDの大きさは［サ］［シ］°である。ただし，直線 l は点Aで円に接し，ACは円の直径である。

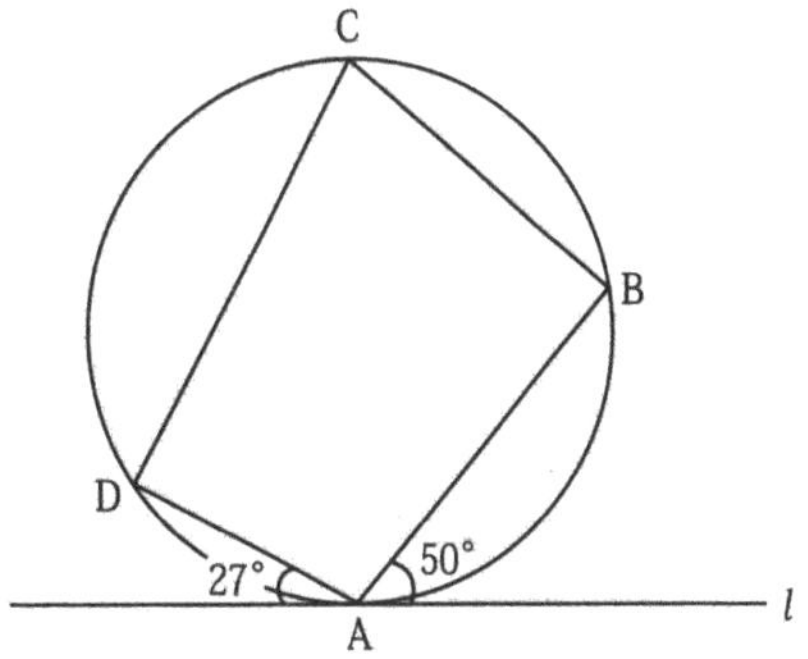

(6)　次の平行四辺形ABCDの図において，AB＝5，AD＝3とする。
このとき，ACの長さは［ス］$\sqrt{\text{［セ］［ソ］}}$ である。

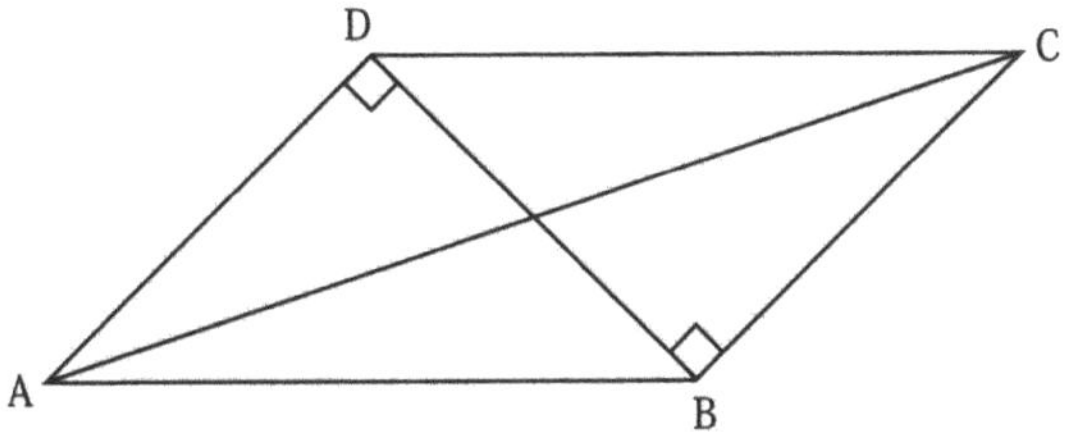

Ⅱ　X，Yの2人がそれぞれ3枚のコインを投げる。ただし，コインの表，裏の出方は同様に確からしいものとする。このとき，次の問いに答えよ。

(1)　Xの投げたコインにおいて，裏が2枚出たときの確率は$\dfrac{\boxed{\text{ア}}}{\boxed{\text{イ}}}$である。

(2)　XとYの投げたコインにおいて，表の出た枚数が一致したときの確率は$\dfrac{\boxed{\text{ウ}}}{\boxed{\text{エ}}\,\boxed{\text{オ}}}$である。

(3)　Xの投げたコインの裏の枚数が，Yの投げたコインの裏の枚数より多く出た。
このときの確率は$\dfrac{\boxed{\text{カ}}\,\boxed{\text{キ}}}{\boxed{\text{ク}}\,\boxed{\text{ケ}}}$である。

Ⅲ　次の問いに答えよ。

1から10までの整数の和は$\boxed{\text{ア}}\,\boxed{\text{イ}}$である。

この和を次のようにして求める。

1から10までの整数を横に並べる。次に，その下に10から1まで整数を横に並べる。
上下の整数を加えると$\boxed{\text{ウ}}\,\boxed{\text{エ}}$になり，その数が$\boxed{\text{オ}}\,\boxed{\text{カ}}$個あるので
総数は$\boxed{\text{キ}}\,\boxed{\text{ク}}\,\boxed{\text{ケ}}$である。
同じ整数を2度加えているので$\boxed{\text{コ}}$で割ることで，1から10までの整数の和を求めることができる。

次に，下図のように第k段に偶数2，4，6，……がk個並んでいるとする。

第1段	2			
第2段	2	4		
第3段	2	4	6	
第4段	2	4	6	8

第20段に並んでいる偶数の和は$\boxed{\text{サ}}\,\boxed{\text{シ}}\,\boxed{\text{ス}}$である。

並んでいる偶数の和が812になるのは第$\boxed{\text{セ}}\,\boxed{\text{ソ}}$段である。

Ⅳ　次のページの図は，ある三角すいの見取図と展開図である。展開図の四角形ABCDは1辺の長さが10cmの正方形であり，点E，Fはそれぞれ辺AB，BCの中点である。

(1)　△EFGの面積は$\dfrac{\boxed{\text{ア}}\,\boxed{\text{イ}}}{\boxed{\text{ウ}}}$cm^{2}である。

(2)　三角すいDEFGの体積は$\dfrac{\boxed{\text{エ}}\,\boxed{\text{オ}}\,\boxed{\text{カ}}}{\boxed{\text{キ}}}$cm^{3}である。

(3)　見取図には，頂点Gを出発し，△EFGを底面とする三角すいの側面上に沿って，Gに戻る最短の道がかかれている。最短の道の長さは$\boxed{\text{ク}}\,\boxed{\text{ケ}}\sqrt{\boxed{\text{コ}}}$cmである。

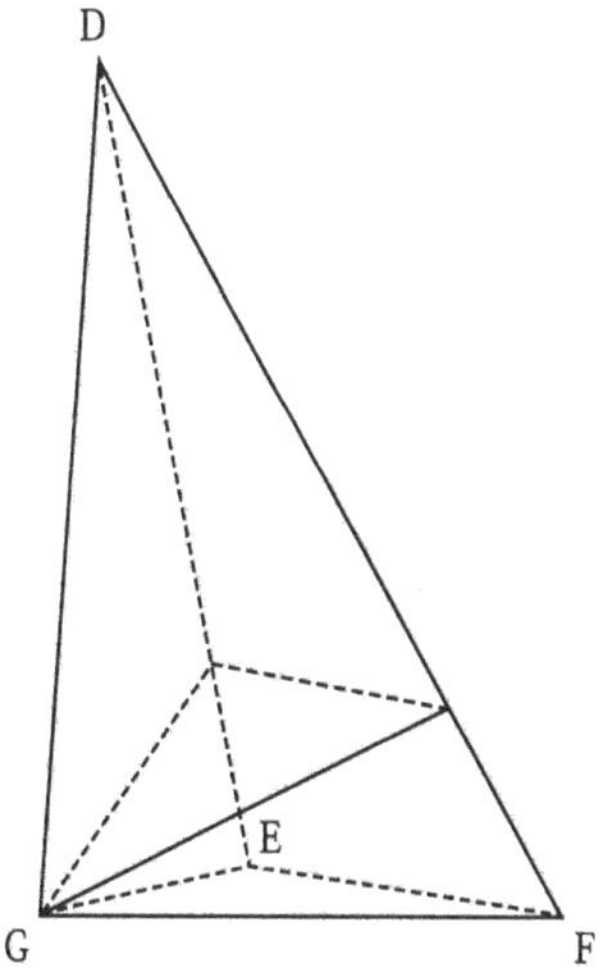

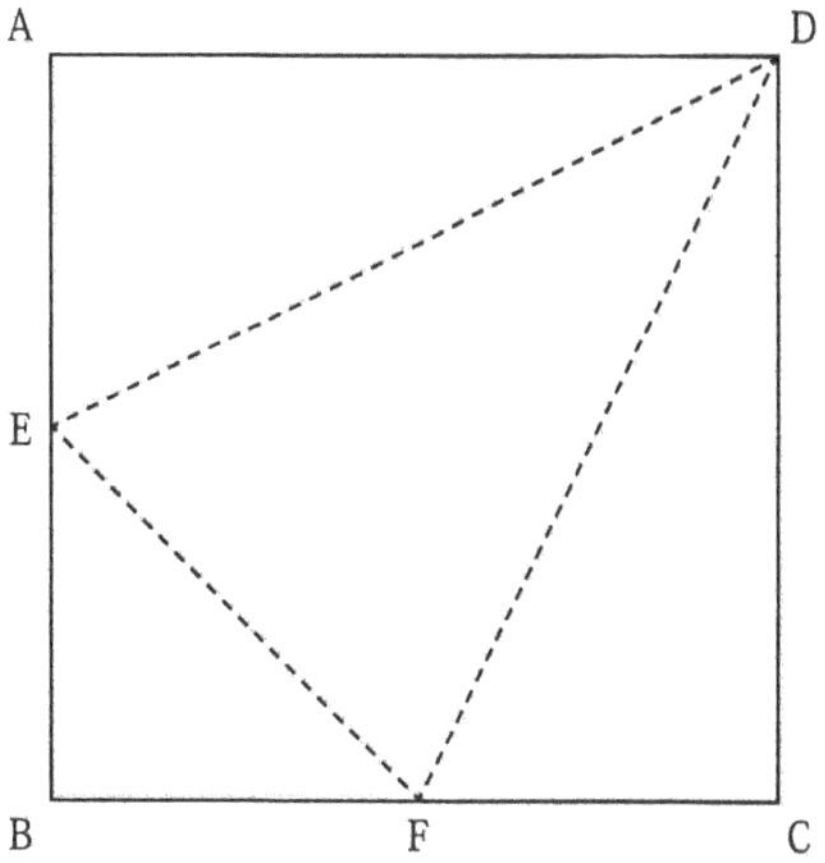

V　**（注意，この問題はマーク方式ではありません）**

関数 $y = ax^2$（ただし，$a > 0$）のグラフと，関数 $y = -x^2$ のグラフがある。関数 $y = ax^2$ のグラフ上に x 座標が -2 の点Aがあり，関数 $y = -x^2$ のグラフ上に x 座標が3の点Bがある。点Aの y 座標が，点Bの y 座標より10大きいとき，次の問いに答えよ。

ただし，原点Oから点（1，0）までの距離および原点Oから点（0，1）までの距離をそれぞれ1㎝とする。

(1)　a の値を求めよ。

　2点A，Bを通る直線と，x 軸との交点をCとする。

(2)　点Cの x 座標を求めよ。

(3)　△OACを，y 軸を軸として1回転させてできる立体の体積を求めよ。

　ただし，円周率は π を用いること。

【英　語】（50分）　＜満点：100点＞　　**※リスニングテストの音声は弊社HPにアクセスの上，音声データをダウンロードしてご利用ください。**

1　＜リスニング問題＞

英文を聞き，それに関する質問の答えとして最も適切なものを１つずつ選び，その記号をマークしなさい。放送される英文は一回読まれます。

1．Which is true about Kenji?

(a) He played in the tournament last summer.

(b) He didn't play in the tournament because he was sick.

(c) He broke his foot during the tournament.

(d) He is already healthy.

2．When will they go shopping?

(a) Saturday morning

(b) Saturday afternoon

(c) Sunday morning

(d) Sunday afternoon

3．Which is true about Portland?

(a) Portland has good weather.

(b) People cannot enjoy food there.

(c) People there are not interested in sports.

(d) Portland is popular among young people.

4．How many students in his class wanted to visit the U.S.?

(a) 5

(b) 6

(c) 9

(d) 20

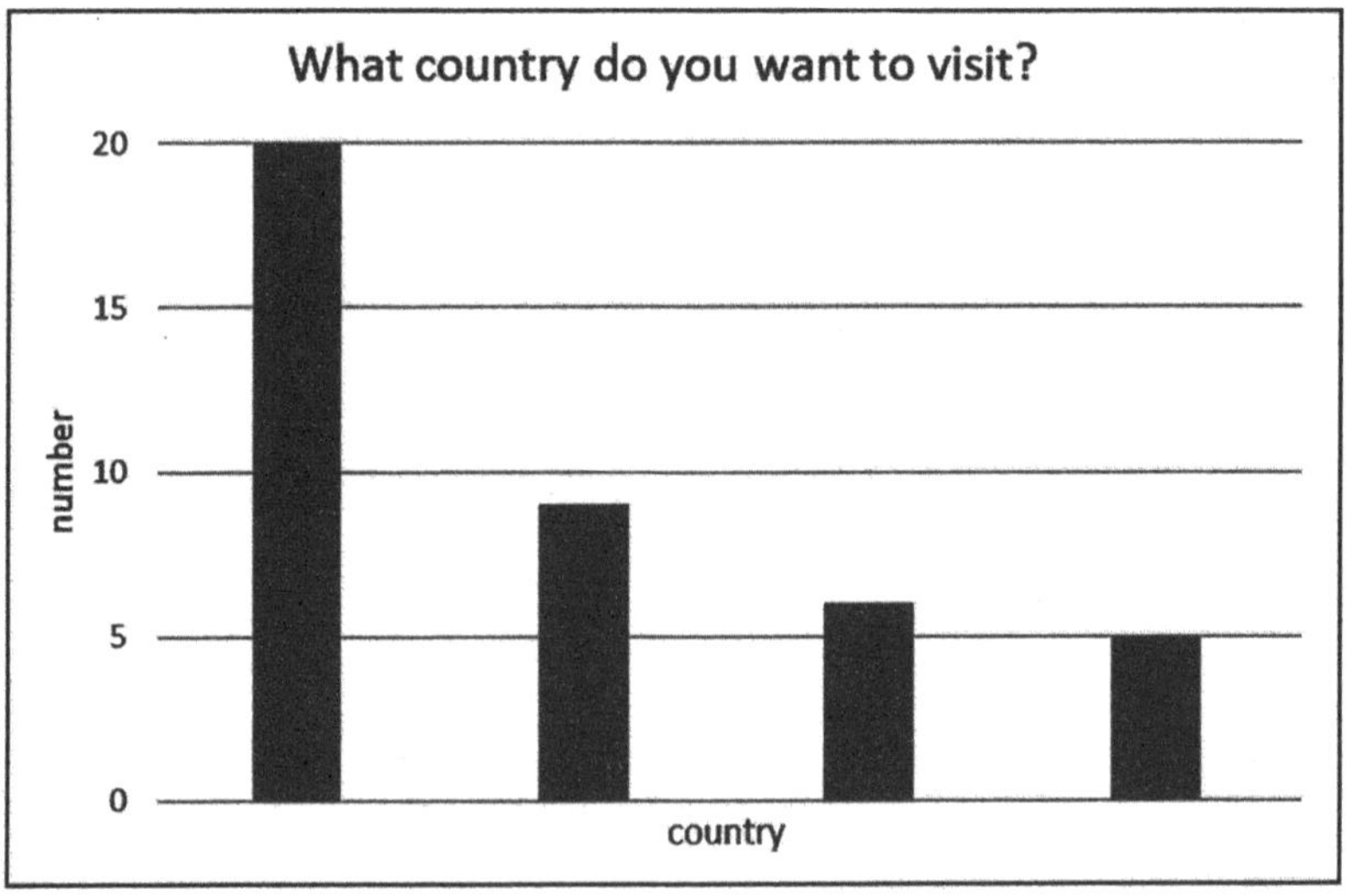

5. Which is true about the announcement?
(a) All the buses had to stop because of the bad weather.
(b) Tomorrow's buses are full.
(c) People can use the ticket tomorrow if they pay extra money.
(d) People can get the money back without the ticket.

2 次の英文の［ ］内の語句を並べ替え，３番目と５番目にくる記号をマークしなさい。尚，文頭にくる語も小文字にしてある。

1.
A：Mom, can I ride that roller coaster?
B：Yes, you are 3 feet 9 inches. So [1] the attraction.
[(a) are (b) enough (c) ride (d) tall (e) to (f) you]

2.
A：[2]?
B：Mike's was. His work was so wonderful!
[(a) chosen (b) for (c) painting (d) was (e) whose (f) the school festival]

3.
A：[3] in the team?
B：Maybe he was 17 years old.
[(a) old (b) he (c) how (d) Tom (e) started to play (f) was (g) when]

4.
A：These eggs smell bad, don't they?
B：It's terrible. We should [4].
[(a) the refrigerator (b) careful (c) leave (d) not (e) open (f) be (g) to]

3 次の日本語を英語に直しなさい。

1. 私のおじは12歳から東京に住んでいる。
2. 私の娘は昨日買った本を読んでいる。
3. 彼はその８人の中で一番足が速い。
4. 彼女がここに来たら，私に電話してください。

4 次の日記を読み，空所に入る最も適切なものを１つずつ選び，その記号をマークしなさい。

Dec. 14th

I'm going to the zoo with my family tomorrow. My mother said that she would take me to the zoo if I got a good score on the math test. 【 1 】, so my mother let us go to the zoo! I'm excited to go there because the zoo has Quokka wallabies. I really want to see them. I have been interested in them since I saw them on TV two years ago.

It is said that their smile is very cute and【 2 】. They are known as the happiest animal in the world, and to take pictures with them is one of my dreams. I want to find out how to take good photos with them before I see them, but I'm feeling sleepy now...

Dec. 15th

I went to the zoo with my family. The zoo was far away and it took a long time to go there. On my way to the zoo, I checked the website to know about Quokka wallabies with my smartphone. The information about them was interesting, and I did not care about the battery while checking the website. When I arrived at the zoo, I realized that my smartphone battery was dead! I was really shocked at that,【 3 】. A zookeeper told me about the best spot to take photos and my sister took a lot of pictures of them for me. Finally, I was able to take photos with them by using my father's smartphone. I enjoyed the zoo and had a good time.

【 1 】

(a) I studied hard and did well in the test

(b) I did my best, but I was not able to get a good score in the test

(c) I didn't study hard and was not able to get a good score in the test

(d) The test was canceled

【 2 】

(a) nobody will like them

(b) we may feel sorry for them

(c) we will feel relaxed

(d) we won't enjoy the zoo

【 3 】

(a) and I gave up having fun there

(b) and I had to go back to my home

(c) but my family didn't care about me

(d) but some people helped me

5 次のウェブサイトから読み取れる情報として適切なものを，後の(a)〜(h)の選択肢の中から 3 つ選び，その記号をマークしなさい。

Enjoy Kodaira City Blueberry Picking

Do you want to enjoy blueberry picking? Kodaira is famous as the birthplace of blueberries in Japan. When you eat fresh blueberries, you will be surprised at how delicious they are! Here's an introduction of three blueberry farms.

Tanaka Blueberry Farm

You can enjoy sweets such as juice, cake or pie made from blueberries in the restaurant. This restaurant is open to everyone (including those who do not take part in blueberry picking).

- **Season: Late June to early August (Closed if raining)**
- **Cost: Adults ¥2,000, Children ¥1,000 / all-you-can-pick and eat with no time limit**
- **Access: 10 minutes by bus from Kodaira Station**

Nomochan Berryland

You can pick blueberries indoors, so you don't have to worry about the weather. We advise you to make a reservation especially on weekends because this farm is crowded with visitors and you will have to wait for a long time.

- **Season: Early June to late July**
- **Cost: Adults ¥2,200, Children ¥1,500 / all-you-can-pick and eat for 30 minutes**
- **Access: 15 minutes' walk from Kodaira Station or 15 minutes by bus from Kokubunji Shopping Mall**

Kitasan Old Farm

This is the largest blueberry farm in the Kodaira area. In July and August, this also offers vegetable picking for tomatoes and corn.

- **Season: Late June to early September (Closed if raining)**
- **Cost: ¥2,000 (Children under 6 are free) / You can take a basket full of blueberries back home.**
- **Access: 25 minutes by bus from Kodaira Station and 10 minutes' walk from the bus stop**

(a) If you want to enjoy blueberry cake, you should visit Tanaka Blueberry Farm or Nomochan Berryland.

(b) Tanaka Blueberry Farm is the closest to Kodaira Station by bus.

(c) For a family of parents and an eight-year-old boy, Kitasan Old Farm is the cheapest of the three.

(d) According to the website, it's possible to pick blueberries on rainy days in Kodaira.

(e) If you want to pick blueberries in August, you have two farm choices.

(f) In order to eat in the restaurant of Tanaka Blueberry Farm, you have to pick blueberries there.

(g) You can't take part in the picking activity in Nomochan Berryland on weekends without reservations.

(h) Though it's a little difficult to get access, you can grow some vegetables on one of those farms.

6 次の文章は，オーストラリアからの留学生 Lillie が日本での留学生活を振り返って書いたものである。後の設問に対する最も適切な答えを選択肢から選び，その記号をマークしなさい。＊印のついている単語には，本文の後に［注］がある。

I came to Japan from Australia to study Japanese language and culture. I entered Kinjo High School as a first-year student. On the day of the entrance ceremony, I was very nervous. During the ceremony, I didn't know what to do when we were ordered to stand up or sit down in Japanese. Before I came to Japan, I was studying Japanese very hard, but I couldn't understand what was going on around me. ① <u>My life as an exchange student began with anxiety.</u>

A few days after the ceremony, my classmates talked to me, and I was always surrounded by many classmates. They asked me a lot of questions such as "What brought you here?" or "What Japanese anime do you like?" When the class started, it was too difficult for me to understand what the teacher said in class, so I could hardly* understand anything. However, my classmates helped me keep up with* the class.

A few weeks later, I went to Yamanashi on a school trip with my classmates. At the foot of Mt. Fuji, we played soccer and cooked curry and rice. I spent the whole day with my Japanese friends for the first time and I had a very good time. After the trip, I joined the *Kyudo* club at school. *Kyudo* is a kind of Japanese archery. It seemed to be so cool and teach me Japanese culture. All these things happened in April, and I felt happy because I experienced a lot of things in Japan.

However, as time passed by, things changed. During break time in April, many classmates would come to me and talk happily, but in May it seemed to me that they gradually lost interest in me. During that time, my classmates were often talking with each other, reading a book, or studying for a test, but (②). I felt lonely. I built a wall between us. Of course, I chatted with my friends, but the conversation didn't last* long. I felt like my friends didn't want to talk to me anymore. In the conversation, ③<u>(　　)(　　)(A)(　　)(　　)(B)</u>

(　　　) and they had to talk slowly. Sometimes I couldn't laugh when they were laughing because I couldn't understand what was funny. I didn't feel like it was fun to go to school anymore.

Then, my class began to prepare for the school festival in September. I was looking forward to my first school festival in Japan. [4a] After discussing what to do at the festival, they decided to do a play*. When they were talking about who would perform in the play, one of my classmates said, "How about asking Lillie to play that character?" I was very surprised. [4b] I said to myself, "If I take part in the play, I might ruin* it. Should I accept that offer?" I hesitated* and couldn't say anything. Another classmate said, "Lillie would be perfect for the character." ⑤ I thought about it for a while, and said, "Can I do that?" They said, "Of course. We will support you. You are one of our classmates. You don't have to worry." I was glad to hear that though I was still a little nervous. [4c] At the same time, I learned something important. On that day I wrote in my diary. "*Until today I hesitated in many ways just because I am an exchange student.* [4d] *But I am not only an exchange student but also a member of the class. So I have to act on my own*, just as the other classmates do. I was waiting for someone to talk to me, but now* (⑥)!"

After that, I changed and we started practicing the play. I asked my friends to teach me the lines* in the play and we practiced. There were some words whose meanings I did not know, so I asked my friends. Most of the lines seemed to be easy, so I realized that my Japanese language skills were improving. After the practice for weeks, I had a lot of chances to talk with my friends. Finally, the play was a great success.

After the school festival, I talked to my friends on my own. When I talked to them, they treated me in the same way as they did to other Japanese friends. We talked a lot about our class, club activities, friends, and so on. I (⑦) anymore. The wall I built between us was disappearing. When I looked back, at first they probably talked to me very often because I was an exchange student. But gradually, as my Japanese became better, everyone began to treat me as a friend.

Also, I thought Japanese and Australian people had different characters. However, some Japanese are shy and some Australians are shy too. Some Japanese are friendly and some Australians are friendly too. It is not so important that you are Japanese or Australian. If you want to make friends, you should act on your own. In addition, I learned that it is important to have the courage to try many things. At first, acting that character in the play seemed impossible to me, but I could ⑧ do it. You never know until you try. Through these experiences in Japan, I learned not only about Japan but also about important things in life.

［注］
hardly　ほとんど～ない　keep up with　～についていく　last　続く　a play　劇
ruin　台無しにする　hesitate　ためらう　on one's own　自分自身で　line　セリフ

問1．What does the underlined part ① mean?　Choose the best answer.
(a) I started my new school life happily.
(b) I was excited about my new school life.
(c) My new school life was full of hope.
(d) I was worried about my new school life.

問2．Choose the best answer to fill in the blank（ ② ）.
(a) I had no one to talk to
(b) I prepared for a test with my friends
(c) I wanted to do my homework
(d) I talked with many friends

問3．Put the words in the correct order and choose the word in the blank（ A ）（ B ）of the underlined part ③.
【(a) I　(b) understand　(c) many　(d) there　(e) didn't　(f) were　(g) words】

問4．Which is the best place to put the following sentence in?　Choose 4a ～ 4d in the passage.
I thought it was impossible.

問5．About the underlined part ⑤, why did Lillie think about it for a while?　Choose the best answer.
(a) Because she believed she could do that well.
(b) Because she was happy to know that the festival would be held.
(c) Because she wasn't sure that she could play the character.
(d) Because she didn't think other classmates would be perfect.

問6．Choose the best answer to fill in the blank（ ⑥ ）.
(a) *everyone won't talk with me as a member of the class*
(b) *I'm not afraid to talk to them*
(c) *my classmates should act on their own*
(d) *I won't have to speak to them*

問7．Choose the best answer to fill in the blank（ ⑦ ）.
(a) was satisfied　(b) wasn't busy
(c) wasn't lonely　(d) was glad

問8．What does the underlined part ⑧ mean?　Choose the best answer.
(a) to play that character in the play
(b) to learn about Japanese culture
(c) to understand that Japanese and Australian people had the similar character
(d) to make as many friends as possible

問９. Which is among important things in life Lillie learned about? Choose the best answer.

(a) to be brave to take action

(b) to pay enough attention to other people

(c) to learn foreign languages to make friends with foreigners

(d) to behave like an Australian

問10. Choose the **three** sentences which are true of the story.

(a) In April, many friends talked to Lillie with interest in her.

(b) Lillie enjoyed the club activities the most in her school life.

(c) Lillie built a wall because she didn't want to talk with her friends.

(d) During her stay, Lillie was excited to go to school every day.

(e) Lillie accepted the offer from her classmates in a moment.

(f) In her diary, Lillie realized that she cared too much about being an exchange student.

(g) When she was practicing the play, Lillie found out that her language skills were getting better.

(h) All the Australians are friendly just like Lillie.

A　君がため　春の野に出でて　若菜摘む　わが衣手に　雪は降りつつ（光孝天皇）

B　今宵こむ　人にはあはじ　七夕の　ひさしきほどに　待ちもこそすれ（素性法師）

小野さん：Aの歌についていくつか調べてみたんだけど、1月7日には七草がゆを食べるんだって。その材料となる七草を採ることを「若菜摘み」って言うらしいよ。

大伴さん：へぇ、そうなんだ。私たちの感覚だと1月って冬だけど、この歌では春なんだね。

小野さん：そういや今でも正月のことを「新春」とかって言うよね。

在原さん：確かにそうかも。それで春なのに雪がふっているんだね。つまり、12ヵ月を四等分するのは私たちと共通しているけど、その区切り方は少し違っているってことになるのかな。

大伴さん：1月を春だと考えるのなら、Bの歌に出てくる「七夕」の季節は［　］になるってことだよね。

ア　春　**イ**　夏　**ウ**　秋　**エ**　冬

問2　次の空欄A～Cにあてはまる漢字の組み合わせとして最も適切なものを一つずつ選べ。

（1）

[A]をつく質問。

[B]に意図を伝える。

生徒会長に[C]な人物。　①的確　②適格　③確信

（2）

左右[A]の図形。

調査の[B]を絞る。

日英[C]のテキスト。　①対象　②対称　③対照

（3）

税金を[A]める。

領地を[B]める。

学問を[C]める。　①治　②修　③納

ア　A①　B②　C③

イ　A①　B③　C②

ウ　A②　B①　C③

エ　A②　B③　C①

オ　A③　B①　C②

カ　A③　B②　C①

キ　適切な組み合わせがない

問3　例にならい、①～⑥の語の読みを以下の9マスに入れたとき、中央のマスに入る平仮名をそれぞれ記せ。

（例）

①大器　②遺憾　③製菓
④飢饉　⑤軌跡　⑥期待

き	せ	き
た	い	き
い	か	ん

答え：い

（1）

①拘置　②遺恨　③稽古
④威光　⑤完治　⑥経過

（2）

①雲霞　②離散　③飛行
④古参　⑤金貨　⑥非力

（3）

①仮託　②耽美　③区間
④機敏　⑤廉価　⑥枯木

問4　次の会話はA・Bの和歌について話しあっている生徒の様子である。よく読んで空欄に入るものとして最も適切なものを一つ選べ。

何もやらないより「マシ」、あるいは「将来のため」と口にした途端、「学び」の無償の効果が「勉強」の先行投資としての価値へ回収されていく時代、それこそ現代。

（難波江和英『思考のリフォーム』より）

※『ケイコとマナブ』——習い事・資格スクールの月刊情報誌。１９９０年から２０１６年まで刊行されていた。

問１　傍線部Ａ「「勉強」と「学び」の区分をつけられない」とあるが、そのような区分がつけられないことの現れとして扱うべき問題の例として、最も適切なものを一つ選べ。

ア　目的もないのにただ学びたがる子が散見されるようになってきている。
イ　親が将来のためだと言って子供に勉強をさせるようになってきている。
ウ　就職に有利になることを目論《もくろ》んで稽古事に通う者が増えてきている。
エ　全国の学校でテストの点数が低下し、生徒の勉強時間も減ってきている。

問２　傍線部Ｂ「その程度には、まだ世の中も「まとも」（？）である」とあるが、このようにいえるのはなぜだと考えられるか。その説明として最も適切なものを一つ選べ。

ア　子どもは「勉強」と「学び」の区分がわかっているようであるから。
イ　子どもは「学び」を他の物事の手段として捉えているようであるから。
ウ　子どもは「学び」の意義を問うだけの意欲は持っているようであるから。
エ　子どもは「勉強」が得になると分かればやるだけの意欲は持っているようであるから。

四　次の問いに答えよ。

問１　以下に示すのは、ある辞書で連続して並んでいる言葉である。空欄①～③にあてはまる言葉の用法や意味として、最も適切なものを、それぞれ一つずつ選べ。

①　てっきょう
［①］
てっきん

ア　対等の関係にある事柄を列挙する場合に用いる語。
イ　確かだと思っていた予想・推測が反対の結果となって現れた場合に用いる語。
ウ　前の文を受けて、あらためてなぜそうなのかを順序立てて説明する場合に用いる語。

②　せいせい
［②］
ぜいせい

ア　なんといっても。
イ　とはいうものの。なるほどそうだが。
ウ　できるだけ多く見積もっても。

③　いざこざ
［③］
いざしらず

ア　かなり。　**イ**　ひどい。　**ウ**　わずか。

2　「無悪善」という文字は三つの文章全てに共通しているが、その読み方は【文章Ⅰ】・【文章Ⅱ】・【文章Ⅲ】で全て異なっている。

3　「無悪善」の読みは帝にとってどういう意味があるかを篁が説明していないのは【文章Ⅲ】だけである。

4　「無悪善」を書いたのは小野篁であるという帝の判断に対する篁の反論に、帝が納得している記述は【文章Ⅰ】にのみ見られない。

5　「無悪善」という文字を小野篁が読んで帝が気分を害すると、篁は三つの文章全てで学問に関わる懸念を訴えている。

6　「無悪善」という文字は、【文章Ⅰ】では帝の求めに応じて小野篁が読んだが、【文章Ⅱ】・【文章Ⅲ】では誰が篁に文字を読ませたかは記されていない。

7　「無悪善」の後に帝が小野篁に読ませようとした漢字の羅列は【文章Ⅰ】のみ異なっている。

三　次の文章を読み、あとの問いに答えよ。

「勉強」と「学び」は似て非なるもの？　いや、「勉強」と「学び」には相通じるものも多々ある。それでもあえて両者を区分するのは、近頃、その区分を不要とした時代には考えられなかった問題が巷《ちまた》に溢《あふ》れているからである。

しばらく前に、ネットでひとつの見出しを目にした――「日本の小学生は中韓より学ぶ意欲が低い」。本当だろうか？　そう思って記事を読むと、ほらやっぱり。正確には、「日本の小学生は中韓より勉強意欲が低い」。

メディア報道でさえ、A「勉強」と「学び」の区分をつけられない。こうしたセンサーを鈍らせると、「勉強」と「学び」を同一視して、「勉強意欲の低い子＝学ぶ意欲の低い子」という図式を広めてしまうことになる。

はっきり言おう。勉強ができても、学ぶ意欲の低い子はいるし、勉強ができなくても、学ぶ意欲の高い子はいる。そこで改めて、「勉強」と「学び」の区分。

「勉強」は「学力」、「学び」は「生きる力」。「勉強」は「問題に答える」こと、「学び」は「問題を立てる」こと。「勉強」は「わかる」こと、「学び」は「めでる」こと。つまり、「勉強」は「理解する」ことを目標にして、「理解できないもの」を消去すること。「学び」は「理解する」ことを介して、「理解できないもの」に触れ、恐れ敬うこと、云々《うんぬん》。

ここからわかるとおり、「勉強」は点数化できても、「学び」は点数化できない。そのため日本では、「勉強」はプラスとマイナスで語られやすく、営利主義（「勉強しときまっさ」という関西弁！）と結びつきやすくなる。他方、「学び」は損得とも貧富とも無関係である。

そう言えば、「僕たちはどうして勉強するんですか？（なんの得があるんですか？）」と問う子供は見かけても、「僕たちはどうして学ぶんですか？」と問う子供は見られない。Bその程度には、まだ世の中も「まとも（？）」である。

いまや「勉強」は、それ以外のもの（進学や就職や結婚）を達成するための道具になっている。他方、「学び」は「手段―目的」の利害から逃れて、それ自体で充足している。しかし昨今の日本では、『※ケイコとマナブ』という雑誌にも見られるとおり、「稽古」や「学び」までもが商品化され、大量消費されている。ピアノ、英会話、数々の資格、等々。

ア　生徒A　まず結末についてだけど、帝には、初めから篁を罰するつもりは全くなかったんだと思うよ。帝としてはただ漢字や漢文の読み方について篁とは違う意見を持っていることを伝えたかっただけで、札を書いた犯人が誰なのかはどうでも良かったんじゃないかな。

イ　生徒B　私は、帝には札を書いたのは篁だという確信があったと思うんだけど。篁は「無悪善」を読んで意味も答えることで自分が書いたことを認めたんだよ。正直に自分が書いたと認める発言をしたから帝に許してもらえたんだと思うよ。

ウ　生徒C　そうかなあ。篁が、帝の出したわけの分からないような漢字の並びでもすぐに意味のある読み方をしたから、その能力に感心して、札を書いたのが誰かは結局分からないけど、とりあえず帝としては篁を責める気は失くしたんだと思うな。

エ　生徒D　帝の出した「お題」にすぐ答えちゃうって凄くない？　篁は人を楽しませようとするサービス精神みたいなものを持っているよね。その場の空気を的確にとらえて言動できる世渡り上手な人って感じがする。

オ　生徒E　無意味そうに見える漢字の並びをすぐ読めるってことは、篁は当時必要だったっていう漢字や漢文についての教養や知識は人並み以上にあると思うな。機転も利く人だって感じたよ。

カ　生徒F　知識や教養がある分、篁はかなり自尊心の高い人って感じがするなあ。帝から言われたこと全てに対して即座に自分の考えを率直に伝えているよね。どんなことに関しても遠慮のない人だと思ったよ。

問6　【文章Ⅰ】における小野篁の「子文字」の読み方について述べたものとして最も適切なものを一つ選べ。

ア　「ね」「し」「の」の三通りに読んだ。
イ　「こ」「し」「じ」の三通りに読んだ。
ウ　「こ」「ね」「し」「じ」の四通りに読んだ。
エ　「ね」「こ」「の」「と」「し」の五通りに読んだ。

問7　【文章Ⅱ】の X に入る語として最も適切なものを一つ選べ。ただし、入れる際には適当な形に活用するものと考えること。

ア　美し　イ　悪し　ウ　嬉し　エ　快し

問8　傍線部F「智臣、朝にすすみがたくや」は小野篁の危惧《きぐ》を表しているが、【文章Ⅲ】においてこれに対応すると考えられる箇所を十八字で抜き出し、最初と最後の三字を答えよ。

問9　【文章Ⅱ】・【文章Ⅲ】の Y に共通して入る文字として最も適切なものを一つ選べ。

ア　多　イ　時　ウ　過　エ　不

問10　以下は【文章Ⅰ】～【文章Ⅲ】の内容や記述の相違点について述べている。適切なものについてはア、不適切なものについてはイを選べ。

1　「無悪善」という文字は三つの文章全てに共通しているが、その文字が書かれていたのは【文章Ⅰ】では立て札、【文章Ⅱ】・【文章Ⅲ】では落とし文である。

一伏三仰 Ｙ 来待書暗降雨慕漏寝

つきよには　こぬひとまたる　かきくもりあめもふらなん　こひつつもねん。

かくのごとく読む」と云々。

（『江談抄』）

※注　1　と云々――「ということである」の意。

2　蒙らんとするところ――「身に受けそうなとき」の意。

3　さらに候ふべからざる事なり――「決してあってはならないことです」の意。

4　尤も――「なるほど」の意。

5　書かしめ給ふ――「しめ給ふ」は尊敬表現。「お書きになる」の意。

問1　傍線部Ａ「え申し候はじ」とあるが、こう言った理由として最も適切なものを、【文章Ⅰ】を参照して一つ選べ。

ア　自分の学識をひけらかすのは恐れ多いと思ったから。

イ　自分の読み方に自信がなかったから。

ウ　帝を中傷する内容だと受け取れる読み方になるから。

エ　帝に試されているようで不愉快だったから。

問2　傍線部Ｂ「さが」は、二つの語の読みとなっている。「さが」と読んでいる語を【文章Ⅰ】・【文章Ⅱ】・【文章Ⅲ】から漢字で二つ抜き出せ。

問3　傍線部Ｃ「おのれ放ちては誰か書かん」とあるが、こう言った理由として最も適切なものを、【文章Ⅰ】を参照して一つ選べ。

ア　書いた本人でなければ即座に読み方も意味も分かるとは思えなかったから。

イ　書いた本人でなければ帝を恐れるような言動をするとは思えなかったから。

ウ　書いた本人だからわざと読めないふりをしているのだと思ったから。

エ　書いた本人だから率先して読んだうえ意味も伝えたのだと思ったから。

問4　傍線部Ｄ「申し候はじとは申して候ひつれ」とあるが、こう言った理由として最も適切なものを、【文章Ⅰ】を参照して一つ選べ。

ア　どう読んでも帝が自分を悪者にしようとしていることが分かっていたから。

イ　読むことを口実に自分の本音を帝にぶつけてしまうことが怖かったから。

ウ　読んだら帝が機嫌を悪くして周囲に当たり散らすことが不安だったから。

エ　読めば自分が帝の悪口を書いたことにされてしまうと予想できていたから。

問5　以下は、【文章Ⅰ】を読んだ生徒と教師が、傍線部Ｅ「事なくてやみにけり」という結末と「小野篁」という人物について話し合ったものである。生徒の発言のうち、【文章Ⅰ】の内容を正しく捉えているものを二つ選べ。

教師　昔の身分のある男性は、公式の記録や手紙には漢字や漢文を使っていました。ですから漢文で書かれた文章や漢詩といった漢籍の知識は持っていなければならなかったのです。そのことを踏まえて話し合ってみましょう。

獅子の子の子獅子。」と読んだところ、天皇は微笑なさって特にこれといったおとがめも無くて済んだ。

【文章Ⅱ】

嵯峨帝の御時、「無悪善」と書きける※1落書ありけり。※2野相公《やしょうこう》に見せらるるに、「さがなくてよし」とよめり。「悪」は「さが」といふよみのあるゆゑ、帝の御気色 X て、「さては※3臣が※4所為《しょい》か」と※5仰せられければ、「かやうの御疑ひ※6侍るには、F智臣、※7朝にすすみがたくや」と※8申しければ、帝、

一伏三仰 Y 来待
書暗降雨恋筒寝

と※9書かせ給ひて、「これをよめ」とて、※10たまはせけり。

※11月夜には来ぬ人待たる
※12かきくらし雨も降らなむ恋ひつつも寝む

とよめりければ、御気色直りにけりとなむ。

（『十訓抄』）

※注
1 落書——公然とは言えないことを書いて人目に付きやすいところに落としておく匿名の文書。落とし文。
2 野相公——小野篁のこと。
3 臣——相手を指す言葉。「お前」の意。
4 所為——「しわざ」の意。
5 仰せられ——「言う」の尊敬語。 6 侍る——「ある」の丁寧語。
7 朝——「朝廷」または「公の場」の意。
8 申し——「言う」の謙譲語。
9 書かせ給ひ——「せ給ひ」は尊敬表現。「お書きになって」の意。
10 たまはせ——「渡す」の尊敬語。
11 月夜には来ぬ人待たる——「月の夜にはやって来ない人のことが待ち遠しい」の意。「月夜」は『万葉集』に「一伏三仰」を遊戯的に「月夜」と読んだ例が見られ、それに倣《なら》って読んだと思われる。
12 かきくらし雨も降らなむ——「空一面かき曇って雨も降って欲しい」の意。

【文章Ⅲ】

「嵯峨天皇の時、「無悪善」と云《い》ふ落書、世間に多々なり。篁読みて云はく、「『さがなくはよかりなまし』と読む」と※1云々《うんぬん》。天皇聞き給ひて、「篁が所為なり」と仰せられて、罪を※2蒙《こうぶ》らんとするところ、篁申して云はく、「※3さらに候ふべからざる事なり。才学の道、しかれば今より以後絶ゆべし」と申すと云々。天皇、「※4尤《もっと》ももって道理なり。しからば、この文読むべし」と仰せられて※5書かしめ給ふ。

選べ。

ア　二人の考えを踏まえると、扉に拒まれ続けたことで、自分の意のままにならない外界の存在を確実に意識して、西の扉から出ていったことが、【文章Ⅰ】でいうところの「運動を部分的にアウトソーシングすること」（22行目）に重なるなあ

イ　二人の考えを踏まえると、じかに体をぶつけても開かなかった扉を諦めて、他の扉から出ていったことが、【文章Ⅰ】でいうところの「異物のように感じられたある運動が、繰り返すうちに次第に私になじみ、私の一部となっていく」（49行目）に重なるなあ

ウ　二人の考えを踏まえると、拒まれた扉の中に入れなかったときに、他の扉から出ていって自分の意志で行先を決めたわけでもなく無我夢中に走っていったことが、【文章Ⅰ】でいうところの「思いがけない仕方で言葉を操る私」（99行目）に重なるなあ

(3)　傍線部Zについて、三島由紀夫の作品を一つ選べ。

ア　門　イ　潮騒　ウ　地獄変　エ　夜明け前

二

次の【文章Ⅰ】～【文章Ⅲ】は、小野篁《おののたかむら》という人物に関するほぼ同様のエピソードを記したものであるが、細部は異なっている。【文章Ⅰ】とその現代語訳・【文章Ⅱ】・【文章Ⅲ】を読み、後の問いに答えよ。なお、設問の都合上、本文の一部を省略・改変した。

【文章Ⅰ】

今は昔、小野篁といふ人おはしけり。嵯峨《さが》の帝《みかど》の御時に、内裏《だいり》に札《ふだ》を立てたりけるに、「無悪善」と書きたりけり。帝、篁に、「読め」と仰《おお》せられたりければ、「読みは読み候《さぶら》ひなん。されど恐れにて候へば、Aえ申し候はじ」と奏《そう》しければ、「ただ申せ」とたびたび仰せられければ、「Bさがなくてよからんと申して候ふぞ。されば君を呪《のろ》ひ参らせて候ふなり」と申しければ、「Cおのれ放ちては誰か書かん」と仰せられければ、「さればこそ、D申し候はじとは申して候ひつれ」と申すに、御門《みかど》、「さて何も書きたらん物は読みてんや」と仰せられければ、「何にても読み候ひなん」と申しければ、子文字を十二書かせて給ひて、「読め」と仰せられければ、「ねこの子のこねこ、ししの子のこじし」と読みたりければ、御門ほほゑませ給ひて、E事なくてやみにけり。

（『宇治拾遺物語』）

〈現代語訳〉

今となっては昔のことだが、小野篁という人がいらっしゃった。嵯峨天皇のご時代に、（天皇の住む区域である）内裏に（誰かが）札を立てたが、その札に「無悪善」と書いてあった。嵯峨天皇が篁に、「読め」とおっしゃったので、（篁は）「読むことは読みましょう。しかし（書いてあることは）恐れ多いことでございますので申し上げることはできますまい。」と申し上げたところ、「とにかく申せ」と何度もおっしゃったので、「さがなくてよからん、と申しておりますぞ。ですからあなた様を呪い申し上げているのです。」と申し上げたところ、「おまえ以外に誰が書こうか（おまえが書いたのだな）。」とおっしゃったので、「だから申し上げませんと申したのでございます。」と申し上げると、天皇は、「それでは、（自分が書いたものでなくとも）何でも書いてあるものは読めるのか。」とおっしゃったので、「何でもきっと読みましょう。」と申し上げると、子という文字を十二（そばに仕えている者に）書かせて（それを）お渡しになって、「読め。」とおっしゃったので、「猫の子の子猫、

島崎さん：そうだね。そこに焦点を当てて読んでみると、結部にも「扉」は出てくるよ。

芥川さん：【文章Ⅲ】だね。ここは……。吃音をコンプレックスに思っている「私」は、何をしようとしても幻の金閣寺が眼前に現れ、行為を阻害される。「私」は現実の金閣寺を焼こうと考え、そして実際に火をつけ、金閣寺内の「究竟頂《くきょうちょう》」で火炎にまかれて死のうと考え、その扉を開けようとする。そんな場面だね。

> ※問題に使用された作品の著作権者が二次使用の許可を出していないため、文章を掲載しておりません。
> （出典：三島由紀夫「金閣寺」）

【会話】

夏目さん：本当だ、島崎さんの言う通りだ。そしてやっぱり「扉」は開かないんだね。

島崎さん：でも待って、注意深く読むと、「西の扉」から出て行ってるよ。

芥川さん：なるほど、［Y］。そう考えれば、【文章Ⅲ】の結部の「生きようと私は思った」というのが、『どもる体』的な意味で読んでいけそうだね。なんか三島由紀夫に興味出てきた。Z他の作品も読んでみようかな。

(1) 空欄［X］に入る芥川さんの発言内容として最も適切なものを一つ選べ。

ア　ここでは、「体も弱く、駈足をしても鉄棒をやっても人に負ける」私は、本当はそれゆえに「内界」に引きこもるようになっているのに、吃音によってそうさせられているという被害者意識が語られているね。つまり、「扉」をあける「鍵」は、本当は〈「駈足」や「鉄棒」が上手になること〉なのに、それを理解せずに「最初の音」を出そうと焦っていることに気付かないでいるんだね

イ　ここでは、吃音を「私と外界とのあいだに一つの障碍を置いた」という風に、〈社会と私を隔絶する忌まわしき「扉」〉と捉えているね。つまり、吃音を抱えていることによって、私が生きていい場所とは「鮮度の落ちた」「腐臭を放つ」ところに限定されてしまい、それによって、私は〈言いたいことを言うことは禁止〉という「内界」に生きるしかないという考え方に陥っているね

ウ　ここでは、自分の言いたいことを言おうと思っても、「最初の音がうまく出ない」ことによって、〈言いたいことを言えた自分〉がいる「外界」に出ていくことができないと表現されているね。つまり、〈言いたいことを言えない自分〉という「内界」に引きこもることになってしまうし、それは「最初の音」という「扉」をあける「鍵」があかないことに由来するという風に、ネガティブに捉えているね

エ　ここでは、「最初の音」を出そうとすることを「手間をかけて」と表現しているけど、そこには吃音が「障碍」でありながら一方で「外界」に出ようとする行為を丁寧なものにするという側面があることへの気づきが語られているね。つまり、「内界と外界との間の扉」というのは実は私が現実とどう接するべきかを考えるために設けられたものであるということが示されているんだね

(2) 空欄［Y］に入る芥川さんの発言内容として最も適切なものを一つ

泉さん：そうだね。私たちは、「体の声」ではなく、自分の意志に従って体を動かしているように思っているような気がする。

中さん：でも、意志が「〜だから—しよう」と働くのと同じように、体にも「　　」がある。だから、それを無視してはならないってことかな。

問7　傍線部G「どもる体を抱えて生きるとは、常に私を超えていく体という存在のおもしろさに、いつでも誠実であること」とあるが、「どもる体を抱えて生きる」とはどういうことか。その説明として最も適切なものを一つ選べ。

ア　「どもらないようにしよう」と常に意識し続けることで、どもってしまう体自身の存在を否定することになるが、それは同時に意志のままにならないものがあることを柔軟に受け入れる態度ともつながり、そこで初めて自分自身が何者であるかがわかってくるということ。

イ　「どもり」をコントロールできるように様々なやり方を試すことによって、自分の体が多様な在り方の可能性には開かれていないと感じることになり、そのことが逆に、自分自身が確固として存在しているということの明らかな証拠になるということ。

ウ　自分のコントロールのきかない体について、それをコントロールしようとしたり、逆に、完全に諦めたりするのではなく、そのような体との間で揺れながら、なんとか自分自身という存在を見つけていこうとするということ。

エ　コントロールしようと意識することによって、逆に意志から外れてしまう体について、意志に従わせようとするのではなく、むしろ体に意志を従わせようとする中で自分自身の在り方を確認していくということ。

問8　次に示す【会話】は、【文章Ⅰ】を読んだ者たちによるものである。これを読み、後の問いに答えよ。なお、途中に出てくる【文章Ⅱ】及び【文章Ⅲ】は三島由紀夫『金閣寺』である。

【会話】

芥川さん：いやぁ、K高校受験したら、「吃音」がテーマの文章が出たけど、実は「吃音」についてネガティブなイメージを持っていたんだよね。でも、そういった側面ばかりではないと思ったよ。

夏目さん：わかる。特に、「そもそも私たちの体とは（…）全貌を知ることのできない生成によってつくり出されています」という箇所に、深く納得したな。

島崎さん：ところで、【文章Ⅰ】で言及されている「難発」について、筆者は同著の中で、三島由紀夫『金閣寺』の学僧を例に用いているみたいだよ。その引用箇所の前後を見てみようよ。

（出典：三島由紀夫「金閣寺」）

【会話】

芥川さん：なるほど。［　X　］。

夏目さん：「扉」というのがキーになっているみたいだね。

する体が強く意識される。しかし、そのことによってより注意深くどもることを防ぐようコントロールすることができる。

ウ　「どもらないようにしよう」という意志とは異なる、別の目的を持つ意志の力を借り、体を制御できる。しかし、その別の目的も同時に遂行されてしまうという難点を持っている。

エ　「どもらないようにしよう」という意志を成就させるかたちでどもりをコントロールできる。しかし、なかば力づくである以上、自由が奪われたという思いも抱くことになる。

問3　傍線部C「そんな体」とあるが、それはどういうものか。その説明として最も適切なものを一つ選べ。

ア　常にコントロールから外れてしまう体。

イ　コントロールされることを絶えず要求する体。

ウ　あるとき不意にコントロールから外れてしまう体。

エ　意志から常に切り離された不可解なものとしての体。

問4　傍線部D「自動化のプロセス」について、本文によると、これは私たちが生きている限り行われているようであるが、その具体例として最も適切だと考えられるものを一つ選べ。

ア　勉強をしようと机に向かい、最初は気分が乗らずに行なっていても、徐々にやる気がわいてきて、いつの間にかその勉強に没頭するようになるということ。

イ　最初は何度も失敗し、なんとか自転車に乗れるように工夫していたが、だんだんと自転車に身体が順応し、いつの間にか何も意識せずに乗れるようになること。

ウ　新しいスポーツに挑戦する際、指導者に教えられる通りにそのスポーツの動きを真似しようと始めるが、だんだんとオリジナルな動きを取得するようになるということ。

エ　ピアノの演奏を試みる際に、最初はどの鍵盤でどのような音が出るのか見当がつかないが、実際にやってみることでいつの間にか鍵盤と音の対応関係が頭で理解できるようになるということ。

問5　傍線部E「コントロールを旨とする社会」とあるが、これはどのような「社会」が想定されているのか。その具体例として最も適切だと考えられるものを一つ選べ。

ア　時刻表通りに電車が駅に到着することを良しとし、一分でも遅れることは好ましくない事態とされる社会。

イ　志望が叶わずしぶしぶ進学した高校でも、かけがえのない友人と出会い、夢を語り合えるということがありうると信じられる社会。

ウ　大惨事を引き起こしかねない原子力発電所や核兵器について、「クリーンな発電」「平和の実現」といった良い効果の側面に目を転じる社会。

エ　社会全体の中で、信用を失えば成立しない金融取引という特殊な現場においてのみ、個人情報の漏洩《ろうえい》に対しての警戒心を人々が強く持つような社会。

問6　傍線部F「絶えず体の声を聴きながら生きることを可能にします」とあるが、次に示すのは、これについての会話である。これを読み、空欄に入る適切な言葉を本文中より四字で抜き出して答えよ。

森さん：「絶えず（…）可能にします」という表現からは、誰もがいつも「体の声を聴きながら生き」ているわけではない、という前提に立っていることがわかるよね。

吃音と共生しながら話すことは、もう一人の自分（alter ego）と調整しながら話す感覚で、発話内容にゆらぎが生じるというエフェク※7トが生じるのだと思います。このことが自分の意識や表現にどのように揺さぶりをかけているのか。この一生を通して考えられる「謎」と改めて向き合っていこうと思います。

不意に、思いがけない仕方で言葉を操る私。どもるとは、まさに「もう一人の自分alter ego」との接触です。

「私」と「私でない私」のあいだで揺れながら、圧倒的な体の論理に巻き込まれつつ、それでもなんとか現在地を見出そうとすること。そこに見晴らしのよい超越的な視点はありません。

体について傍観者のように観察したのでは嘘になる。ただ謎として、そのダイナミズムのただなかで、体とそのつど出会い続けること。その分からなさに茫然《ぼうぜん》としつつ、それと付き合うやり方を、何度も何度も仮設し続けること。

Gどもる体を抱えて生きるとは、常に私を超えていく体という存在のおもしろさに、いつでも誠実であることなのかもしれません。

注 1 オートマ――自動的な操作。
2 アイドリング――空回り。
3 アウトソーシング――外部に委ねること。
4 藤岡さんのケース――本文では、引用以前の箇所で、「藤岡さん」の吃音への対処法が紹介されている。
5 ドミニク・チェン――情報学研究者。伊藤は、ドミニク・チェンを含め多くの「吃音」を抱えた人へのアンケートを実施して本書を書いている。
6 フェイスブック――SNSの一種。
7 エフェクト――効果。

問1 傍線部A「『対処法』でありながら『症状』としてのネガティブな側面を持ちます」とあるが、それはどういうことか。その説明として最も適切なものを一つ選べ。

ア 難発は、意識しなくてもうまくしゃべれる状態から外れてしまうのを避けるのに役立つが、しゃべること自体の停止である以上、発声者に困難が伴ってしまうということ。

イ 連発を回避するためには難発を生じさせなければならないが、そのことによってしゃべること自体を意識しなければならなくなり、発声者に困難が伴ってしまうということ。

ウ 連発を回避するために体が選んだ難発というあり方は、その場での発声を可能にするが、一方でそれはしゃべる行為とは別のものとみなされ、発声者に困難が伴ってしまうということ。

エ 難発は、意識しながらしゃべっている普段の状態から逸れてしまうことによって生じるものだが、それはしゃべることを意志の外に置くことにもなるため、発声者に困難が伴ってしまうということ。

問2 傍線部B「体をどもらなくする」についての説明として最も適切なものを一つ選べ。

ア 「どもらないようにしよう」という意志とは別の形でどもることを防ぐことができる。しかし、それは自らの意志の外の作用である以上、ともすれば自分の体がコントロールから外れてしまうことにもなる。

イ 「どもらないようにしよう」という意志に逆らうようにどもろうと

ればならないとしたら大変です。だから、なるべく過去のパターンを適用しつつ、それを微調整することでその時々の状況に対応している。自動化することは、体を効率的に動かすためには絶対に必要なことです。

私たちが生きて運動している限り、このD自動化のプロセスは起こっています。それは私たちの体が、生まれたときの状態を離れ、環境のなかで経験を重ねながら次第につくり上げられていく、その生成のプロセスそのものです。最初は難しく、異物のように感じられたある運動が、繰り返すうちに次第に私になじみ、私の一部となっていく。まさに運動によって体はつくられます。

吃音において起こっているのも、ほかでもないこの生成のプロセスです。工夫が固着し、自動化して、最終的には生理的な反応のように感じられるまでになる。それはまさに、体が異質なものを自分の一部にしていくプロセスです。

一回一回の連発や難発は、たしかに吃音の「あらわれ」ではある。けれどもそれは同時に、体をある方向へと強化する「練習」でもあるのです。体から症状が生じるだけでなく、症状が体をつくるという側面を持っています。

吃音の場合に特殊なのは、生成によって獲得された運動が、ある評価基準から見たとき、必ずしも好ましいものとは言えない、ということです。人によっては身についてしまった運動を否定的にとらえ、さらなる工夫＝症状を生み出すようになる。この運動に対する事後的な「評価」が、生成を複雑化します。

自動化した運動に対処するために新たな工夫が生まれ、するとそれがまた自動化し、場合によってはさらなる工夫が生まれ……。対処法＝症状の進化はこうして起こります。

私たちは本質的に、自分の体がやっていることに、ほぼ無知です。何が起こっているのか、ほとんど知ることのできない生成に巻き込まれています。

吃音においては、どんな意識的な介入も、藤岡[※4]さんのケースのように徹底的にやらない限りは、生成のプロセスに絡め取られて曖昧《あいまい》になっていく。当事者たちが、「自分は○○なときにどもりやすい」「○○だとどもらない」といった法則を求めようとするのは、むしろこの曖昧さの裏返しでしょう。曖昧だからこそ、それを研究し、法則としてとらえたいという欲望が働きます。

意識的な介入さえも飲み込んで生成していく体と付き合うこと。どもるとは、このもどかしさ、ままならなさに絶えず引き戻されることを意味します。Eコントロールを旨《むね》とする社会のなかでは、このもどかしさ、ままならなさはたしかに具合が悪い。でもそもそも私たちの体とは、そのような全貌《ぜんぼう》を知ることのできない生成によってつくり出されています。

吃音とともに生きることは「一生を通して考えられる謎」を持つことだ、とドミニク・チェン[※5]さんは言います。容易な落としどころはないかもしれません。でもそれは、社会のなかで、F絶えず体の声を聴きながら生きることを可能にします。

私のインタビューが終わったあとで、チェンさんはフェイスブック[※6]にこう書き込んでいました。

【国　語】（五〇分）〈満点：一〇〇点〉

一　次の文章を読み、後の問いに答えよ。文章中において省略した箇所は（中略）もしくは（…）と表記している。なお、設問の都合上、本文の一部を改変した。

【文章Ⅰ】伊藤亜紗『どもる体』

ここまで見てきたように、吃音《きつおん》とは、単に言葉のレベルでエラーが生じることではありません。その本質は、体のレベルで、さまざまな「意志していない出来事」が起こることにあります。

まず「連発」があります。連発は、しゃべるという複雑なオートマ※1制御に生じるアイドリング※2です。オートマ制御である以上、しゃべることに伴う発声器官の制御一つひとつは、意識的に行われてはいません。その「意識しなくてもうまくいく」運動が、連発では、うまくいっている状態から外れてしまう。それは「言葉の代わりに間違って体が伝わってしまう」状態でした。

この連発を回避するための対処法が「難発」でした。連発を防ごうと意志してそうなるわけではありませんが、体がおのずと緊張し、発音がブロックされるのです。たしかにそれは連発が起こるのを防ぐのに役立ちます。けれども難発は「しゃべる」という行為そのものの停止であり、体の緊張が伴うため、本人にもつらさがあります。つまりA「対処法」でありながら「症状」としてのネガティブな側面を持ちます。

難発を回避するためにさらに生じる対処法が「言い換え」でした。難発を予感すると、言い換えをしようと思う間もなく、頭の中に「同じ意味の別の言葉や表現」が浮かびます。それは、吃音の当事者ならではの言葉の出し方の一つと言えます。

リズムや演技には、「どもらないようにしよう」と意志するわけではないのに、B体をどもらなくする力がありました。パターンを利用して、運動を部分的にアウトソーシング※3することによって、運動が安定するのです。しかし、あまりにその法則性に依存しすぎると、自由が失われ、パターンを遂行するだけの運動になってしまいます。自分の運動の主人が自分ではなくなり、パターンに乗っ取られてしまうのです。

このように吃音の当事者は、さまざまなレベルで自分の体がコントロールを外れる場面に遭遇しています。「〇〇と言いたい」「〇〇のように振る舞いたい」という思いから切り離されたところで、体が動く。しかも常に切り離されるわけではありません。思い通りにしゃべれていたと思ったら、不意にコントロールを外れたり、三か月前まではうまくいっていたのに最近はうまくいかない、といったことが起こる。半身に麻痺《まひ》がある人のように、「常に思いどおりにならない」障害とはわけが違います。

ときとして、思いから切断されたままに動く体。どもる体とは、私をさまざまなレベルで「コントロールのきわ」へと引き寄せます。Cそんな体を抱えて生きるとは、あるいは体のそうした側面に向き合って生きるとは、どのようなことなのか。本章ではどもる体がもたらす、吃音的な「私」のあり方を考えます。

（中略）

工夫として始まったことが、やがて思いから切り離されていく。それは第1章でもお話ししたように、体を効率よく動かすためです。「しゃべる」や「歩く」のような動作をいちいち意識してコントロールしなけ

MEMO

大切なことはメモしておこうネ！

2023年度

解　答　と　解　説

《2023年度の配点は解答欄に掲載してあります。》

＜数学解答＞

Ⅰ　(1)　ア　1　イ　2　(2)　ウ　2　エ　3　オ　5
(3)　カ　7　キ　1　ク　2　(4)　ケ　2　コ　3　(5)　サ　6　シ　3
(6)　ス　2　セ　1　ソ　3

Ⅱ　(1)　ア　3　イ　8　(2)　ウ　5　エ　1　オ　6
(3)　カ　1　キ　1　ク　3　ケ　2

Ⅲ　ア　5　イ　5　ウ　1　エ　1　オ　1　カ　0　キ　1　ク　1　ケ　0
コ　2　サ　4　シ　2　ス　0　セ　2　ソ　8

Ⅳ　(1)　ア　2　イ　5　ウ　2　(2)　エ　1　オ　2　カ　5　キ　3
(3)　ク　1　ケ　0　コ　2

Ⅴ　(1)　$a=\frac{1}{4}$　(2)　$-\frac{3}{2}$　(3)　$\frac{7}{4}\pi$

○配点○

Ⅰ，Ⅱ　各4点×11　Ⅲ　各3点×7　Ⅳ　各5点×3　Ⅴ　(1)　6点　他　各7点×2
計100点

＜数学解説＞

Ⅰ　(式の値，二次方程式の解，確率，データの分析と連立方程式，円の性質，平面図形の計量)

(1)　$x+y=(\sqrt{5}+\sqrt{3})+(\sqrt{5}-\sqrt{3})=2\sqrt{5}$　$xy=(\sqrt{5}+\sqrt{3})(\sqrt{5}-\sqrt{3})=2$　$x^2+y^2-2xy=(x+y)^2-4xy=(2\sqrt{5})^2-4\times2=20-8=12$

(2)　$x^2-ax-b=0$の2つの解が$x=-5$，7より，$(x+5)(x-7)=0$　展開して，$x^2-2x-35=0$　2つの2次方程式の係数を比較して，$a=2$，$b=35$

(3)　和が6より大きくなるような目の数の組は，右表に○を付けた21通り　よって，求める確率は，$\frac{21}{36}=\frac{7}{12}$

A＼B	1	2	3	4	5	6
1						○
2					○	○
3				○	○	○
4			○	○	○	○
5		○	○	○	○	○
6	○	○	○	○	○	○

重要　(4)　生徒人数から，$1+2+a+b+5+7=20$　$a+b=5$…①　平均値から，$(17\times1)+(21\times2)+(25\times a)+(29\times b)+(33\times5)+(37\times7)=31.0\times20$　$25a+29b=137$…②　①×29−②から，$4a=8$　$a=2$　これを①に代入して，$2+b=5$　$b=3$

(5)　点Aと点C，点Bと点Dをそれぞれ結ぶ。点Aは円の接点だから，直径AC⊥ℓ　∠CAD＝90°−27°＝63°　$\overset{\frown}{\mathrm{CD}}$に対する円周角より，∠CBD＝∠CAD＝63°

重要　(6)　対角線AC，BDの交点をOとする。△ABDで，$\mathrm{BD}=\sqrt{5^2-3^2}=4$　$\mathrm{DO}=\frac{1}{2}\mathrm{BD}=2$　△ADOで，$\mathrm{AO}=\sqrt{2^2+3^2}=\sqrt{13}$　$\mathrm{AC}=2\mathrm{AO}=2\sqrt{13}$

Ⅱ （確率）

(1)　3枚のコインA，B，Cを投げるときの表，裏の出方の総数は，$2\times2\times2=8$通りある。裏が2枚出ることは，表が1枚出ることであるから，コインA，B，Cがそれぞれ表の出る場合で3通りある。よって，求める確率は，$\frac{3}{8}$

(2)　表が0枚出る確率は$\frac{1}{8}$，表が1枚出る確率は$\frac{3}{8}$，表が2枚出る確率は$\frac{3}{8}$，表が3枚出る確率は$\frac{1}{8}$である。よって，XとYの表の出るコインの枚数が一致する確率は，$\left(\frac{1}{8}\right)^2+\left(\frac{3}{8}\right)^2+\left(\frac{3}{8}\right)^2+\left(\frac{1}{8}\right)^2=\frac{20}{64}=\frac{5}{16}$

(3)　Xのコインの裏の枚数が，Yのコインの裏の枚数より多くなるのは，(Xのコインの裏の枚数，Yのコインの裏の枚数)＝(1，0)，(2，0)，(3，0)，(2，1)，(3，1)，(3，2)となるときである。よって，求める確率は，$\frac{3}{8}\times\frac{1}{8}+\frac{3}{8}\times\frac{1}{8}+\frac{1}{8}\times\frac{1}{8}+\frac{3}{8}\times\frac{3}{8}+\frac{1}{8}\times\frac{3}{8}+\frac{1}{8}\times\frac{3}{8}=\frac{22}{64}=\frac{11}{32}$

Ⅲ （数列の和，規則性）

(アイ)　$1+2+3+4+5+6+7+8+9+10=55$(アイ)

(ウ～コ)　$S=1+2+3+4+5+6+7+8+9+10$…①　$S=10+9+8+7+6+5+4+3+2+1$…②　①＋②より，$2S=11\times10$　$2S=110$　$S=55$　以上の計算過程から，11(ウエ)，10(オカ)，110(キクケ)，2(コ)

(サシス)　第20段に並んでいる偶数は，2，4，6，…，40の20個　求める偶数の和をTとおいて，前問と同様にして考える。　$T=2+4+6+\cdots+40$…③　$T=40+38+36+\cdots+2$…④　③＋④より，$2T=42\times20$　$T=420$(サシス)

(セソ)　第n段に並んでいる偶数は，2，4，6，…，$2n$のn個　求める偶数の和をUとおく。$U=2+4+6+\cdots+2n$…⑤　$U=2n+(2n-2)+(2n-4)+\cdots+2$…⑥　⑤＋⑥より，$2U=(2n+2)\times n$　$U=(n+1)\times n$　この値が812であるから，$(n+1)\times n=812$　$n^2+n-812=0$　$(n+29)(n-28)=0$　nは自然数だから，$n=28$(セソ)

Ⅳ （立体図形の計量）

(1)　点Gは，点A，B，Cと一致する。$\triangle EFG=\triangle EFB=\frac{1}{2}\times5\times5=\frac{25}{2}$(cm^2)

重要　(2)　DG⊥GE，DG⊥GFより，DG⊥面GEF　よって，三角すいDEFG$=\frac{1}{3}\times\triangle EFG\times DG=\frac{1}{3}\times\frac{25}{2}\times10=\frac{125}{3}$(cm^3)

(3)　最短の道は，展開図の線分ACとなる。よって，$10\sqrt{2}$(cm)

Ⅴ （図形と関数・グラフの融合問題）

(1)　点Aの座標は，$y=ax^2$上にあるので，A$(-2,\ 4a)$と表せる。点Bの座標は，$y=-x^2$上にあるので，B$(3,\ -9)$と表せる。点Aのy座標は，点Bのy座標より10大きいので，$4a=-9+10$　すなわち，$a=\frac{1}{4}$である。

(2)　(1)より，$a=\frac{1}{4}$なので，点Aの座標は，$(-2,\ 1)$である。直線ABの傾きは-2なので，方程式は$y=-2x+b$とおける。この直線が，$(-2,\ 1)$を通るので，$1=4+b$　すなわち，$b=-3$である。よって，直線ABの方程式は，$y=-2x-3$である。点Cは，x軸上にあるので，$y=0$とすると，$0=-2x-3$　すなわち，$x=-\frac{3}{2}$である。

(3)　点Aからy軸に垂線AA′を引く。直線ABとy軸の交点をDとする。△DAA′をy軸を軸として1回転させた立体の体積は，$\frac{1}{3}\times\pi\times2^2\times4=\frac{16}{3}\pi$　△OAA′をy軸を軸として1回転させた立体の体積は，$\frac{1}{3}\times\pi\times2^2\times1=\frac{4}{3}\pi$　△CODをy軸を軸として1回転させた立体の体積は，$\frac{1}{3}\times\pi\times\left(\frac{3}{2}\right)^2\times3=\frac{9}{4}\pi$　よって，求める体積は，$\frac{16}{3}\pi-\frac{4}{3}\pi-\frac{9}{4}\pi=\frac{7}{4}\pi$である。

★ワンポイントアドバイス★

Ⅰ Ⅳ Ⅴを確実に得点しよう。Ⅲは前の問題を参考にして解き進めると良いだろう。

＜英語解答＞

1　1 d　2 d　3 d　4 b　5 a

2　1　3番目 d　5番目 e　2　3番目 d　5番目 b　3　3番目 f　5番目 g　4　3番目 d　5番目 c

3　1　My uncle has lived in Tokyo since he was twelve years old.　2　My daughter is reading the book she bought yesterday.　3　He is the fastest runner of the eight.　4　When she comes here, please call me.

4　1 a　2 c　3 d

5　b, d, e

6　1 d　2 a　3 A c　B e　4 4b　5 c　6 b　7 c　8 a　9 a　10 a, f, g

○配点○

1　各2点×5　2・4・5(2各完答)　各3点×10　3　各4点×4

6　7・10　各3点×4　他　各4点×8(3完答)　計100点

＜英語解説＞

1　(リスニング問題)

1. Kenji was going to play in the soccer tournament last summer. But one month before the tournament, he broke his foot during practice. His doctor told him that it would take three months before he could play again. Kenji was very shocked, but he supported his teammates in the tournament. Now he is fine and practicing hard for this summer's tournament.

2. Michael invited Jane to go shopping with him on the weekend. He told her that ABC store was having a sale on both Saturday and Sunday. She answered that she couldn't go on Saturday because she had to take piano lessons. But she said that she was free after morning piano practice on Sunday.

3. Today I am going to introduce my favorite city, Portland. Portland is the city in the northwest of the United States. This city has beautiful nature and delicious food. Also, the city has a professional basketball team. So people in Portland are excited at its games. These days, a lot of young people in the U.S. want to live there. But the only one bad point of this city is that it often rains there.
4. I asked 40 students in my class what country they wanted to visit. The most popular country was France. Half of them wanted to go there because there are many places to see. The next was Italy. Nine students wanted to visit Italy. They wanted to eat a lot of Italian food. More students wanted to visit the U.S. than Australia. However, the difference was just one point.
5. Attention, please. Today, it is snowing so heavily we may not be able to drive safely. We are sorry but all the buses have been canceled. Tomorrow's buses have enough seats. So you can use your ticket for tomorrow's bus without doing anything special. If you want us to return the money you paid, please come to our office with your ticket.

（全訳） 1 ケンジは去年の夏，サッカー大会でプレーすることになっていた。しかし大会の1か月前，彼は練習中に足を骨折した。医師は彼に再びプレーできるようになるまで3か月かかるだろうと言った。ケンジはとてもショックを受けたが，彼は試合中チームメイトをサポートした。今，彼は元気で，今年の夏の大会のために一生懸命練習している。

問 ケンジについて正しいものはどれか。

(a) 彼は去年の夏，大会でプレーした。
(b) 彼は病気だったため試合でプレーしなかった。
(c) 彼は試合中に足を骨折した。
(d) 彼は今，健康だ。

2 マイケルは，週末に一緒に買い物に行こうとジェーンを誘った。彼は彼女にABCストアが土曜日と日曜日の両方にセールをしていると言った。彼女はピアノのレッスンを受けなくてはならないため，土曜日は行けないと答えた。しかし彼女は，日曜日は午前のピアノの練習の後は暇だと言った。

問 彼らはいつ買い物へ行くか。

(a) 土曜日の午前。 (b) 土曜日の午後。
(c) 日曜日の午前。 (d) 日曜日の午後。

3 今日僕は，僕の大好きな街ポートランドを紹介したいと思います。ポートランドはアメリカの北西部にある都市です。この街には美しい自然とおいしい食べ物があります。またプロのバスケットボールチームもあります。そのためポートランドの人々はその試合にワクワクします。最近はアメリカの多くの若者がそこに住みたいと思っています。しかしこの街の唯一の欠点は雨が頻繁に降ることです。

問 ポートランドについて正しいものはどれか。

(a) ポートランドは天気がよい。
(b) 人々はそこでは料理を楽しめない。
(c) そこの人々はスポーツに興味がない。
(d) ポートランドは若者に人気がある。

4 僕は僕のクラスの40人の生徒たちにどの国を訪問したいか尋ねました。最も人気のある国はフランスでした。生徒たちの半数は，そこには見るべき場所が多いので行きたがっていました。次はイタリアでした。9人の生徒がイタリアを訪問したいと思っていました。彼らはイタリア料理をたくさん食べたがっていました。オーストラリアよりもアメリカを訪問したい生徒のほうが多かったです。しかし差はわずか1でした。

問　彼のクラスの何名の生徒がアメリカを訪問したいと思っていたか。

(a)　5。　(b)　6。　(c)　9。　(d)　20。

5　ご案内いたします。今日は雪が非常に激しく降っているので，安全に運転することができないかもしれません。申し訳ございませんが，全てのバスが運休になりました。明日のバスには十分な座席があります。そのため特に何もすることなく，乗車券を明日のバスに使うことができます。お支払いになった金額を払い戻ししたい場合は，乗車券をお持ちになり事務所へお越しください。

問　そのアナウンスについて正しいものはどれか。

(a)　悪天候のため全てのバスが運休せざるを得なかった。

(b)　明日のバスは満席である。

(c)　追加料金を払えば乗車券を明日使うことができる。

(d)　乗車券なしでも料金の払い戻しができる。

2　(語句整序：不定詞，疑問詞，受動態，接続詞，構文)

1　A：ママ，私はあのジェットコースターに乗れる？／B：ええ，あなたは3フィート9インチね。だから，あなたはあのアトラクションに乗るのに十分な身長よ。　(So) you are tall enough to ride (the attraction.)　〈形容詞＋ enough to ＋動詞の原形〉「～するのに十分…」

2　A：誰の絵が文化祭に選ばれたの？／B：マイクのだよ。彼の作品はとても素晴らしかった！　Whose paining was chosen for the school festival?　whose painting「誰の絵」が主語の受動態の疑問文。受動態は〈be動詞＋過去分詞〉で「～される」を表す。

3　A：トムはチームでプレーし始めた時，何歳だった？／B：たぶん彼は17歳だった。　How old was Tom when he started to play (in the team?)　How old ～? は年齢を尋ねる。when はここでは疑問詞ではなく，「～する時」を表す接続詞である。

やや難　4　A：これらの卵はいやなにおいがするよね？／B：ひどいね。私たちは冷蔵庫を開けっぱなしにしないように気をつけるべきだね。　(We should) be careful not to leave the refrigerator open.　〈be careful not to ＋動詞の原形〉「～しないように気を付ける」〈leave ＋目的語＋形容詞〉「～を…のままにしておく」

重要　**3**　(和文英訳：現在完了，接続詞，進行形，関係代名詞，比較，命令文)

1　現在まで継続している状況は，現在完了〈have ＋過去分詞〉で表す。「12歳から」は「彼が12歳だった時から」とし，接続詞 since「～だった時以来」を使って表す。

2　「今～している」を表す現在進行形の文。「昨日買った本」は目的格の関係代名詞 which を使って which she bought yesterday「彼女が昨日買った」を the book を後ろから修飾する形にする。目的格の関係代名詞は省略可能。

3　最上級の文。〈the ＋最上級＋ of ～〉「～の中で最も…」「彼は一番足が速い」は He is the fastest runner「彼は一番早く走る人だ」とする。または He runs the fastest「彼は最も速く走る」としてもよい。「その8人の中で」は of the eight とする。

4　「彼女がここに来たら」は時を表す接続詞 when を用いて when she comes here とする。「私に電話してください」は丁寧な命令文で please call me とすればよい。

4 （長文読解問題・日記：文補充・選択）

（全訳）　12月14日

私は明日家族と一緒に動物園に行くつもりだ。母は，私が数学のテストで良い点を取ったら動物園に連れて行ってあげると言った。【1】私は一生懸命勉強してテストでよくできたので，母は私たちが動物園に行くのを許可してくれた！　その動物園にはクオッカワラビーがいるので私はそこに行けてドキドキしている。私は本当に彼らを見たい。私は2年前に彼らをテレビで見てから彼らに興味がある。

彼らの笑顔はとてもかわいくて【2】癒されると言われている。彼らは世界で最も幸せな動物として知られていて，彼らと一緒に写真を撮ることは私の夢の1つだ。私は彼らに会う前に，彼らと一緒に良い写真を撮る方法について知りたいが，もう眠くなってきた…

12月15日

私は家族と動物園に行った。その動物園は遠くてそこに行くのに長時間かかった。動物園へ行く途中，私はスマホでクオッカワラビーについて知るためにウェブサイトを調べた。彼らについての情報は興味深くて，私はウェブサイトを検索中，バッテリーについて気にしていなかった。動物園に到着した時，私はスマホのバッテリーがなくなっていることに気づいた！　私はそのことにとてもショックを受けた，【3】しかし私のことを助けてくれた人がいた。飼育員の1人が写真を撮るベストスポットについて教えてくれ，私の姉が私のために彼らの写真をたくさん撮ってくれた。ついに，私は父のスマホを使って彼らと一緒に写真を撮ることができた。私は動物園を楽しみ，素晴らしい時間を過ごした。

問　全訳下線部参照。

重要 5 （長文読解問題・資料読解：内容一致）

（全訳）　小平市　ブルーベリー摘みを楽しもう

あなたはブルーベリー摘みを楽しみたいですか？　小平は日本のブルーベリー発祥地として有名です。新鮮なブルーベリーを食べると，そのおいしさに驚くでしょう！　3つのブルーベリー農園を紹介します。

タナカ・ブルーベリー農園

レストランでブルーベリーから作られたジュース，ケーキ，パイなどのスイーツが楽しめます。このレストランはどなたも利用できます。（ブルーベリー摘みに参加していない人も含みます）

・期間：6月下旬から8月初旬（雨天時は閉園）
・費用：大人2,000円，子供1,000円／時間無制限で摘み放題，食べ放題
・アクセス：小平駅からバスで10分

のもちゃん・ベリーランド

屋内でブルーベリー摘みができるので，天気の心配をする必要がありません。特に週末は予約することをお勧めします，なぜならこの農園は来園者で混雑しており，長時間待たなくてはならないからです。

・期間：6月初旬から7月下旬
・費用：大人2,200円，子供1,500円／30分間　摘み放題，食べ放題
・アクセス：小平駅から徒歩15分　または　国分寺ショッピングモールからバス15分

キタサン・オールド・ファーム

ここは小平地区最大のブルーベリー農場です。7月，8月はトマトとトウモロコシの野菜摘みも提

供します。

・期間：6月下旬から9月初旬(雨天時は閉園)

・費用：2,000円(6歳未満の子供は無料)／カゴ1杯のブルーベリーをお持ち帰りできます。

・アクセス：小平駅からバスで25分で，バス停から徒歩10分

(a) 「ブルーベリーケーキを楽しみたいなら，『タナカ・ブルーベリー農園』か『のもちゃん・ベリーランド』に行くべきだ」(×)

(b) 「『タナカ・ブルーベリー農園』はバスで小平駅に最も近い」(○)

(c) 「両親と8歳の男の子の家族にとって，『キタサン・オールド・ファーム』は3つのうちで最も安い」(×)

(d) 「ウェブサイトによると，小平では雨の日にブルーベリー摘みをすることができる」(○)

(e) 「8月にブルーベリー摘みをしたいなら，2つの農園から選ぶことができる」(○)

(f) 「『タナカ・ブルーベリー農園』のレストランで食事したい場合，そこでブルーベリー摘みをしなくてはならない」(×)

(g) 「予約なしでは週末に『のもちゃん・ベリーランド』で摘み体験に参加することはできない」(×)

(h) 「アクセスするのは少々難しいが，それらの農園の1つでは野菜を育てることができる」(×)

6 **(長文読解問題・エッセイ：語句解釈，語句補充・選択，語句整序，構文，関係代名詞，脱文補充，英問英答，内容吟味，内容一致)**

(全訳) 私は日本語と日本文化を学ぶため，オーストラリアから日本に来た。私は錦城高校に1年生として入学した。入学式の日，私はとても緊張していた。式典中，日本語で立ち上がったり座ったりするよう命じられた時，私は何をすべきかわからなかった。日本に来る前，私は日本語を一生懸命に勉強していたが，私は自分の周りで何が起きているのか理解できなかった。①交換留学生としての私の生活は不安とともに始まった。

式典の数日後，私のクラスメートたちが私に話しかけてくれ，私は常にたくさんのクラスメートに囲まれていた。彼らは私に「どうしてここに来たの？」や「何の日本のアニメが好き？」などのたくさんの質問をした。授業が始まると，私には先生が授業で言っていることを理解するのがあまりにも難しく，ほとんど何も理解できなかった。しかしクラスメートたちは，私が授業についていけるよう助けてくれた。

数週間後，私はクラスメートたちと学校の旅行で山梨に行った。富士山のふもとで私たちはサッカーをしてカレーライスを作った。私は初めて日本の友人たちと一日中過ごし，素晴らしい時間を持てた。旅行後，私は学校の弓道部に入った。弓道は日本のアーチェリーである。それはとても格好良く見え，私に日本文化を教えてくれると思われた。これらのことはすべて4月に起こり，私はたくさんのことを日本で経験してうれしかった。

しかし時がたつにつれ，物事が変わった。4月の休み時間は，多くのクラスメートが私のところに来て楽しそうに話したが，5月には彼らが私に対する興味をだんだんと失っているように思えた。その時間，クラスメートたちはよくお互いに話したり，読書をしたりテスト勉強をしたりしていたが，②私には話す人がいなかった。私は孤独に感じた。私は人との間に壁を作った。もちろん私は友人たちとおしゃべりしたが，会話が長く続かなかった。私は友人たちがもう私と話したくないように感じた。会話では③私が理解できない言葉が多くあり，彼らはゆっくりと話さなくてはならなかった。彼らが笑っている時，私は何がおかしいのかわからないので，笑うことができないこともあった。私は学校へ行くことがもはや楽しいと感じなかった。

そして，私のクラスは9月の学園祭のために準備を始めた。私は日本で初めての学園祭を楽しみ

にしていた。学園祭で何をすべきか話し合った後，彼らは劇をすることに決めた。誰が劇で演じるかについて話していた時，クラスメートの1人が「リリーに役を演じるように頼んだらどう？」と言った。私はとても驚いた。[4b]私はそれは不可能だと思った。私は内心，「もし私が劇に参加したら，劇を台無しにしてしまうかもしれない。私はあの申し出を引き受けたほうがいい？」と思った。私はためらい，何も言えなかった。別のクラスメートは「リリーはあの役にぴったりだよ」と言った。⑤私はしばらく考えて「私にできる？」と言った。彼らは「もちろん。私たちがサポートするよ。あなたは私たちのクラスメートよ。心配しなくていい」 私はそれでもまだ不安だったけれども，そう聞いてうれしかった。同時に私は重要なことを学んだ。その日私は日記に書いた。「今日まで，私は交換留学生だからという理由でいろいろな点でためらっていた。でも私は交換留学生というだけでなく，クラスの一員でもある。だから私は他のクラスメートたちのように，自分自身で行動しなくてはならない。私は誰かが話しかけてくれるのを待っていたが，今は⑥私は彼らに話しかけるのが怖くない！」

その後，私は変わり，私たちは劇の練習を始めた。私は友人たちに劇のセリフを教えてくれるよう頼み，私たちは練習した。私は意味の分からない単語があったので，友人たちに尋ねた。セリフのほとんどは簡単に思えたので，私は自分の日本語力が良くなっているのを実感した。数週間の練習後，私は友人たちと話す機会がたくさんあった。最終的に，劇は大成功だった。

学園祭の後，私は友人たちに自分で話しかけた。私が彼らに話しかけると，彼らは私を他の日本人の友人と同じように扱ってくれた。私たちはクラス，クラブ活動，友人などについてたくさん話した。私はもう⑦孤独ではなかった。私が人との間に作った壁は消えつつあった。振り返ってみると，最初彼らはおそらく私が交換留学生なので頻繁に話しかけてくれた。しかし次第に，私の日本語が良くなるにつれ，誰もが私を友人として扱ってくれるようになった。

また私は日本人とオーストラリア人は違う性格を持っていると思っていた。しかし日本人で内気な人もいれば，オーストラリア人で内気な人もいる。親しみやすい日本人もいれば親しみやすいオーストラリア人もいる。日本人かオーストラリア人かはそれほど重要ではない。友達を作りたいなら，自分自身で行動すべきだ。さらに，私は多くのことに挑戦する勇気を持つことが大切だと学んだ。最初，劇で役を演じることは不可能に思えたが，私は⑧そうすることができた。やってみるまで分からないのだ。日本でのこれらの経験を通じ，私は日本についてだけではなく人生で大切なことについても学んだ。

問1 「下線部①は何を意味しているか。最適な答えを選びなさい」 d「私は新しい学校生活が不安だった」

問2 「空所②に入る最適な答えを選びなさい」 a「私は話しかける人がいなかった」

重要 問3 「単語を正しい順に並べ，下線部③の空所(A)(B)に入る語を選びなさい」 there were many words I didn't understand 〈There were ＋複数名詞〉「～があった」 I の前には目的格の関係代名詞が省略されており，I didn't understand が words を後ろから修飾する。

重要 問4 「次の文を入れるのに最適な場所はどこか。文章中の4a～4bから選びなさい」 筆者(リリー)は劇で役を演じることを提案されて，驚いた。その直後(4b)に「不可能だと思った」が入る。

問5 「下線部⑤に関して，なぜリリーは少しの間考えたのか。最適な答えを選びなさい」 c「なぜなら彼女は自分が役を演じることができるのか確信が持てなかったから」

問6 「空所⑥に入る最適な答えを選びなさい」 b「私は彼らに話しかけるのが怖くない」 筆者は今まで誰かが話しかけてくれるのを待っていたが，これからは自分から話しかけよう，と思った。

問7 「空所⑦に入る最適な答えを選びなさい」 c「孤独ではなかった」 lonely「孤独な」 not ～ anymore「もう～ではない」

問8 「下線部⑧は何を意味するか。最適な答えを選びなさい」 a「劇で役を演じること」 下線部⑧を含む文の前半 acting that character in the play を指す。

問9 「リリーが学んだ，人生で重要なことについてどれが当てはまるか。最適な答えを選びなさい」 a「勇気を出して行動すること」

重要 問10 「文章と合う文を3つ選びなさい」 a「4月，多くの友人が興味を持ってリリー女に話しかけた」(○) f「日記で，リリーは自分が交換留学生であることを気にしすぎていたと気づいた」(○) g「劇の練習をしている時，リリーは自分の語学力が良くなっているとわかった」(○)

★ワンポイントアドバイス★

1のリスニング問題は会話ではなくまとまった文章を聞く形式。込み入った内容を正確に聞き取らなければならず，難度が高い。

<国語解答>

一 問1 ア　問2 ア　問3 ウ　問4 イ　問5 ア　問6 体の論理　問7 ウ
問8 (1) ウ　(2) ウ　(3) イ

二 問1 ウ　問2 (一つ目) 嵯峨　(二つ目) 悪　問3 ア　問4 エ
問5 (一つ目) ウ　(二つ目) オ　問6 ウ　問7 イ
問8 (最初) 才学の　(最後) ゆべし　問9 エ
問10 1 ア　2 ア　3 イ　4 イ　5 イ　6 ア　7 イ

三 問1 ウ　問2 ア

四 問1 ① イ　② ウ　③ ウ　問2 (1) キ　(2) ウ　(3) オ
問3 (1) こ　(2) さ　(3) ん　問4 ウ

○配点○

一 問8(3) 2点　他 各4点×9　二 問2・問5 各2点×4　問10 各1点×7
他 各3点×7(問8完答)　三 各3点×2　四 各2点×10　計100点

<国語解説>

一 (論説文，小説一内容理解，空欄補充，表現理解)

問1 直前に「つまり」とあるので，その前に注目して，何の「対処法」なのか，どのような「症状」があるのかをとらえる。

問2 直後の三つの文の内容が，アに合致している。

問3 直前の「コントロールのきわ」とは，その前にある，体が「思いから切り離されたままに動く」ような状態のことである。これはウに合致する。

問4 直前の段落で挙げられている「『しゃべる』や『歩く』のような動作」にあたるものを選ぶ。

問5 「どもる」ことが「具合が悪い」ことになる社会とは，どのような社会かをとらえる。

重要 問6 空欄の前の「～だから―しよう」は，〝原因→結果〟の繋がりであり，「論理」的なつながりであることに注意する。

問7 直前の三つの段落の内容が，ウに合致している。

やや難 問8 (1) 空欄を含む芥川さんの発言に対して，直後の夏目さんが「『扉』というのがキーになっているみたいだね」と受けているので，【文章Ⅱ】において「扉」がどのようなものとして描かれているかをとらえる。　(2)「西の扉に達して戸外へ飛び出した」ことは，【文章Ⅲ】の主人公にとって，思いがけないことであったということをとらえる。この思いがけなさが【文章Ⅰ】の「思いがけない仕方で言葉を操る」に重なる。　(3)　三島由紀夫(1925～1970年)は小説家・劇作家。作品に『金閣寺』『潮騒』『仮面の告白』など。

二　(古文—現代語訳，内容理解，空欄補充)

〈古文の現代語訳〉

【文章Ⅱ】　嵯峨天皇の御代，「無悪善」と書いた落書があった。帝が小野篁にお見せになると，「悪いさががなくて，とてもよい」と読んだ。「悪」には「さが」という読みがあるので，帝のご機嫌は悪くて，「さてはお前のしわざか」とおっしゃられると，「そのようなお疑いがありますと，優秀な臣下が朝廷に集まりにくくなります」と申し上げると，帝は，

　一伏三仰不来待
　書暗降雨恋筒寝

とお書きになって，「これを読め」と，お渡しになった。

　月の夜にはやって来ない人のことが待ち遠しい。
　空一面かき曇って雨も降って欲しい。あなたを恋しく思っても，あきらめて寝ることができそうだから。

と詠んだので，(帝の)ご機嫌は直ったということだ。

【文章Ⅲ】　嵯峨天皇の御代，「無悪善」という落書が，世の中に多くあった。小野篁が読んで，「『悪いさがないのはよいことだろう』と読んだ」ということだ。帝がお聞きになって，「小野篁のしわざだ」とおっしゃって，罪を身に受けそうなとき，小野篁が申し上げるには，「決してあってはならないことです。学問の道は，それなら今より以後は絶えてしまうだろう」と申したということだ。帝は，「なるほどそれは道理である。では，この文を読め」とおっしゃってお書きになった。

　一伏三仰不来待書暗降雨慕漏寝
　月の夜にはやって来ない人のことが待ち遠しい。空一面かき曇って雨も降って欲しい。あなたを恋しく思っても，あきらめて寝ることができそうだから。

そのように読んだということだ。

問1　〝「え」＋打ち消し〟は不可能の意味を表す。

問2　【文章Ⅱ】に「『悪』は『さが』といふよみのあるゆゑ」とあることに注目。

問3　傍線部Cは，小野篁が「無悪善」を即座に読んだのを見た，帝の発言であることから考える。

問4　傍線部Dの直前の「さればこそ」は〝だから〟という意味であり，理由が直前にあることが予想できる。

やや難　問5　【文章Ⅰ】の「子文字を十二書かせ給ひて，……事なくてやみにけり」の部分から読み取れるのは，小野篁が，帝の出した文字を，機転や教養を生かして即座に読み，それに帝が感心したということである。これに合うものを選ぶ。

問6　「子」十二文字を，「子《ね》子《こ》の子《こ》の子《こ》子《ね》子《こ》，子《し》子《し》の子《こ》の子《こ》子《じ》子《し》」と読んだのである。「の」は読む際の付け足しで，「子」の読みではない。

問7　「帝の御気色悪しくて」となる。

問8　小野篁のしわざだ，と言われたあとの小野篁の言葉に注目。

問9　「［ Y ］来待」の部分と「来ぬ人待たる」(【文章Ⅱ】)，「こぬひとまたる」(【文章Ⅲ】)の部分が対応している。「来ぬ」という打ち消しに注目する。

重要　問10　1　【文章Ⅰ】には「内裏に札を立てたりけるに」とあり，【文章Ⅱ】【文章Ⅲ】には「落書」と

ある。　2 【文章Ⅰ】では「さがなくてよからん」，【文章Ⅱ】では「さがなくてよし」，【文章Ⅲ】では「さがなくはよかりなまし」と読んでいる。　3 【文章Ⅲ】だけでなく，【文章Ⅱ】でも説明していない。　4 小野篁の反論に帝が納得している記述は，【文章Ⅰ】【文章Ⅱ】【文章Ⅲ】のどれにも見られない。　5 小野篁が学問に関わる懸念を訴えているのは【文章Ⅲ】だけである。

6 【文章Ⅰ】にのみ，帝の「読め」という言葉がある。　7 【文章Ⅱ】と【文章Ⅲ】とで「書暗降雨恋筒寝」「書暗降雨慕漏寝」のところが違っている。

三 （論説文―内容理解）

やや難 問1　文章の「今や『勉強』は，それ以外のもの（進学や結婚）を達成するための道具になっている」という内容に，ウが合致している。

問2　子供が「僕たちはどうして勉強するんですか？」と問うて，「僕たちはどうして学ぶんですか？」と問わないのは，「勉強」と「学び」の区別がついているということだと，筆者はとらえている。

四 （語句の意味，同音異義語，同訓異字，熟語，古典知識）

問1　①は「てっきり」，②は「せいぜい」，③は「いささか」である。

問2　(1)　Aには「核心」が入るべきであり，③「確信」は誤り。　(2)　どれも「たいしょう」と読む。　(3)　どれも「おさ(める)」と読む。

問3　(1)～(3)それぞれ，全ての熟語を一度ひらがなに書き直してから，マスに当てはめていくとよい。

問4　旧暦の七月～九月は秋である。

★ワンポイントアドバイス★

論説文と古文では，文章の読解をふまえた発展的な思考力が試されている。知識問題も多い。ふだんからの読書や，読解の実践の中で，キーワードや段落構成をとらえる力を蓄えよう。多種の問題を解き，基礎知識も広げておこう！

MEMO

大切なことはメモしておこうネ！

2022年度

★★★★★★★★★★★★★★★★★★★★★★★★

入　試　問　題

2022年度

錦城高等学校入試問題

【数　学】（50分）　＜満点：100点＞

［I］　次の［　］にあてはまる数値を答えなさい。

(1)　2次方程式 $(x-2)^2-2x+4=0$ を解くと $x=$［ア］，［イ］である。
ただし，［ア］＜［イ］とする。

(2)　$6 \leqq \sqrt{a} < 10$ を満たす自然数 a は［ウ］［エ］個ある。

(3)　$\dfrac{a}{3}=\dfrac{b}{4}$，$a+b=42$ であるとき，$b=$［オ］［カ］である。

(4)　大小2個のさいころがある。この2個のさいころを同時に投げるとき，出た目の和が素数になる確率は $\dfrac{［キ］}{［ク］［ケ］}$ である。

(5)　右の図のように，∠BAC＝90°，AB＝5㎝，BC＝13㎝である直角三角形ABCにおいて，ACの長さは［コ］［サ］㎝である。また，半径 $\dfrac{1}{2}$ ㎝の円Oが辺に沿って，すべることなく転がって1周する。
このとき，円Oの中心が動いてできる図形と三角形の辺で囲まれた部分の面積は［シ］［ス］＋ $\dfrac{［セ］}{［ソ］}\pi$ ㎠である。

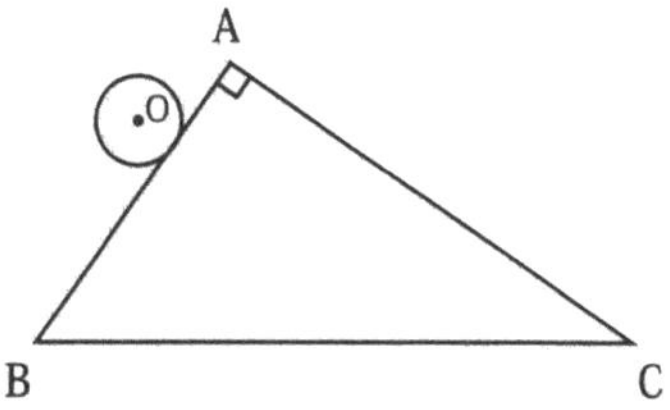

［II］　$a>0$ とする。右の図のように，放物線 $y=ax^2$ …①と正方形ABCDがある。
A，Dの座標がそれぞれ（3，9），（7，9）であるとき，次の問いに答えなさい。

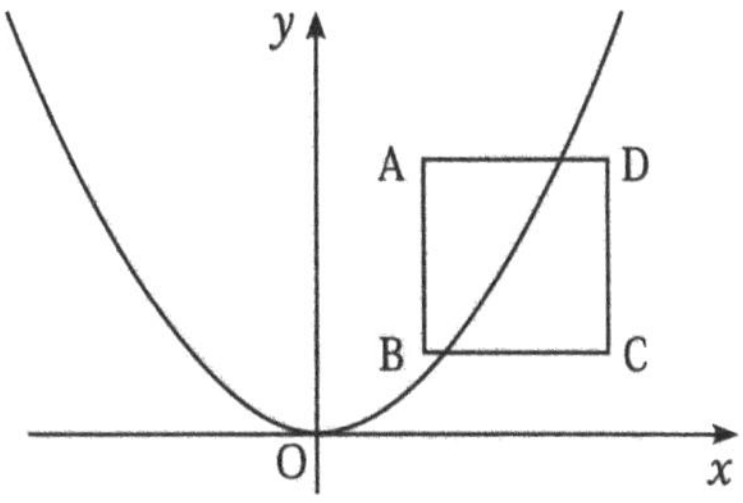

(1)　①が点Bを通るとき，a の値は $\dfrac{［ア］}{［イ］}$ である。

(2)　$a=\dfrac{［ア］}{［イ］}$ であるとき，①と辺ADの交点の座標は $\left(\dfrac{［ウ］\sqrt{［エ］}}{［オ］},\ ［カ］\right)$ である。

(3)　①が $x>0$，$y>0$ の範囲で正方形ABCDと共有点をもつための a の値の範囲は
$\dfrac{［キ］}{［ク］［ケ］} \leqq a \leqq$［コ］である。

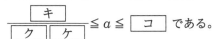

Ⅲ　さいころが1個とカードが6枚あり，カードの表裏両面には1から6までの同じ数字がそれぞれ1つずつ書かれている。このとき，以下の操作を行う。

【操作】

さいころを投げて出た目と同じ数字のカードの表裏を入れ替える。

例えば，1回目の操作でさいころの1の目が出たとき，1のカードを裏にする。2回目の操作でさいころの2の目が出たとき，2のカードを裏にする。また，3回目の操作でさいころの1の目が出たとき，1のカードを表にする。

このような操作を繰り返すとき，次の問いに答えなさい。ただし，最初の6枚のカードはすべて表であるとする。

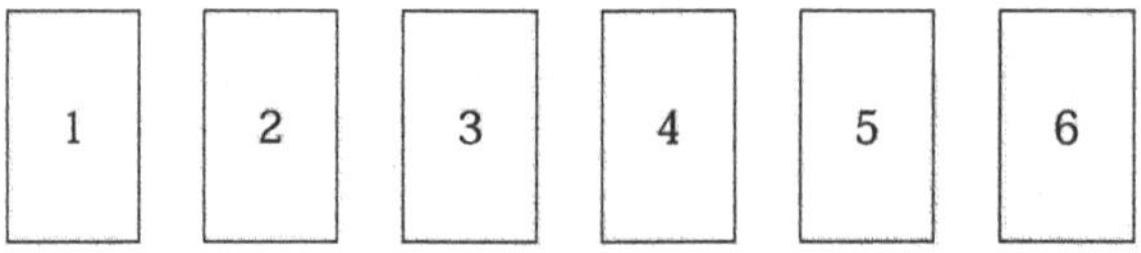

⑴　さいころを2回投げたとき，表のカードが6枚である確率は $\dfrac{\boxed{\text{ア}}}{\boxed{\text{イ}}}$ である。

⑵　さいころを3回投げたとき，表のカードが3枚である確率は $\dfrac{\boxed{\text{ウ}}}{\boxed{\text{エ}}}$ である。

⑶　さいころを3回投げたとき，表のカードが5枚である確率は $\dfrac{\boxed{\text{オ}}}{\boxed{\text{カ}}}$ である。

Ⅳ　a，b，c，p，q，r はいずれも整数で，

$16a+4b+c$（$1 \leqq a \leqq 3$，$0 \leqq b \leqq 3$，$0 \leqq c \leqq 3$）

$36p+6q+r$（$1 \leqq p \leqq 5$，$0 \leqq q \leqq 5$，$0 \leqq r \leqq 5$）

を満たす自然数をそれぞれ【a，b，c】，《p，q，r》と表すことにする。

例えば，

【1，2，3】$=16\times1+4\times2+3=27$　《1，2，3》$=36\times1+6\times2+3=51$である。

このとき，次の問いに答えなさい。

⑴　49を【a，b，c】の形で表すと【 $\boxed{\text{ア}}$ ， $\boxed{\text{イ}}$ ， $\boxed{\text{ウ}}$ 】である。

⑵　【a，b，c】の形で表すことのできる数は，$\boxed{\text{エ}}\boxed{\text{オ}}$ から $\boxed{\text{カ}}\boxed{\text{キ}}$ までの自然数である。ただし，$\boxed{\text{エ}}\boxed{\text{オ}} < \boxed{\text{カ}}\boxed{\text{キ}}$ とする。

⑶　【a，b，c】，《p，q，r》のいずれの形でも表すことのできる自然数は $\boxed{\text{ク}}\boxed{\text{ケ}}$ 個ある。

⑷　等式【a，b，1】=《p，q，1》が成り立つとき，$\dfrac{4a+b}{6p+q}=\dfrac{\boxed{\text{コ}}}{\boxed{\text{サ}}}$ であるから，

$4a+b$ は $\boxed{\text{コ}}$ の倍数で，$6p+q$ は $\boxed{\text{サ}}$ の倍数である。

⑸　等式【a，b，1】=《p，q，1》が成り立つような自然数は，小さい順に

$\boxed{\text{シ}}\boxed{\text{ス}}$ ，$\boxed{\text{セ}}\boxed{\text{ソ}}$ ，$\boxed{\text{タ}}\boxed{\text{チ}}$ の3個である。

V　**（注意，この問題はマーク方式ではありません）**

図１のように，点Oを中心とする円の円周上に３点A，B，Cがあり，∠BAC＝60°，BC＝$6\sqrt{3}$㎝のとき，次の問いに答えなさい。

⑴　円の半径を求めよ。

図１

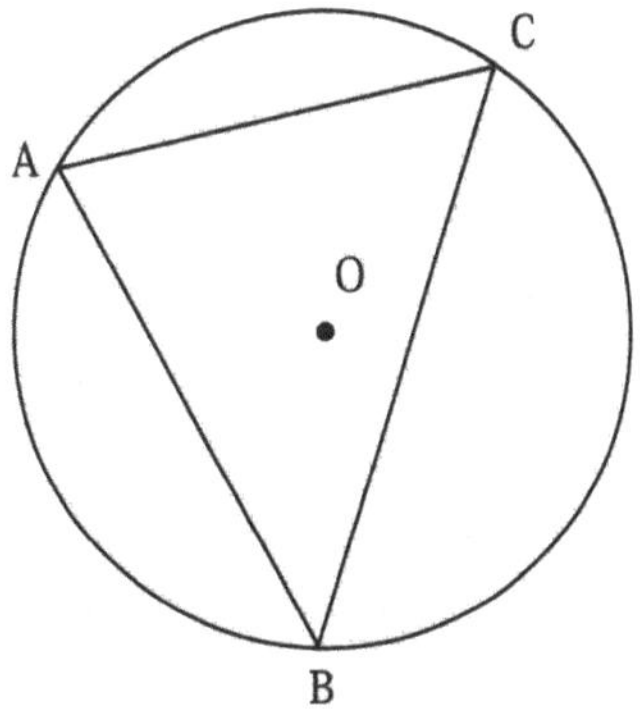

図２のように，点Bにおける接線ℓ上に，点Bと異なる点Tをとる。

⑵　∠ABTの大きさが75°から90°まで変わるように点Aが円周上を動くとき，点Aが動いた道のりを求めよ。

⑶　∠ABT＝75°のとき，CからABに下した垂線をCDとする。このとき，CDの長さと△ABCの面積を求めよ。

図２

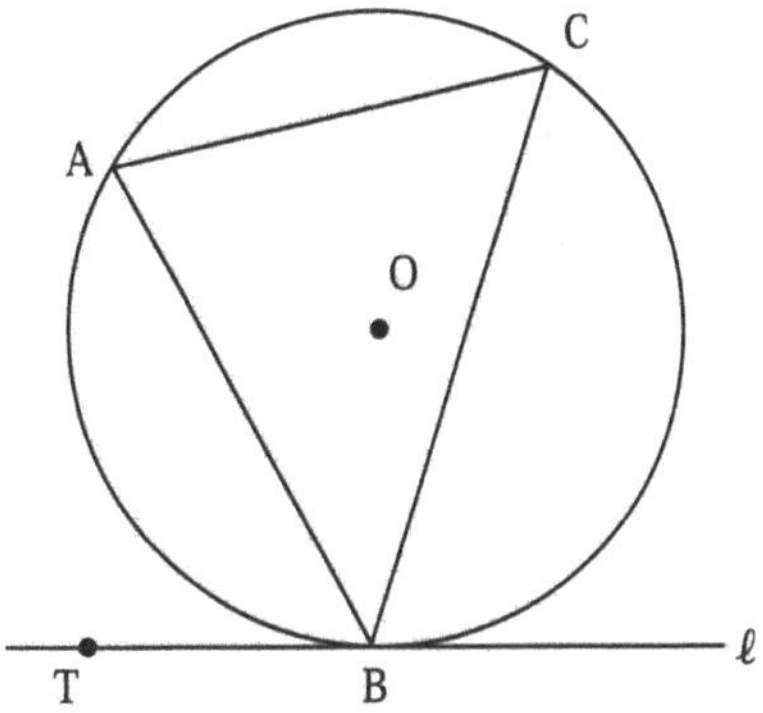

【英　語】（50分）　＜満点：100点＞　　※リスニングテストの音声は弊社HPにアクセスの上，音声データをダウンロードしてご利用ください。

1　＜リスニング問題＞

英文を聞き，それに関する質問の答えとして最も適切なものを１つずつ選び，その記号をマークしなさい。放送される英文は一度しか読まれません。

1．What are the speakers talking about?

ア．The man's lost smartphone.　イ．The man's lost umbrella.

ウ．The weather.　エ．The picnic.

2．What will Yoko do after this conversation?

ア．She will do her homework.　イ．She will prepare the dinner.

ウ．She will finish the dinner.　エ．She will go back home soon.

3．How many tickets should Kyoko buy?

ア．1　イ．2　ウ．3　エ．4

4．What are they going to do?

ア．They are going to visit Kinjo High School.

イ．They are going to try to find another school online.

ウ．They are going to enjoy the festival on the Internet.

エ．They are going to cancel the tickets for the festival.

5．What will John probably do?

ア．He will be a member of the soccer club.

イ．He will meet a girl who is a manager of the soccer club.

ウ．He will belong to a culture club.

エ．He will give up playing in the sports club.

2　次の英文の［　］内の語句を並べ替え，３番目と６番目にくるものの記号をマークしなさい。なお，文頭にくる語も小文字にしてある。

1．

A：[ア．the station / イ．way / ウ．me / エ．could / オ．tell / カ．the / キ．you / ク．to]?

B：Sure.　Go straight, and turn left at the second corner.

2．

A：Who is that man?

B：I think you know.　He [ア．living / イ．this town / ウ．all / エ．is / オ．in / カ．the people / キ．to / ク．known].

3．

A：This book is really wonderful.　Did you read this?

B：Yes.　I [ア．read / イ．an / ウ．book / エ．never / オ．interesting / カ．have / キ．such].

4．

A：The question [ア．the teacher / イ．was / ウ．too / エ．us / オ．asked / カ．which / キ．difficult].

B：No one can answer that.

3 次の日本語を英語に直しなさい。

1．風邪をひいてしまって，今日は一緒に出かけられない。

2．僕は，彼女ほど上手くギターを弾けない。

3．博物館がどこにあるか知っていますか？

4．おととい，彼は疲れているようにみえた。

4 **次の中学生 Koichi の日記を読み，空所に入る最も適切なものを１つずつ選び，その記号をマークしなさい。**

Oct. 23rd

Today the tests were over. I am worried about the results. Especially the science test was difficult for me, so I【 1 】... But I am going to the famous Italian restaurant with my friend Pattie tomorrow! I will eat spaghetti with meat sauce. I am so excited. I am going to see her at the station at 11 o'clock, so I have to get up at 8. Before I go to the station, I will buy a birthday present for her and give it to her at the restaurant. She will be happy with the present. I am looking forward to seeing her tomorrow!

Oct. 24th

I had a lot of trouble today. I was going to get up at 8, but I got up at 10! It took me one hour to get ready to go out. I arrived at the station at 11:30.【 2 】and she was so angry. I said to her, "I'm sorry," and she forgave me. I was so glad to hear that, and then we went to the restaurant. We enjoyed lunch so much. The spaghetti was delicious. I ate ice cream for dessert. We talked a lot and had a great time. But when we paid for lunch, I found that I didn't have my wallet. So she bought me lunch. After coming home, I realized that【 3 】. I was really shocked. I really wanted to make her happy by giving her a present...

【1】 ア．should study science more　イ．keep a diary in English every day
ウ．don't have to study science　エ．won't have science tests more

【2】 ア．She didn't like the present
イ．She was waiting for me for half an hour
ウ．She had a bad cold
エ．She also got up an hour later than usual

【3】 ア. the present for her was on the desk
イ. she felt that the restaurant was not good
ウ. she got a great score on the test
エ. I forgot to prepare the present for her

5 次の掲示から読み取れる情報として適切でないものを，後のア～クの選択肢の中から３つ選び，その記号をマークしなさい。＊印のついている単語には，掲示のあとに［注］がある。

New Arrivals*!!*

This month we will have some new books in our library. They will surely be very interesting for students. We introduce some of them here.

World History

Category: History
Author: Yasuo Nakayama, Masato Ishikawa
Pages: **226**
Comment:
This book is a little different from normal history books. It focuses on the personalities of important people, and explains how they influenced historical events. You can enjoy it and feel that the great people were humans just like you and me.

A Special Friend

Category: Novel
Author: Keit aro Nishino
Pages: **315**
Comment:
This is a story about two teenagers who happen to meet at a musical event. They are similar to each other, but at the same time, very different in many ways. Their story teaches us that both *similarities and differences are important in human relationships.

Helena Lowell

Category: Biography
Author: Helena Lowell
Pages: **254**
Comment:
This is the life story of Helena Lowell, a famous Australian tennis player. She has won a lot of tournaments since her *debut, and now she is well Known as

one of the best tennis players in the world. In this book, she wrote about the worries or mental pains she had behind her great results. By reading this book, you can see her from a different point of view.

Newtonian Nature (January. **2022**)

Category: Magazine

Author: Iris Newport, Payton Stoll. Haoyu Wang, etc.

Pages: **105**

Comment:

This is the newest *issue of Newtonian Nature, a science magazine which comes out three times a year (January, May, and September) and is read by people all around the world. This issue has the newest studies about medicines for diseases that at this time do not yet have a cure. While reading this, you will surely think science is interesting.

[注] similarity 類似性　debut デビュー　issue （雑誌などの）～号

ア. The book about history has the most pages of the four.

イ. There is a book which is written about a person's life.

ウ. There is a magazine which is made regularly.

エ. Some books are written by more than one person.

オ. "World History" is unique because it focuses on the characters of important people.

カ. "A special friend" says the most important thing in human relationships is how similar we are to each other.

キ. After reading "Helena Lowell", you will be able to play tennis better.

ク. In "Newtonian Nature (January 2022)", you can learn about some medical knowledge.

6 次の文章を読み，後の設問に対する最も適切な答えを選択肢から選び，その記号をマークしなさい。＊印のついている単語には，本文のあとに［注］がある。

"That was great, Damian!" My friend said.

"Thanks, but I want to learn the trick* you did." I answered.

Most of my life has been spent with a skateboard. When I was a kid, I practiced skateboarding for hours every day in the park and now I am a professional skateboarder. It is a very difficult sport. It often takes a few weeks or months to learn even one of the easiest tricks. But, when you learn a trick you want to do, it will become an exciting moment for you. Through skateboarding, I learned never to give up—although there will be many failures* I can reach my goal in the end. Some people say skateboarding makes trouble — it is dangerous and noisy* — , but most skateboarders are nice people and careful not to do so. I also learned from them that (①) was very important. Skateboarding taught me many important things in my life ... except' just one thing.

Until I graduated from junior high school, I didn't see anyone who could skateboard* better than me. When I was a high school student, I met Allen. ②(　　)(A)(　　)(　　)(　　)(B)(　　), I understood he was a genius*. He did difficult tricks easily. Also, it took just a few days for him to learn a new trick. It took more time for me to learn a new one. His character was nice, too. He gave me a lot of advice and shared joys with me. I always felt happy when I skated with him at that time. After we graduated from high school, by practicing hard together, we won many skateboarding tournaments and were among the best skateboarders in the U.S.

However, I didn't feel so good because Allen always won first place and I was always second when we were in the same tournament. So, his name became more famous. Everybody knew about him. Everybody admired* him. Everybody called him the skateboard genius.

"Why? I won many tournaments too!", but in my heart, I cried inside.
③While I practiced for (C) hours and got (D), he practiced for (E) hours and got (F). He went far away from me. I felt jealous* of him. I just wanted to beat* him. To do it, I began to learn a new trick which could surprise everybody and finally learned the trick with a lot of practice. Three months later, when Allen and I took part in the same tournament, an accident happened.

Before my turn, he told me "You can do it, relax." ④Without answering, I started off. All the audience watched me. The next moment, I did the trick! They were very surprised at my trick and gave me the biggest cheer in the tournament. My score was 9.5 out of 10. It was the highest until then. Allen's turn was the last and he started off. He tried a back-side 180 rail slide*, his favorite. [ア] But he lost his balance in the air and fell to the ground. He couldn't move at all and was brought to the hospital soon. [イ] Although that was very shocking, I was pleased inside my heart because I won for the first time the tournament which we both took part in. After winning the tournament, my situation changed a lot. Everybody called me a new star. Everybody expected me to win a lot.

[ウ] I heard Allen needed about six months before he could skateboard again. Then, he had to miss many games. [エ]

Seven months passed. To be honest*, I was tired of my situation. The expectation* of people changed into big pressure for me. I skateboarded not for myself but for (⑤) at this time. So, I often got sick and didn't practice very hard. But I had to keep joining tournaments because people had expectation. When I took part in one of the biggest tournaments in the U.S, an accident happened again. Another skateboarder got the highest score before my turn. To win the tournament, I had to do the most difficult trick that I could do. With a little worry, I started off...I didn't remember very much from here. When I woke up, I was in the hospital.

"You fell to the ground during the tournament and fainted*. You are badly injured*. I think it will take about six months before you can skateboard again.", the doctor said.

Like Allen, I had to miss many games. I got really afraid because I might lose everything I got in these seven months. I didn't know how my life would become.

One day in the hospital, I turned the TV on and watched a big skateboarding tournament. Allen was there. He was back for the first time in seven months. Everybody thought it was too hard for him to win the tournament. But, in the end, he did it.

"Oh my god... he is the true genius. The hero came back. ⑥The new star has stopped shining.", I said to myself.

For the first time I wanted to give up skateboarding. Then, he was interviewed after the tournament.

"This is the unbelievable victory*, Allen. It was very hard for you to come here after the accident, wasn't it?", the reporter asked.

"Yeah, I really did my best for this game." , he answered.

"I think many people has supported you. Do you have any messages to them?", the reporter asked again.

"Of course, I thank my family and fans. But, I want to give a special thanks to Damian. I have checked all his games and got motivation from them. He did very well and improved himself while I was away from the tournaments. I think I could do my best because I wanted to skateboard with him again. Since we were high school students, we have practiced hard and communicated with each other. That made me what I am*. I can't imagine my life without him. Hey, Damian! I am waiting for your comeback!", he answered.

"That is also true of me. He made me what I am, too.", I cried in front of the TV.

With Allen's words, I decided to come back.

Six months later, I began skateboarding. Although I lost sense of riding on the skateboard, my family, my friends, and Allen helped me to catch up*. With a lot of support from many people, I was finally able to be back in the tournament.

"You can do it. Relax." Allen said to me before my turn.

"Yeah, I will surprise the audience." I answered and started off with the strong feeling.

"Oh, that was amazing! He did it!" the commentator* shouted.

Yes, I was able to do my best trick. This was one of happiest moments in my life. After all that, I lost the tournament. Of course, the winner was Allen. But, it was Okay. (⑦). Then I just wanted to know how far I could go. My next goal was to skateboard with Allen on higher stages. Now we are practicing hard for the next Olympic games. Although I don't care what place I will get, it will be perfect if I get the gold medal and Allen gets the silver. I am dreaming like that.

[注] *trick 技 *failures 失敗 *noisy うるさい *except ～を除いて
*skateboard スケートボードをする *genius 天才 *admire 称賛する
*jealous 嫉妬して *beat ～を負かす
*back-side 180 rail slide
ボードを180度腹側に回転させながら飛び，階段の手すりにボードをスライドさせ着地する技
*to be honest 正直に言うと *expectation 期待 *faint 気絶する
*be badly injured 大怪我している *victory 勝利 *what I am 現在の自分
*catch up 遅れを取り戻す *commentator 実況者

問1．Choose the best answer to fill in the blank (①).
ア．being kind to beginners
イ．enjoying skateboarding with other people
ウ．keeping the rules and good manners
エ．teaching how to skate to each other

問2．Put the words in the correct order and choose the word to fill in the blank (A)(B) of the underlined part ②.
【ア skateboard イ as ウ I エ him オ as カ saw キ soon】

問3．Choose the best combination to fill in the blank (C)(D)(E)(F) of the underlined part ③.
ア．C：more D：less E：more F：less
イ．C：fewer D：less E：more F：more
ウ．C：more D：less E：fewer F：more
エ．C：fewer D：more E：more F：less

問4．About the underlined part ④, why did Damian behave like this?
ア．Because he didn't have time to say even one word.
イ．Because he didn't like talking with others.
ウ．Because he didn't like Allen at the time.
エ．Because he didn't hear Allen in the loud audience.

問5．Which is the best to put the following sentence in? Choose [ア]～[エ] in the passage.
It gave me a new sense of pleasure.

問6．Choose the best answer to fill in the blank (⑤).
ア．Allen イ．money ウ．others エ．pleasure

問7. What does the underlined part ⑥ mean?

ア. Allen's performance was not as good as before.

イ. Allen didn't express his joy of the win.

ウ. Damian can't show his performance now.

エ. Damian wants to stop skateboarding forever.

問8. Which is NOT among Damian's feelings after he heard Allen's interview?

ア. Damian was happy because Allen gave a speech about Damian.

イ. Damian found he had the wrong idea about Allen.

ウ. Damian was sad because he understood he couldn't beat Allen forever.

エ. Damian remembered what was really important in his life.

問9. Choose the best answer to fill in the blank (⑦).

ア. My trick was better than Allen's

イ. I didn't feel jealous at all.

ウ. The score of my trick was wrong

エ. The audience didn't understand how great my trick was

問10. Choose the three sentences which are true of the story.

ア. Damian learned through skateboarding that practice makes perfect.

イ. When Damian was in junior high school, he knew there were some people who could skateboard better around him.

ウ. Although Allen was an excellent skateboarder who had beautiful skills, he had some problems in his personality.

エ. Damian was as famous as Allen because Damian won second place many times.

オ. When the accident happened to Allen, Damian had mixed feelings.

カ. Damian always felt happy when people expected him to win and called him a star.

キ. Damian didn't feel bad when he lost his comeback game.

ク. Damian's next goal is only to get the gold medal in the next Olympic games.

十干と十二支は組み合わせて暦を成し、一番目はそれぞれの先頭同士を組み合わせて「甲子」、二番目はそれぞれの二番目同士を組み合わせて「乙丑」というように表していく。なお十一番目になると十干は最初に戻り「甲戌」となる。

組み合わせの数は最大 [A] 通りになる。ちなみに、２００８年の夏季北京五輪の年は二十五番目の「戊子」の年であった為、冬季北京五輪の開催予定である２０２２年は「 [B] 」の年となる。

ついての説明である（一部省略を施している）。「　」にはひらがなで見出し語が入り、【　】にはその見出し語の漢字表記が入る。そして【　】内と説明文中の同じ数字には、同じ漢字一字が入る。空欄Ａ～Ｂにあてはまる見出し語をひらがなで記しなさい。

例題

「Ｘ」【①②】

態度や意見ががらりと②わること。『易経』「革掛（かくか）」の「大人虎②。〈略〉君子①②。小人革面〔大人は虎②す。〈略〉君子は①②す。小人は面を革（あらた）む〕」から出た語。この引用文の意味は、革命の当事者たる大人は、虎のように威風堂々と登場し、社会の指導者たる君子は、①の毛が秋に抜け替わって一②するように、その態度を改めて新しい社会の建設に協力するが、小人は、結果を享受するだけであるから、顔つきだけを改めて従うだけだということである。

→①は豹、②は変。よって解答は「ひょうへん」。

「Ａ」【③④⑤】

喜んで夢中になっている様子。梵《ぼん》語bhavāgraの漢訳語「③④」がもとになってできた語。存在（③）の④点（④）である⑤上界（⑤）を表す。この最上の「⑤」に上り詰めたような心持ちということから、近世になって現在の意味が派生した。

「Ｂ」【⑥⑦】

将来のために、あらかじめ用意や準備など手配りをしておくこと。「⑥⑦を打つ」と使われるように、もともとは囲碁の用語で、漢籍には見られない。「⑥」は「⑥陣」と同じように、並べるとか敷くの意味。「⑦」は碁⑦のこと。

問4　次の二首の和歌の□には同じ語が入る。最も適切なものを一つ選べ。

(一)「□の野に　人まつ虫の　声すなり　我かと行きて　いざ訪《とぶら》はむ」（よみ人知らず）

「□霧は今　朝はな立ちそ　佐保山の　柞《ははそ》の黄葉《もみじ》　よそにても見む」（よみ人知らず）

ア　春　**イ**　夏　**ウ**　秋　**エ**　冬

(二)「あさぼらけ　有明の月と　見るまでに　吉野の里に　降れる白□」（坂上是則）

「我が岡に　盛りに咲ける　梅の花　残れる□を　まがへつるかも」（大伴旅人）

ア　雨　**イ**　霧　**ウ**　露　**エ**　雪

(三)「待ちかてに　我がする□は　妹《いも》が着る　御笠の山に　隠りてありけり」（藤原八束）

「ぬば玉の　夜霧の立ちて　おほほしく　照れる□夜の　見れば悲しさ」（坂上郎女）

ア　夕　**イ**　月　**ウ**　空　**エ**　闇

問5　十二支（子・丑・寅・卯・辰・巳・午・未・申・酉・戌・亥）は、十干（甲・乙・丙・丁・戊・己・庚・辛・壬・癸）と組み合わせて暦を表すことができる。次の文章中の空欄［Ａ］・［Ｂ］に適切な単語を、それぞれ漢字二字で答えよ。

目にあわされ、それに腹を立てて、その仲間たちであるハチ・栗・臼と力を合わせて、サルをこらしめたという「さるかに合戦」

ウ　おじいさんとおばあさんが持ち帰った桃から生まれ、桃太郎と名付けられた男の子が、鬼から金品を奪われ、困り果てている村人を見て、イヌ・サル・キジと共に鬼退治をし、宝物をもらって帰ってきたという「桃太郎」

エ　貧しくも心優しいおじいさんが、おばあさんの作った笠を売るために町へ向かい、雪の中で寒そうに立っているお地蔵さんに笠をかぶせてやると、後にお地蔵さんが恩返しをしにやってきたという「かさ地蔵」

(三)　傍線部ii「昔話と『宇治拾遺物語』とでは、出来事に対するcommentのありかたが決定的に異なる」の説明として最も適切なものを一つ選べ。

ア　『宇治拾遺物語』とは異なり、昔話では、行動を戒めるための教訓が好まれるということ。

イ　『宇治拾遺物語』とは異なり、昔話の教訓はとるべき行動を聞く者に考えさせる形式をとっているということ。

ウ　『宇治拾遺物語』とは異なり、昔話には読者が教訓を幅広く解釈できる自由さがあるということ。

エ　『宇治拾遺物語』とは異なり、昔話は絶対的な善悪の判断基準を示すためだけのものであるということ。

(四)　『宇治拾遺物語』は鎌倉時代に成立した説話である。回時代に成立した作品を一つ選べ。

ア　竹取物語　　イ　平家物語　　ウ　枕草子　　エ　源氏物語

三　以下の問いに答えよ。

問1　動詞には複数の意味を含むものがある。次のa～dの意味をすべて含む動詞の基本形（終止形）をひらがなで記せ。

(一)　a　自分のものとして引き受ける。負担する。
b　場などを設ける。設定する。
c　心の中に抱く。
d　長くそのままの状態を保ち続ける。

(二)　a　大急ぎで、また、あわてて、ある所へ行く。急行する。かけつける。
b　犯人などが遠くへ逃げる。逃亡する。
c　はねて空中へ散る。
d　間を抜かして先へ移る。途中が欠けてあとへ続く。

問2　以下に示すのは『広辞苑　第七版』において連続して掲載されている見出し語である。「　」に入る語の意味として最も適切なものを一つ選べ。

いきざし
「　　」
いきざま

ア　こみいった経緯。事件の経過。
イ　これから先のなりゆき。前途。将来。
ウ　あることをしようとする、はりきった気持。

問3　以下に示すのは『新明解語源辞典』に掲載されている見出し語に

(二) 次の対話は、【文章Ⅰ】【文章Ⅱ】【文章Ⅲ】の比較研究を行う授業における、傍線部ⅰ「隣爺型の昔話［H］」に関する教員と生徒数人の会話である。これを読んで最後の空欄［あ］・［い］に入るものとして最も適切なものをそれぞれ一つ選べ。

いづみ　結局、「隣爺型の昔話」って、どういう話のことで、空欄［H］にはどんな昔話が入るんだろうね？

ゆきこ　「こぶとりじいさん」では、二人のおじいさんが出てきていたから、登場人物に二人のおじいさんがいる話のことなのでは？

先生　そうかもしれないね。他に「隣爺型」に分類されるお話を調べた子はいる？　共通点や異なる点はありましたか？

ゆうか　はい。いくつか調べてみました。その中で、「花咲かじいさん」は「こぶとりじいさん」と同じように主人公は二人のおじいさんでしたが、「三つの願い」という話は、かならずしも主人公がおじいさんであるとは限りませんでした。

いづみ　なるほど。ということは、隣爺型の昔話の登場人物は、必ずしもおじいさんが二人でなければいけないわけではなさそうだね。

ゆきこ　ちなみに、「三つの願い」ってどういう話なの？

なおゆき　宿を求めていたお坊さんを、貧乏な一家が迎え入れてもてなしたところ、お礼に三つの願いを叶える玉をもらい、幸せに暮らした、という話だよね？　福島県に行った時に聞いたことある。

ゆうか　そうそう。はじめお坊さんの頼みを断った裕福な一家は、近所の貧乏な一家がお礼をもらったのを見て、無理やり家に招いたり食事を与えたりして玉をもらうの。でも結局、裕福な一家は願いが原因で苦しい生活を強いられることになったというオチだったよ。

先生　では、登場人物に異なる点のあった「三つの願い」と「こぶとりじいさん」に共通する点はなんでしょう？

いづみ　はい。どちらも［あ］話である点だと思います。そう考えると、空欄［H］に入るのは［い］とかかな。

［あ］

ア　主人公とその近隣の者が競い合って、最後に正直者の主人公が得をする

イ　主人公が、自分でまいた種によって手痛く失敗する

ウ　得をした主人公の真似をしようとした近隣の者が、手痛く失敗する

エ　優しい主人公が得をして、それを妬んだ人が主人公を陥れる

［い］（選択肢中の昔話の要約は正しいものとする。）

ア　スズメを助けたおじいさんが宝物の入った箱をもらったと聞いて、隣の家のおばあさんが同じように宝物の入った箱をもらおうとしたら、中からは妖怪やお化けが出てきたという「舌切り雀《すずめ》」

イ　カニが、良い話を持ちかけてきたずる賢いサルに親をひどい

問4 傍線部D「しかじかのことあり」は、直後に書かれている「鬼の取りたるなり」という結果となった理由を述べた部分であるが、具体的には何が理由となったか。**【文章Ⅰ】**から十字以内で探し、次の空欄に合う形で抜き出せ。

右の頬に瘤のある爺さの［　　　　］こと

問5 二重傍線部Ⅰ「いひけれ」Ⅱ「教へつ」Ⅲ「いひけれ」Ⅳ「舞へ」のそれぞれの動作主として最も適切なものを一つずつ選べ。

ア 右の頬に瘤のある爺さ　**イ** 隣の爺さ　**ウ** 医師　**エ** 鬼

オ 横座の鬼

問6 **【文章Ⅱ】**の空欄［E］、［F］に入る言葉の組み合わせとして最も適切なものを一つ選べ。

ア E：良く　F：良し

イ E：をかしく　F：をかし

ウ E：わろく　F：わろし

エ E：あはれに　F：あはれなり

問7 次の**【文章Ⅲ】**は、昔話と説話の違いについて論じた文章である。これを読んで後の問いに答えよ。

【文章Ⅲ】

「瘤取爺」の教訓の事例は、私に集めたところでは、四一例を探し出したのですが、単純化するとその内訳は次のようでした。

人真似をするな　三四例

欲ばりをするな　三例

意地悪をするな　三例

悪いことをするな　二例

人を羨《うらや》むな　一例

よい人になれ　一例

昔話の記録集は、一般の出版物とは違い、私家版※4も含めて様々な形態でまとめられているために、無数に存在します。しかも散らばった状態で保管されていますから、この「隣爺型《となりのじじがた》」の昔話についても、事例を尽くしたわけでなく、あくまでも目安を見る程度のことにとどまりますが、教訓のおよその傾向は見てとれます。

「瘤取爺」の採録の中で、「人真似をするな」という事例が多数を占めるのに対して、「人を羨むな」はわずか一例しかありません。『宇治拾遺物語』※5第三話は、その「人を羨むな」という内容を話末評語としています。他のi隣爺型の昔話［H］などの事例も調べてみましたが、やはり多数は「人真似をするな」であり、「人を羨むな」は、例えば昔話「鼠浄土《ねずみじょうど》」四五例の中でもやはりわずか一例があるだけでした。つまり、ii昔話と『宇治拾遺物語』とでは、出来事に対するcommentのありかたが決定的に異なることがわかります。『宇治拾遺物語』の話末評語は、昔話に比べると、物語の意味を内面的な規範へと導いて理解しようとしています。まさに、そこに『宇治拾遺物語』の表現の特質が見てとれます。

（廣田收「『宇治拾遺物語』の中の昔話」）

※4　私家版——大衆のためではなく、個人的にまとめたもの。

※5　『宇治拾遺物語』第三話——**【文章Ⅱ】**のこと。

（一） **【文章Ⅲ】**の内容を参考にして、**【文章Ⅱ】**中の空欄［G］に入る単語として最も適切なものを一つ選べ。

ア 虚言　**イ** 物羨み　**ウ** 人真似　**エ** 自慢

て見ると、鬼が大勢で火を焚《た》いて酒盛りをしていた。爺さは、踊りが上手だったので、つい誘いこまれて木の穴から歌いながら踊り出て、鬼たちと踊った。爺さの踊りが上手だったので、鬼は歓迎した。夜の明けるとき、鬼の大将が明日の晩も来るように言い、爺さの瘤を取った。

　すると左の頬に瘤がある隣の爺さは、爺さの話を聞いて、瘤を取ってもらいたくて山の木の穴に入って待っていた。やがて、また鬼が集まって来て、酒盛りが始まった。隣の爺さは木の穴から踊り出たが、踊りが下手だった。鬼は顔をしかめ、お前はにせ爺さだと言って、昨夜の瘤を隣爺さの［A］の方に付けた。　（廣田收「『宇治拾遺物語』の中の昔話」）

※1　茅刈り――屋根の材料となる植物を刈りに行くこと。

【文章Ⅱ】（本文の左側に記してある現代語訳を参考にしながら読み進めること。）

　隣にある翁、左の顔に大きなる瘤ありけるが、この翁※2、瘤の失せたるを見て、「こはいかにして瘤は失せ給ひたるぞ《なくなりなさったのか》。いづこなる医師《くすし》Bの取り申したるぞ《お取りしたのか》。我に伝へ給へ《教えてください》。Cこの瘤取らん」といひければ、「これは医師の取りたるにもあらず。Dしかじかの事ありて、鬼a［の］取りたるなり」とⅠいひければ、「我その定《じょう》にして《そのようにして》取らん」とて、事の次第をこまかに問ひければ、Ⅱ教へつ。この翁いふままにして、その木b［の］うつほ《ほら穴》に入りて待ちければ、まことに聞くやうにして、鬼ども出《い》で来《き》たり。

ゐまはりて《輪になって座って》酒飲み遊びて、「いづら《どこだ》、翁は参りたるか《来ているか》」とⅢいひければ、こc［の］翁恐ろしと思ひながら揺《ゆる》ぎ出でたれば、鬼ども、「ここに翁参りて候《さぶら》ふ《来ております》」と申せば《申し上げると》、横座※3の鬼、「こち参れ《こちらへ》、とく《早く》Ⅳ舞へ」といへば、さきd［の］翁よりは天骨《てんこつ》《生まれつきの才能》もなく、おろおろ奏《かな》でたりければ、横座の鬼、「この度《たび》は［E］舞うたり。かへすがへす［F］。その取りたりし質《しち》の瘤返し賜《た》べ《返してやれ》」といひければ、末つ方より《端の方から》鬼出で来て、「質の瘤返し賜ぶぞ」とて、今片方《かたかた》の顔に投げつけたりければ、うらうへに瘤つきたる翁にこそなりたりけれ。［G］はすまじき事《してはならない》なりとか。

（『宇治拾遺物語』）

※2　この翁――【文章Ⅰ】における「右の頬に瘤のある爺さ」のこと。
※3　横座――主人の座る席。

問1　【文章Ⅰ】中の空欄［A］に入る言葉を【文章Ⅰ】より漢字一字で抜き出せ。なお、【文章Ⅰ】と【文章Ⅱ】の結末が同じになるようにせよ。

問2　傍線部B「の」と同じ働き（訳）の「の」を【文章Ⅱ】の［a］～［d］から一つ選べ。

問3　傍線部C「この瘤取らん」の現代語訳として最も適切なものを一つ選べ。

ア　この瘤は取らない　**イ**　この瘤を取りたい
ウ　この瘤も取るのか　**エ**　この瘤も取れそう

いる。これは、私たちが言語を習得する際に、同時に習得してしまい自明のものとしてしまっている環境の価値観に対して目を向けるということである。そのことは同時に、今までわかっていたもの、こういうものだと思っていたもの、それらが異質な顔を自分に向けてくることを意味する。それは恐ろしいことかもしれない。けれども改めてそれと向き合う時、目の前に広がる世界は変わったものとなる。いや、そうではない。変わったのは、自分自身なのだ。

イ　千葉は【文章Ⅰ】で、勉強することとは言語偏重の人になることだ、と述べている。これは、私たちが自身に起こった出来事を問題視する際、それを慎重に言語化していくということである。そのことは同時に、自身の置かれている環境や起こった出来事の問題点とは、実は社会がはらむ問題点であるということに気づくきっかけを得るということでもある。自分と社会の怖いまでの癒着。けれどもこのように自身と社会がつながったものとして認識される時、世界と連動し始めた自分はまさに、成長を遂げたと言えるだろう。

ウ　千葉は【文章Ⅰ】で、勉強することは言葉遊びの力を解放することだ、と述べている。これは、私たちが普段言葉を通じて何気なく会話していることの中にも、言葉遊びの力は芽吹いているということの示唆でもある。そのことは同時に、その芽を育てるか摘んでしまうかは、これからの言葉に対する態度次第であるということを意味する。それは恐ろしい賭けのようなものだ。けれどもそうして言葉遊びの力が解放される、つまり自由に言葉を道具として利用できるようになること、それは自分が変化したということ以外の何物でもない。

エ　千葉は【文章Ⅰ】で、勉強することとはノリの悪い語りをすることだ、と述べている。これは、私たちが新しい分野について学ぶ際に抱く、他の言葉で説明しても良さそうなのにその専門用語でなければならない、という違和感になじむということである。そのことは同時に、新たな用語を習得することによって新たなノリを手に入れるということにつながる。違和感になじむということ自体への違和、恐怖があるかもしれない。けれどもこのようにして新しい分野へと知見を広げていくこと、それはまさに勉強の成果であり、すなわち自身の変化である。

二　**昔話や説話は人々が語り継ぐことで後世に残してきたものであるため、同じ通称で呼ばれる話でも地域や時代によって内容が異なっていることがある。次に示す二つの文章は、通称「こぶとりじいさん」として親しまれているものである。【文章Ⅰ】は、新潟県を中心に語られていたとされる昔話の要約箇所であり、【文章Ⅱ】は、『宇治拾遺物語』に収録されている説話のうち、【文章Ⅰ】の第二段落部分と対応する箇所である。これらを読んで後の問いに答えよ。なお、各設問では二人の爺《じい》さ（翁《おきな》）をそれぞれ「右の頬に瘤《こぶ》のある爺さ」「隣の爺さ」と表記する。また、本文中の読み仮名は現代仮名遣いで示しており、設問の都合上、本文の一部を省略・改変した。**

【文章Ⅰ】

昔、あったてんがな。右の頬に瘤のある爺さがいた。ある日、焼飯を持って※1茅《かや》刈りに行った。すると黒雲が出て夕立が降って来たので、木の洞穴《ほらあな》に入って休んだ。爺さが目をさますと、夜中で騒ぐ音がする。覗《のぞ》いうな都市計画や文化施策といったものと並列する形で提案されることで、くしくも千葉の言う「ノリ」からの脱却も同時に行おうとしており、ある意味で矛盾をはらんだ提案とも言えるが、それこそが現代の抱える問題を解決する。

ウ　宇野が言う「オリンピックの破壊」とは、「オルタナティブ・オリンピック・プロジェクト」の中ではあくまで仕掛けとして機能している遊び要素的なものである。それは千葉の言う「環境」や「ノリ」を補強していくような言葉遊びとしての側面を持っており、提示されることによって、オリンピックが行われるという「環境」に対して各人がそれぞれ考えを持つようになり、結果として良いオリンピックが行える可能性を生むのである。

エ　宇野が言う「オリンピックの破壊」とは、新国立競技場に代表されるような、テロの標的となるような事物自体の破壊を意味している。テロの標的となるようなものは、千葉の言う「環境」や「ノリ」を壊そうとする勢力の格好の対象物となるのであり、そのことを理解せずに大々的なものを作って満足しているだけでは、本当にオリンピックは破壊されてしまうのであり、それを防ぐためにも「オルタナティブ・オリンピック・プロジェクト」が必要である。

問9　K高校を受験した久米さんは、国語の問題で出題された文章の筆者である千葉雅也に興味を持ち、家に帰って筆者のTwitter（SNSの一種）を見てみた。そこで目に留まったのが、次の投稿（２０１３年７月３日のもの）である。

千葉雅也　@××××××　○○時間

勉強が嫌い、というのは、自分を変えたくないということだと思う。そして勉強嫌いが多いのは、今の自分でまあいいかという人が多いからだろう。別人のように変わることは、恐ろしいことなのだろう。勉強することは、変身の恐ろしさのまっただ中にダイブすることだ。

H

#◇◇◇◇◇　#△△△△△

◎8　↑↓201　☆543

これを読んだ久米さんは、下線部H「変身の恐ろしさのまっただ中にダイブする」という言葉の意味するところについて、【文章Ⅰ】を参考にして短いエッセイを書いた。その内容と推測できるものとして最も適切なものを一つ選べ。

ア　千葉は【文章Ⅰ】で、勉強とは言語偏重になることだ、と述べてのを一つ選べ。

ア　E：大胆に　　F：積極的である

イ　E：冷静に　　F：沈思黙考している

ウ　E：退いて　　F：距離をとっている

エ　E：脇に置いて　F：足元を固めている

問6　傍線部G「玩具的な言語使用」についての説明として不適切なものを二つ選べ。ただし解答の順序は問わない。

ア　たとえば、ある物事について、魅力を感じているということを共感し合い、透明な言葉を通じてつながりを確かめ合っている場で、会話の流れを止めるような具体的な理由を詳細に語り出すことは、場違いな発言をしているという点において、「玩具的な言語使用」にあたる。

イ　たとえば、ある目標を達成するためにするべきアクションについての意見交換をしている状況で、目指されてきた目標それ自体の意味を問い直すような発言をすることが「玩具的な言語使用」であり、そうするからこそコミュニケーションは透明になり、円滑にアクションへと移行していくことができる。

ウ　「玩具的な言語使用」とは、たとえば、議論の流れを遮ったり異論を唱えたりすることを控える空気のなかでスムーズに結論が導き出された場において、それまでの議論をあえて振り出しに戻す発言をするようなことであり、それは不透明な言葉を場に投じることになるが、新たな結論を引き出す可能性を秘めている。

エ　ある環境の外部へ出て自由になるためには、そのための行動を起こす前に、その環境のなかで刷り込まれてきた自分の思考や反応のパターンを客観視せねばならないが、そこで必要となるのは、普段よくわかっているつもりになっている言葉をよくわからないものとして扱う「玩具的な言語使用」に重点を置く「もう一人の自分」である。

オ　「玩具」についての一定のルールを共通認識として持つからこそ、それを用いた遊びが成立するように、言葉を不透明なものとして意識し合うという前提を共有して互いにコミュニケーションをはかることが、言葉遊びとしての「玩具的な言語使用」であり、そのような遊戯性を伴う深い勉強こそ、現実とは別の新たな可能性を開いていく。

問7　傍線部1～4のうち、原文では「わざとらしく」だった箇所が一つ以上ある。その箇所を最も適切に指摘したものを一つ選べ。

ア　2と3　**イ**　3のみ　**ウ**　4のみ　**エ**　1と2と4

問8　**【文章Ⅱ】**で語られている「オリンピックの破壊」について、**【文章Ⅰ】**を参照して説明したものとして最も適切なものを一つ選べ。

ア　宇野が言う「オリンピックの破壊」とは、新国立競技場に象徴されるような、私達の思考を現実から遮断する壁の破壊を意味している。その壁とは、千葉の言う「環境」や「ノリ」という言葉に代替されるように、目に見えない形で私達を取り巻いているものであり、それに対して自覚的になることこそが、宇野の言う「オルタナティブ・オリンピック・プロジェクト」において重要となる。

イ　宇野が言う「オリンピックの破壊」とは、「オルタナティブ・オリンピック・プロジェクト」の一環として行われるべきとされていることである。それは千葉の言う「環境」や「ノリ」に相当するよ局、どういう状態に「なってしまっている」ということなの?

遠藤さん：じゃあ一緒に考えてみよう。ある環境において、そこには多かれ少なかれ価値規範が存在しているよね。

上田さん：例えば学校では校則があるみたいに?

遠藤さん：大枠としてはそういうこと。で、そこに「ノリ」を持ち込むと……。

上田さん：校則は絶対に遵守すべき、ということになる。

遠藤さん：そう、校則を破るなんてありえない、という風に。

上田さん：そっか、そういう人ばかりだと、校則は絶対に変わらないもの、になる……。

遠藤さん：当人たちはそれでいいのかもしれない。だって環境の価値規範を［　　］しているんだから。でも……。

上田さん：そこには、価値規範に対する盲目的な追従があるってことか！

遠藤さん：そういう状態から目を覚ませ、と【文章Ⅰ】は言っているんじゃないかな。そして「その環境のそういうノリの人になってしまっている」、「ノリ」を［　　］している自分に気付くことが、目を覚ますための第一歩なんだよ。

ア　内面化　**イ**　表面化　**ウ**　形式化　**エ**　分散化

問3　次に示すのは、傍線部C「環境の問題点を批判し、改善の努力をするにせよ、あるいは、気持ちを切り替えて別の環境へ逃げてしまうにせよ」についての会話内容である。これを読み、空欄に入る発言として最も適切なものを一つ選べ。

大岡さん：「改善の努力をする」ことと、「別の環境へ逃げてしまう」ことは、一見正反対の行動だよね。

梶井さん：そうだね。一方は今の環境に留まろうとしているし、他方は離れようとしている。

菊池さん：確かに一見すると違う。けれども、どちらの場合も［　　　　］。

ア　環境という他者に対して、なんとなく否定するのではなく、しっかりとした否定すべき根拠を持つ形で批判意識を持たなければならないよね

イ　環境が変わることは、自分にとって良いことばかりではなく悪い影響をもたらす可能性もあるということを理解しておかないと危険だよね

ウ　環境から簡単に逃げ出すのではなく、それと真摯《しんし》に向き合うことで本当に良い環境へと改良することを目指さなければだめだよね

エ　環境を批判する主体としての当の自分自身が、その環境によってつくられた存在であるということに気付く必要があるよね

問4　傍線部D「ノリに逆らうやり方のノリ」についての説明として最も適切なものを一つ選べ。

ア　自分のノリが批判されると、いつもそれに逆らってしまう

イ　抵抗することが定型化されたやり方で行われてしまっている

ウ　ネガティブな反応を繰り返すことで、環境を突き放してしまう

エ　批判することが、自分自身を否定することにつながってしまっている

問5　空欄［E］、［F］に入る言葉の組み合わせとして最も適切なも

を変えたいのなら、むしろ僕たちはあの巨大建築が象徴するものを、この社会を覆う見えない壁のようなものを破壊しなければいけない。オリンピックも新国立競技場も象徴に過ぎない。これらはこの平成という失われた30年で事実上二流国に転落し、そしてその現実から目をそらし続けるこの国の、表面だけを辛うじて取り繕ったハリボテのようなこの国の象徴に過ぎない。

だから僕たちが破壊しなければならないのは、この2回目の（茶番としての）オリンピックそのものではない。こうした茶番を反復して再生産する目に見えない力の源を、僕らの思考を現実から遮断《しゃだん》する目に見えない壁を僕たちは破壊しなければいけないのだ。

※3 『PLANETS vol.9』――宇野常寛が責任編集をつとめる総合批評誌。

問1 次に示すのは、傍線部A「生活の別の可能性を開く」についての会話内容である。【文章Ⅰ】を参照し、空欄 a 、 b に入る発言として最も適切なものをそれぞれ一つずつ選べ。

芥川さん：「生活の別の可能性を開く」って言っているけど、どういうふうにすればいいんだろう？

井上さん：［ a ］

芥川さん：うーん、なんだかそれだとダメな気がするんだよなぁ。なんというか、根本的ではないというか。［ b ］が必要なんじゃないか。そういうことを通じてこそ、「生活の別の可能性を開く」ことが可能になるんじゃないかな。

a

ア 簡単だよ。新しい環境にチャレンジしてみることさ。どうしても一歩目が踏み出せなかったことに取り組んでみたり、遠慮や謙遜《けんそん》で挑めていなかった場所に行ってみたりすること。そうすれば自ずと別の可能性は開けるよね。

イ 簡単なようで難しそうだね。そもそも別の可能性を開きたい時、というのは辛い環境に身を置いている時が多いと思う。でもその「身を置けている」ということ自体を疑問視する必要があるんだと思う。

ウ 難しいね。ありえたかもしれない現在の自分を想定してみるというのはどうだろう。つまり、現在の環境に身を置いていることは必然的なことではないと理解する。

エ 難しくて考えたくないけど、別の可能性を開く主体は自分自身なわけだから、そういう現在の自分自身と環境の関係を見つめなおすことが求められている気がする。

b

ア 周囲から反感を買うことを恐れず、場になじまない言葉づかいをしてみること

イ 言語を操る上で、その不透明さを解消し、透明にしていこうとすること

ウ 言葉を上手に使って、適切な表現ができるように常に心がけること

エ 言葉に頼らず、とにかくまずは行動してみること

問2 次に示すのは、傍線部B「その環境のそういうノリの人になってしまっている」についての会話内容である。これを読み、二つの空欄に共通して入る言葉として最も適切なものを一つ選べ。

上田さん：なんか、わかるようでわからないんだよなぁ。これは結

それは、言葉を言葉として意識している自分です。

通常は、言葉を言葉として意識していない言語使用がメインです。すなわち、言語が透明な道具として目的的に使われている状態、「道具的な言語使用」であり、それが、あなたと環境の癒着を見えなくさせています。環境において[2]しっかり「地に足が着いた」言葉づかいができているとき、私たちはいちいち「足もと」を確認しなくても、スムーズに行為できます。しかし本書では、あえてスムーズに行為できなくなるリスクをとって、足もとを確認せよ、分析せよ、と求めているのです。

自由になる、つまり、環境の外部＝可能性の空間を開くには、「道具的な言語使用」のウェイトを減らし、言葉を言葉として、不透明なものとして意識する「[G]玩具的な言語使用」にウェイトを移す必要がある。

言語をそれ自体として操作する自分、それこそが、脱環境的な、脱洗脳的な、もう一人の自分である。言語への「わざとの意識」をもつことで、そのような第二の自分を生成する。

地に足が着いていない浮いた言語をおもちゃのように使う、それが自由の条件である。

言語は、現実から切り離された可能性の世界を展開できるのです。その力を意識する。

[3]いつもどおり言語に関わる。要するに、言葉遊び的になる。

このことを僕は、「言語偏重」になる、と言い表したい。自分のあり方が、言語それ自体の次元に偏っていて、言語が行為を上回っている人になるということです。それは言い換えれば、言葉遊び的な態度で言語に関わるという意識を[4]つねにもつことなのです。

深く勉強するとは、言語偏重の人になることである。

言語偏重の人、それは、その場にいながらもどこかに浮いているような、ノリの悪い語りをする人である。あえてノリが悪い語りの方へ。あるいは、場違いな言葉遊びの方へ。

勉強はそのように、言語偏重の方向へ行くことで、深まるのです。

ラディカル・ラーニングとは、言語偏重になり、言葉遊びの力を解放することである。

※1　マソヒズム――相手から苦痛を与えられることにより満足を得ること。

※2　ゲイ――主として男性の同性愛。

【文章Ⅱ】

僕と仲間たちが提案した２０２０年東京オリンピックの対案――※3『PLANETS vol.9』の「オルタナティブ・オリンピック・プロジェクト」――にはちょっとした仕掛けのようなものが仕込んであった。この本はA（Alternative＝実施対案）、B（Blueprint＝都市計画の青写真）、C（Culture＝文化施策）という三つの計画から成る理想の東京オリンピックの企画書だった。しかし実は巻末に四つ目の計画「D」が存在する。この「D」とは「Destroy」つまり「破壊」のDだ。「オリンピック破壊計画」と題したそれは、体裁としては想定される東京オリンピックへのテロ対策を考えたものだったが、事実上は破壊計画のシミュレーションだった。僕はずっと、このオリンピックは破壊されるべきなのだと、考えているのだ。

もちろん、本当に新国立競技場を破壊しても意味がない。本当に世界

【国　語】（五〇分）〈満点：一〇〇点〉

一　次の【文章Ⅰ】（千葉雅也『勉強の哲学』）、【文章Ⅱ】（宇野常寛『遅いインターネット』）を読み、後の問いに答えよ。なお、設問の都合上、本文の一部を省略・改変した。

【文章Ⅰ】

A生活の別の可能性を開く。そのためのアクションを起こす前に、慎重に立ち止まって、環境と自分のこれまでの癒着《ゆちゃく》がどうなっているかを分析してほしいのです。

私たちは、Bその環境のそういうノリの人になってしまっている。

ところで、環境を、敵視するほど嫌っているとしたらどうでしょう？

つらい環境には、自分に耐えられる限度を超えた苦痛があるのかもしれません。が、そうだとしても同時に、ぎりぎり生きていられているのであれば、自分はそこで最低限にでもマゾヒズム※1を働かせているはずです。なぜなら、1ひたすら苦痛だけを感じ続けて生きることはできないからです。なんとか苦痛をやりすごせるよう、「痛気持ちいい」という矛盾した状態を成立させている。苦痛からちょっとでも快楽を得ようとしている。

この考え方は、レオ・ベルサーニという、精神分析学やゲイ文化※2の研究をしている人から借りています。ベルサーニは、人間の根本にはマゾヒズムがあると考えている。

どんなにつらい環境でも、自分にはそのノリと癒着してしまっている面がある。

C環境の問題点を批判し、改善の努力をするにせよ、あるいは、気持ちを切り替えて別の環境へ逃げてしまうにせよ、そうしたアクションは、環境と癒着してしまっている自分のあり方を解体しつつでなければ、結局、その改善したい／脱出したい環境に癒着した自分を、いつまでも引きずることになってしまう。たとえどこかへ逃げ出しても、自分の意に反して自分に残存している悪しき環境のノリを、せっかくの新天地で再現してしまうことになります。

どんなに批判意識を高めても、そのつらい環境のノリがマゾヒズム的に自分に刻み込まれているという事実を自覚しなければ、その環境をさらに保守することになってしまいます。

さらには、批判や疎外感といったネガティブな反応自体が一定のノリでパターン化されている、つまり「Dノリに逆らうやり方のノリ」が形成されていることがしばしばある。ノリに逆らうつもりでとっていた態度が、いつしか対抗的なもうひとつのノリになってしまい、突き離したいはずのその環境と結局は共に生きることになってしまっている、という状態。

では、どうすれば、環境と自分のこれまでの癒着にメスを入れられるのか？

そのためには、ノっている――たとえ環境に批判的であっても、「批判的にノっている」ような――自分を［E］客観視するのです。その場にいながら［F］、「もう一人の自分」というポジションを設定する。

2022年度

解　答　と　解　説

《2022年度の配点は解答欄に掲載してあります。》

＜数学解答＞

Ⅰ　(1)　ア　2　イ　4　(2)　ウ　6　エ　4　(3)　オ　2　カ　4
(4)　キ　5　ク　1　ケ　2　(5)　コ　1　サ　2　シ　1　ス　5　セ　1
ソ　4

Ⅱ　(1)　ア　5　イ　9　(2)　ウ　9　エ　5　オ　5　カ　9
(3)　キ　5　ク　4　ケ　9　コ　1

Ⅲ　(1)　ア　1　イ　6　(2)　ウ　5　エ　9　(3)　オ　4　カ　9

Ⅳ　(1)　ア　3　イ　0　ウ　1　(2)　エ　1　オ　6　カ　6　キ　3
(3)　ク　2　ケ　8　(4)　コ　3　サ　2　(5)　シ　3　ス　7　セ　4
ソ　9　タ　6　チ　1

Ⅴ　(1)　半径　6，解説参照　(2)　道のり　π，解説参照
(3)　長さ　$3\sqrt{6}$，面積　$9(3+\sqrt{3})$，解説参照

○配点○
Ⅰ　各5点×6　Ⅱ　各5点×3　Ⅲ　各5点×3　Ⅳ　(1)～(4)　各3点×5
(5)　5点(完答)　Ⅴ　各5点×4　計100点

＜数学解説＞

Ⅰ　(2次方程式，平方根，式の計算，確率，円と面積)

基本　(1)　$(x-2)^2-2x+4=0$　$(x-2)^2-2(x-2)=0$　ここで$X=x-2$とおくと$X^2-2X=0$　$X(X-2)=0$　おきもどして，$(x-2)\{(x-2)-2\}=0$　$(x-2)(x-4)=0$　$x=2,\ 4$

基本　(2)　$6\leqq\sqrt{a}<10$より，$\sqrt{36}\leqq\sqrt{a}<\sqrt{100}$　このとき，$36\leqq a<100$となり，36以上100未満となる自然数aは64個ある。

(3)　$\dfrac{a}{3}=\dfrac{b}{4}=k$($k$は定数)とすると，$a=3k$…①，$b=4k$…②と表せる。$a+b=42$に①，②を代入して$3k+4k=42$　$7k=42$　$k=6$　よって，$k=6$を②に代入して，$b=4\times6=24$

重要　(4)　2個のさいころの目の和でつくれる素数は2，3，5，7，11である。ここで，大きいさいころの出た目をa，小さいさいころの出た目をbとし，2個のさいころを同時に投げた結果を$(a,\ b)$のように表すと，出た目の和が2となるのは(1，1)の1通り。3となるのは(1，2)，(2，1)の2通り。5となるのは(1，4)，(2，3)，(3，2)，(4，1)の4通り。7となるのは(1，6)，(2，5)，(3，4)，(4，3)，(5，2)，(6，1)の6通り。11となるのは(5，6)，(6，5)の2通り。さらに，2つのさいころを同時に投げた結果は全部で$6\times6=36$(通り)なので，2個のさいころを同時に投げるとき，出た目の和が素数になる確率は$\dfrac{1+2+4+6+2}{36}=\dfrac{15}{36}=\dfrac{5}{12}$

重要　(5)　$\angle BAC=90^\circ$の直角三角形ABCにおいて，三平方の定理により$AC^2=BC^2-AB^2=13^2-5^2=169-25=144=12^2$　よって，AC＝12(cm)　また，図のように，円Oの中心が動いてできる図形と

三角形の辺で囲まれた部分の面積は，辺AB，BC，CAをそれぞれ一辺にもつ長方形の面積と半径$\frac{1}{2}$の円の面積の和に等しい。よって，$\frac{1}{2}\times(5+12+13)+\frac{1}{2}\times\frac{1}{2}\times\pi=\frac{1}{2}\times30+\frac{1}{4}\pi=15+\frac{1}{4}\pi$

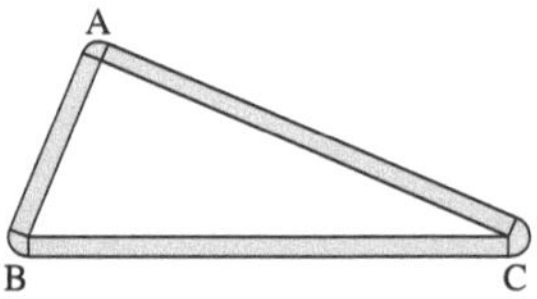

Ⅱ （2次関数と図形）

基本 (1)　A(3，9)とD(7，9)はy座標が共通なので，正方形ABCDの辺ADの長さはx座標の差に等しく　AD＝7－3＝4　このとき，正方形ABCDの辺ABの長さも4となるので，Bの座標はAをy軸の負の方向に4だけ平行移動したB(3，5)となる。ここで，放物線$y=ax^2$…①がB(3，5)を通るので，$y=ax^2$に$x=3$，$y=5$を代入して$5=a\times3^2$　$9a=5$　$a=\frac{5}{9}$

重要 (2)　直線ADの式は$y=9$なので，$y=\frac{5}{9}x^2$と$y=9$を連立方程式とみてyを消去し，$9=\frac{5}{9}x^2$　両辺を9倍して$81=5x^2$　$x^2=\frac{81}{5}$　$x=\pm\frac{9}{\sqrt{5}}$　$x=\pm\frac{9\sqrt{5}}{5}$　このとき，放物線①と辺ADの交点のx座標は正の値になるので，①と辺ADの交点の座標は$\left(\frac{9\sqrt{5}}{5},\ 9\right)$

やや難 (3)　グラフより，放物線$y=ax^2$…①のグラフの開き方が最も小さいのは点Aを通るときで，最も大きいのは点Cを通るときとなる。ここで，放物線$y=ax^2$…①がA(3，9)を通るとき，$y=ax^2$に$x=3$，$y=9$を代入すると$9=a\times3^2$　$9a=9$　$a=1$　また，放物線$y=ax^2$…①がC(7，5)を通るとき，$y=ax^2$に$x=7$，$y=5$を代入して$5=a\times7^2$　$49a=5$　$a=\frac{5}{49}$　よって，放物線①が$x>0$，$y>0$の範囲で正方形ABCDと共有点をもつためのaの値の範囲は$\frac{5}{49}\leqq a\leqq1$

Ⅲ （確率）

基本 (1)　1以上6以下の自然数a，bについて，1回目の操作で出たさいころの目をa，2回目の操作で出たさいころの目をbとし，2回の操作の目の出方を$(a,\ b)$のように表す。ここで，さいころを2回投げて，表のカードを6枚とするには，1回目の操作で裏にしたカードを2回目の操作で表にもどさなければならず，そのためには$a=b$とならなければならない。このとき，さいころの目の出方は(1，1)，(2，2)，(3，3)，(4，4)，(5，5)，(6，6)の6通りとなり，さらに，さいころを2回投げたときの目の出方は6×6＝36(通り)なので，さいころを2回投げて，表のカードが6枚である確率は$\frac{6}{36}=\frac{1}{6}$

重要 (2)　1以上6以下の自然数a，b，cについて，1回目の操作で出たさいころの目をa，2回目の操作で出たさいころの目をb，3回目の操作で出たさいころの目をcとする。ここで，さいころを3回投げて，表のカードを3枚とするには，1回目，2回目，3回目のすべての操作で異なるカードを裏にしなければならず，そのためにはa，b，cがすべて異なる値とならなければならない。したがって，aは6通り，bはaで出なかった残りの5通り，cはa，bで出なかった残りの4通りとなり，全部で6×5×4＝120(通り)　また，さいころを3回投げたときの目の出方は6×6×6＝216(通り)なので，さいころを3回投げて，表のカードが3枚である確率は$\frac{120}{216}=\frac{5}{9}$

やや難 (3)　(2)と同様に，1回目の操作で出たさいころの目をa，2回目の操作で出たさいころの目をb，3回目の操作で出たさいころの目をcとする。ここで，さいころを3回投げて，表のカードを5枚とするには，1回裏にしたカードを表にもどす操作と，その操作を行ったのとは異なるカードを裏にする操作が必要となる。したがって，$a=b\neq c$，$a=c\neq b$，$b=c\neq a$の3通りを考えなければならない。$a=b\neq c$のとき，1枚目の選び方が6通り。2枚目で1枚目と同じカードを引くので1通り。3枚目の選び方が6通り。全部で$6\times1\times6=36$(通り)　$a=c\neq b$のとき，1枚目の選び方が6通り。2枚目で1枚目と違うカードを引くので5通り。3枚目は1枚目と同じカードを引くので1通り。全部で$6\times5\times1=30$(通り)　$b=c\neq a$のとき，1枚目の選び方が6通り。2枚目で1枚目と違うカードを引くので5通り。3枚目は2枚目と同じカードを引くので1通り。全部で$6\times5\times1=30$(通り)　よって，3つの場合の数の合計は$36+60=96$(通り)　また，さいころを3回投げたときの目の出方は$6\times6\times6=216$(通り)となるので，さいころを3回投げて，表のカードが5枚である確率は$\frac{96}{216}=\frac{4}{9}$

Ⅳ　**(四進法，六進法，整数の性質)**

基本　(1)　$49=16a+4b+c=4^2a+4b+c$となるa，b，cは，49に16，4，1がいくつずつ含まれているかを示す数と考えられるので，わり算で調べると，$49\div16=3\cdots1$より，$49=16\times3+4\times0+1$　よって，49=【3，0，1】

重要　(2)　【a，b，c】において，$1\leqq a\leqq3$，$0\leqq b\leqq3$，$0\leqq c\leqq3$より，【a，b，c】の値が最小となるのは$a=1$，$b=0$，$c=0$のときであり，【1，0，0】$=16\times1+4\times0+0=16$より，【a，b，c】の最小値は16　また，【a，b，c】の値が最大となるのは$a=3$，$b=3$，$c=3$のときであり，【3，3，3】$=16\times3+4\times3+3=63$より，【a，b，c】の最大値は63　よって，【a，b，c】の形で表すことのできる数は16から63までの自然数となる。

重要　(3)　(2)と同様にして，《p，q，r》において，$1\leqq p\leqq5$，$0\leqq q\leqq5$，$0\leqq r\leqq5$より，《p，q，r》の値が最小となるのは$p=1$，$q=0$，$r=0$のときであり，《1，0，0》$=36\times1+6\times0+0=36$より，《p，q，r》の最小値は36　また，《p，q，r》の値が最大となるのは$a=5$，$b=5$，$c=5$のときなので，《5，5，5》$=36\times5+6\times5+5=215$より，《$p$，$q$，$r$》の最大値は215　このとき，《$p$，$q$，$r$》の形で表すことのできる数は36から215までの自然数となる。よって，【a，b，c】，《p，q，r》のいずれの形でも表すことのできるのは36以上63以下の自然数となり，$63-36+1=28$より28個ある。

(4)　【a，b，1】=《p，q，1》が成り立つとき，$16a+4b+1=36p+6q+1$　$16a+4b=36p+6q$　両辺を2でわって$8a+2b=18p+3q$　$2(4a+b)=3(6p+q)$　さらに$6p+q\neq0$より，両辺を$2(6p+q)$でわって$\frac{4a+b}{6p+q}=\frac{3}{2}$　よって，$4a+b$は3の倍数で，$6p+q$は2の倍数となる。

やや難　(5)　(4)より，【a，b，1】=《p，q，1》が成り立つとき，$\frac{4a+b}{6p+q}=\frac{3}{2}$となることから，$6p+q=\frac{2}{3}(4a+b)\cdots$①　また，$1\leqq p\leqq5$，$0\leqq q\leqq5$より，$6\leqq6p+q\leqq35\cdots$②　さらに，(4)より，【$a$，$b$，1】=《$p$，$q$，1》が成り立つとき，$4a+b$は3の倍数となるので，$4a+b=3a+(a+b)$より，$4a+b$が3の倍数であるならば，$a+b$も3の倍数となる。ここで，$a$，$b$の組を$(a, b)$と表すと，$1\leqq a\leqq3$，$0\leqq b\leqq3$より，$a+b$が3の倍数となるのは$(a, b)=(1, 2)$，$(2, 1)$，$(3, 0)$，$(3, 3)$のときである。$(a, b)=(1, 2)$のとき，$4a+b=4\times1+2=6$となり，①より$6p+q=4$となるが，これは②を満たさない。$(a, b)=(2, 1)$のとき，$4\times2+1=9$となるので，①より$6p+q=6$となり，これは②を満たす。$(a, b)=(3, 0)$のとき，$4\times3+0=12$となるので，①より$6p+q=8$となり，これは②を満たす。$(a, b)=(3, 3)$のとき，$4\times3+3=15$となるので，①より$6p+q=10$となり，これは②を満たす。よって，$(a, b)=(2, 1)$のとき，【$a$，$b$，1】$=16\times2+4\times1+1=37$　$(a, b)=(3, 0)$のとき，【a，b，1】$=16\times3+4\times0+1=49$　$(a, b)=(3, 3)$のとき，【a，b，1】$=16\times3+4\times3+1=61$となるので，【a，b，1】=《p，q，1》が成り立つような自然数は，小さい順に37，

49，61の3個となる。

やや難 V （円と角）

(1)　中心Oから線分BCに下した垂線をOHとすると，△BHOと△CHOにおいて，同じ円の半径なのでOB＝OC…①　共通な辺なのでOH＝OH…②　∠BHO＝∠CHO＝90°…③　このとき，①，②，③より，直角三角形の斜辺と他の1辺がそれぞれ等しいので△BHO≡△CHO　よって，∠BOH＝∠COH　ここで，円周角の定理により∠BOC＝2×∠BAC＝2×60°＝120°なので，∠BOH＝∠BOC÷2＝120°÷2＝60°　このとき，直角三角形BHOにおいて，∠BHO＝90°，∠BOH＝60°となるので，OH：OB：BH＝1：2：$\sqrt{3}$　さらに，BH＝BC÷2＝$6\sqrt{3}\div2=3\sqrt{3}$となるので，OB：BH＝OB：$3\sqrt{3}=2:\sqrt{3}$　$\sqrt{3}\times\mathrm{OB}=3\sqrt{3}\times2$　OB＝6　よって，円の半径は6cm

(2)　∠ABT＝75°となるときの点Aの位置をA_{75}，∠ABT＝90°となるときの点Aの位置をA_{90}とすると，$\angle\mathrm{A}_{75}\mathrm{BA}_{90}=\angle\mathrm{A}_{90}\mathrm{BT}-\angle\mathrm{A}_{75}\mathrm{BT}=90^\circ-75^\circ=15^\circ$　このとき，円周角の定理より，$\angle\mathrm{A}_{75}\mathrm{OA}_{90}=2\times\angle\mathrm{A}_{75}\mathrm{BA}_{90}=2\times15^\circ=30^\circ$　よって，円周上を点AがA_{75}からA_{90}まで動いた道のりは，$6\times2\times\pi\times\dfrac{30^\circ}{360^\circ}=12\pi\times\dfrac{1}{12}=\pi$（cm）

(3)　点Cから線分ABに下した垂線をCDとすると，∠ADC＝90°　さらに，∠DAC＝∠BAC＝60°より，∠ACD＝180°－∠ADC－∠DAC＝180°－90°－60°＝30°となり，△ADCにおいて，AC：AD：CD＝2：1：$\sqrt{3}$…①　また，円の弦とその弦の一端を通る接線のつくる角は，その角の内部にある弧の円周角と等しい（接弦定理）ので，∠ABT＝∠ACB＝75°となり，∠DCB＝∠ACB－∠ACD＝75°－30°＝45°　さらに，∠DBC＝180°－∠BDC－∠DCB＝180°－90°－45°＝45°となり，△BDCにおいて，BD：CD：BC＝1：1：$\sqrt{2}$…②　このとき，BC＝$6\sqrt{3}$より，CD：BC＝CD：$6\sqrt{3}=1:\sqrt{2}$となるので，$\sqrt{2}\times\mathrm{CD}=6\sqrt{3}\times1$　CD＝$6\sqrt{3}\div\sqrt{2}=3\sqrt{6}$　さらに，②より，BD＝CD＝$3\sqrt{6}$　ここで，①より，AD：CD＝AD：$3\sqrt{6}=1:\sqrt{3}$となるので，$\mathrm{AD}\times\sqrt{3}=3\sqrt{6}\times1$　AD＝$3\sqrt{6}\div\sqrt{3}=3\sqrt{2}$　このとき，AB＝AD＋BD＝$3\sqrt{2}+3\sqrt{6}$となり，△ABC＝AB×CD÷2＝$(3\sqrt{2}+3\sqrt{6})\times3\sqrt{6}\div2=(18\sqrt{3}+54)\div2=9\sqrt{3}+27=9(\sqrt{3}+3)=9(3+\sqrt{3})$（cm²）　よって，CDの長さは$3\sqrt{6}$cm，△ABCの面積は$9(3+\sqrt{3})$（cm²）

★ワンポイントアドバイス★

整数問題，n進法，図形などの定理，確率，統計など，様々な数学的題材に興味を持ち，知識を広げよう。そのためにも数学関連の書籍や情報に積極的に接するようにしよう。教科書にとらわれない豊富な知識が自らを助けることになる。

＜英語解答＞

1　1 ウ　2 ア　3 ウ　4 ウ　5 ア

2　1 3番目 オ　6番目 イ　2 3番目 キ　6番目 ア
3 3番目 ア　6番目 オ　4 3番目 オ　6番目 ウ

3　1 I have got a cold, so I can't go (out) with you today. [I can't go with you, because I have got a cold.]　2 I can't play the guitar as well as her[she]. [I can't play the guitar better than her.]　3 Do you know where the museum is ?　4 The day before yesterday, he looked [seemed] tired.

[4]　1　ア　2　イ　3　エ

[5]　ア・カ・キ

[6]　1　ウ　2　A　キ　B　エ　3　ウ　4　ウ　5　ウ　6　ウ　7　ウ　8　ウ
9　イ　10　ア・オ・キ

○配点○

[1]　各2点×5　[2]　各3点×4　[3]　各4点×4　[4]　各2点×3　[5]　各3点×3
[6]　2　3点(完答)　他　各4点×11　計100点

＜英語解説＞

[1]　(リスニング問題)

1. A：Should I take my umbrella with me?
   B：I'm not sure. I see some clouds over the mountains.
   A：Let's check the forecast online. Where's your smartphone?
   B：It's on the shelf in the living room. Thanks, it's a good idea.
   Question：What are the speakers talking about?
   a. The man's lost smartphone.
   b. The man's lost umbrella.
   c. The weather.
   d. The picnic.
2. A：Hi, Yoko, did you finish your homework?
   B：Not yet. I'm still working on it.
   A：The dinner will be ready soon.
   B：Ok, I'll finish it in a minute.
   Question：What will Yoko do after this conversation?
   a. She will do her homework.
   b. She will prepare the dinner.
   c. She will finish the dinner.
   d. She will go back home soon.
3. A：Kyoko, could you buy the tickets for tomorrow's movies for all of us?
   B：Sure, Jim. Who else is coming with us?
   A：Kim and Jose.
   B：I think Jose has already bought his own ticket.
   A：Yes. We don't need to get one for him.
   Question：How many tickets should Kyoko buy?
   a. 1.　b. 2.　c. 3.　d. 4.
4. A：How about going to Kinjo Festival this weekend?
   B：That sounds good, but I heard many festivals are canceled this year.
   A：So, let me check the website to see if we can join the festival or not.
   B：Well…they ask us not to come to the school this year.
   A：That's too bad. I really wanted to enjoy it.

B：But it says we can see on-line contents on the website.

Question：What are they going to do?

a. They are going to visit Kinjo High School.

b. They are going to try to find another school online.

c. They are going to enjoy the festival on the Internet.

d. They are going to cancel the tickets for the festival.

5. A：Hi, John, you are going to join the soccer club, aren't you?

B：Well, to tell the truth, I'm not thinking of a sports club.

A：Really? I heard the girl you've talked about has become a manager of the soccer club.

B：Oh, if so, I'll change my mind.

Question：What will John probably do?

a. He will be a member of the soccer club.

b. He will meet a girl who is a manager of the soccer club.

c. He will belong to a culture club.

d. He will give up playing in the sports club.

1. A：僕は傘を持っていくべきかな。

B：わからないわ。私は山の上に雲を見たわ。

A：オンラインで天気予報を調べよう。君のスマートフォンはどこだい。

B：それは居間の本棚の上にあるわ。ありがとう，良い考えね。

問　話し手たちは何について話しているのか。

ウ．天気。

2. A：やあ，ヨウコ，君は君の宿題を終えたかい。

B：まだよ。私はまだそれに取り組んでいるの。

A：もうすぐ夕飯が準備できるよ。

B：わかったわ，私はすぐにそれを終らせるつもりよ。

問　この会話の後，ヨウコは何をするつもりか。

ア．彼女は彼女の宿題をするつもりだ。

3. A：キョウコ，僕たちみんなのために明日の映画のチケットを買ってくれますか。

B：良いわよ，ジム。他の誰が私たちと一緒に来る予定なの。

A：キムとジョセだよ。

B：ジョセはもう彼自身のチケットを買ってしまった，と私は思うわ。

A：そう。僕たちは彼のそれを手に入れる必要はないな。

問　キョウコは何枚のチケットを買うべきか。

ウ．3枚。

4. A：今週末に錦城祭へ行くのはどうですか。

B：それは良さそうですが，今年はたくさんのお祭りが中止される，と私は聞きました。

A：だから，私たちがそのお祭りに参加することができるかどうか見るために，私にウエブサイトを調べさせてください。

B：ええと…。彼らは今年は学校へ来ないように頼んでいます。

A：それは残念です。私は本当にそれに参加したかったのです。

B：でも，私たちはウェブサイトでオンライン競技を見ることができる，とそれに書いてあります。

問　彼らは何をするつもりか。

ウ．彼らはインターネットでそのお祭りを楽しむつもりだ。

5．A：あら，ジョン，あなたはサッカー部に入るつもりなのよね。

B：そうだね，実を言えば，僕は運動部のことを考えていないんだ。

A：本当に。あなたが話した女の子はサッカー部のマネージャーになった，と聞いたわ。

B：ああ，もしそうなら，話は別だな。

問　ジョンはおそらくどうするつもりか。

ア．彼はサッカー部の一員になるつもりだ。

2　（語句整序：助動詞，文型，語彙，受動態，分詞，現在完了，関係代名詞）

基本　1．Could you tell me the way to the station(?)　「私に駅への道を教えてくださいますか」〈Could you ＋動詞の原形？〉の形で「～していただけますか」という丁寧な依頼・要請を表す。tell は〈動詞＋人＋物〉という文型を作る。the way to ～ で「～への道」の意味。

やや難　2．(He) is known to all the people living in this town(.)　「彼はこの町に住んでいる全ての人々に知られている」 be known to ～ は「～に知られている」の意味。the people を修飾する現在分詞 living を使った文。現在分詞 living は単独ではなく関連する語句 in this town を伴っているので the people の直後に置く。

3．(I) have never read such an interesting book(.)　「私はこんなに面白い本を読んだことがない」 never 「1度も～ない」は〈have[has]＋動詞の過去分詞形〉の形をとる現在完了の経験用法で動詞の直前に置いて使われる。such と冠詞(a・an・the)を共に用いるときは〈such ＋冠詞＋(＋形容詞)＋名詞〉の順になる。

やや難　4．(The question) which the teacher asked us was too difficult(.)　「先生が私たちにした質問は難しすぎた」〈too ＋形容詞〉で「あまりにも～」の意味。関係代名詞 which を用いて the question was too difficult と the teacher asked us it をつなげた文を作る。it が which に代わる。

3　（英作文：語い，現在完了，接続詞，助動詞，比較，間接疑問文，文型）

1．get a cold で「風邪をひく」，go out で「外出する」の意味。「～してしまった」という訳になるのは〈have[has]＋動詞の過去分詞形〉の形をとる現在完了の結果の用法。「風邪をひいてしまって」は「風邪をひいてしまったので」ということである。因果関係を示す接続詞は because と so で，because は〈結果＋ because ＋原因〉の形となり，so は〈原因＋, so ＋結果〉の形となる。

2．「～することができる」の意味になるのは助動詞 can である。助動詞がある英文では主語に関係なく動詞は原形になる。「～ほど…でない」という比較を表すときは原級の否定文を用いて not as … as ～ とするか，比較級の否定文を用いて〈not ＋比較級＋ than ～〉とする。

重要　3．Do you know? と Where is the museum? を1つにした間接疑問文にする。疑問詞以降は where the museum is と平叙文の語順になる。

4．the day before yesterday で「おととい」の意味。〈主語＋ look ～〉「…(主語)は～に見える」，〈主語＋ seem ～〉「…(主語)は～のように見える」の意味になる。

4　（長文読解・日記：語句補充）

（全訳）　10月23日

今日，テストが終わった。僕はその結果を心配している。特に，理科のテストは僕にとっては難しかったので，僕は[1]もっと理科を勉強するべきだ…でも，僕は明日，僕の友達のパティーと一緒に有名なイタリアンレストランへ行くつもりだ。僕はミートソースのスパゲッティを食べるつもりだ。僕はとてもわくわくするよ。僕は11時に駅で彼女と会うつもりなので，8時に起きなくてはならない。駅へ行く前に，僕は誕生日プレゼントを買って，レストランで彼女にそれをあげるつもりだ。彼女はそのプレゼントに満足するだろう。僕は明日，彼女に会うことを楽しみに待っている。

10月24日

僕には今日，困ったことがたくさんあった。8時に起きるつもりだったが，僕は10時に起きたのだ。出かけるための準備をするのに，僕は1時間かかった。僕は11時30分に駅に着いた。[2]彼女は30分間僕を待っていて，とても怒っていた。僕は彼女に「ごめん」と言い，彼女は僕を許してくれた。それを聞いてとてもうれしくて，それから僕たちはレストランへ行った。僕たちは昼食をとても楽しんだ。スパゲッティはおいしかった。僕はデザートにアイスクリームを食べた。僕たちはたくさん話し，すばらしいときを過ごした。でも，僕たちが昼食の支払いをするとき，僕の財布を持っていないと僕は気づいた。それで，彼女は僕に昼食をおごってくれた。家に帰った後，[3]僕は彼女へのプレゼントを用意し忘れた，と気づいた。僕は本当にショックだった。彼女にプレゼントをあげることで，僕は本当に彼女を喜ばせたかった…

【1】 ア．「もっと理科を勉強するべきだ」(○) イ．「毎日，英語で日記をつける」(×) ウ．「理科を勉強しなくても良い」(×) エ．「もう理科のテストを受けるつもりはない」(×)

【2】 ア．「彼女はそのプレゼントが好きではなくて」(×) イ．「彼女は30分間僕を待っていて」(○) ウ．「彼女はひどい風邪をひいて」(×) エ．「彼女もいつもよりも1時間遅く起きて」(×)

【3】 ア．「彼女へのプレゼントが机の上にあった」(×) イ．「そのレストランは良くなかった，と彼女は感じた」(×) ウ．「彼女はテストですばらしい点を取った」(×) エ．「僕は彼女へのプレゼントを用意し忘れた」(○)

5 **(長文読解・資料読解：内容吟味)**

(全訳) 新着

今月，図書館には数冊の新しい本が入ります。それらは生徒たちにとってきっととても面白いでしょう。ここで，それらの何冊かを紹介します。

世界の歴史

種類：歴史

著者：ナカヤマ・ヤスオ，イシカワ・マサト

ページ数：226

書評：

この本はふつうの歴史書とは少し違う。それは重要な人々の個性に焦点を当てて，彼らが歴史的な出来事にどのように影響を及ぼしたかを説明する。それを楽しんで，偉大な人々がちょうどあなたや私のような人間だと感じることができる。

特別な友達

種類：歴史

著者：ニシノ・ケイタロウ

ページ数：315

書評：

この本は音楽の催しで偶然出会った2人の10代の少年・少女についてだ。彼らはお互いに似ているが，同時に，多くの点でとても違っている。彼らの物語は私たちに，人間関係において類似性と相違性は両方とも大切だ，と教える。

ヘレナ・ローウェル

種類：伝記

著者：ヘレナ・ローウェル

ページ数：254

書評：

これは有名なオーストラリア人のテニス選手，ヘレナ・ローウェルの人生の物語だ。彼女は彼女のデビュー以来，たくさんの勝ち抜き戦で勝っていて，今，彼女は世界で最も良いテニス選手の1人として知られる。この本では，彼女は，彼女の偉大な結果の裏側に持っていた彼女の悩みの種や精神的な痛みについて書いた。この本を読むことによって，異なった視点から彼女を見ることができる。

ニュートニアン・ネーチャー

種類：雑誌

著者：アイリス・ニューポート，ペイトン・ストール，ハオユ・ワン，他

ページ数：105

書評：

これはニュートニアン・ネーチャーの最新号だ。年3回(1月，5月，9月)出版される科学雑誌で，世界中の人々によって読まれる。この号には，今の時代にはまだ治療法がない病気の薬についての最新の研究がある。これを読んでいる間に，科学は面白い，ときっと思うだろう。

ア 「歴史についての本には4冊の中で最も多くのページがある」『世界の歴史』は226ページ，『特別な友達』は315ページで『特別な友達』の方が多いから適切でない。

イ 「ある人の人生について書かれた本がある」 伝記の『ヘレナ・ローウェル』である。

ウ 「定期的に作られる雑誌がある」 4ヶ月ごとに出版される『ニュートニアン・ネーチャー』である。

エ 「1人より多い人によって書かれる本が何冊かある」 著者が2人の『世界の歴史』と4人以上の『ニュートニアン・ネーチャー』である。

オ 「『世界の歴史』は重要な人々の個性に焦点を当てるので独特である」『世界の歴史』の書評参照。

カ 「『特別な友達』は，人間関係において最も大切なことは私たちがお互いにどれほど似ているか，ということだ，と言う」『特別な友達』の書評参照。「類似性と相違性は両方とも大切だ」と言っているから適切でない。

キ 「『ヘレナ・ローウェル』を読んだ後で，あなたはテニスをより上手にすることができるだろう」 『ヘレナ・ローウェル』の書評参照。テニスの上達についての記述はないから適切でない。

ク 「『ニュートニアン・ネーチャー』(2022年1月)では，あなたはいくらかの医学的な知識について学ぶことができる」 薬の研究について書かれているのである。

6 **(長文読解・論説文：語句補充，指示語，内容吟味)**

(全訳) 「素晴らしかったよ，ダイアン」と私の友達が言った。

「ありがとう，でも僕は君がした技を学びたいよ」と私は答えた。

私の人生のほとんどはスケートボードと一緒に過ごしてきた。子どもだったとき，私は公園で毎日何時間もスケートボードをする練習をして，今では私はプロのスケートボード選手だ。それはとても難しいスポーツだ。私はしばしば最も簡単な技さえも学ぶために数週間や数か月をかける。しかし，したい技をすることができるようになるとき，それはあなたにとってわくわくする瞬間になるだろう。スケートボードをすることを通して，私は決してあきらめないことを学んだ。確かにた

くさんの失敗があるだろうが，最後には私の目標に到達することができるのだ。それは危険でうるさく，スケートボードをすることは迷惑をかける，と言う人々がいるが，ほとんどのスケートボードをする人たちは良い人々で，そうしないように気をつける。私はそれらから，①規則や礼儀を守ることはとても大切だ，と学びもした。スケートボードをすることは私に私の人生でたくさんの大切なことを教えた…たった1つのことを除いて。

中学校を卒業するまで，私は私よりも上手にスケートボードをすることができる人に誰も会わなかった。高校生のとき，私はアレンに会った。②(B)彼がスケートボードをするのを見ると(A)すぐに，私には彼が天才だとわかった。彼は簡単に難しい技をした。また，彼が新しい技をすることができるようになるのにたった数日しかかからなかった。私が新しいそれをすることができるようになるのにはもっと時間がかかった。彼は性格も良かった。彼は私にたくさんの助言をしてくれ，私と喜びを分け合った。当時，私は彼と一緒に滑ったとき，私はいつも幸せだと感じた。高校を卒業したあと，一緒に一生懸命に練習することによって，私たちはたくさんのスケートボードの勝ち抜き戦で勝ち，合衆国で最も良いスケートボード選手に含まれていた。

しかしながら，私たちが同じ勝ち抜き戦にいたとき，アレンはいつも1位をとり私はいつも2位だったので，私はうれしくなかった。それで，彼の名前はより有名になった。みんなが彼について知っていた。みんなが彼を称賛した。みんなが彼をスケートボードの天才と呼んだ。

「なぜだ。僕もたくさんの勝ち抜き戦で勝ったぞ」ただひそかに私は心の内で叫んだ。

③私は(C)より多くの時間練習して(D)より少ない数を手に入れるのに，彼は(E)より少ない時間練習し，(F)より多くを手に入れた。彼は私から遠く離れて行った。私は彼に嫉妬を感じた。私はただ彼を負かしたかった。それをするために，私はみんなを驚かせることができる新しい技を学び始め，たくさんの練習でついにその技を習得した。3ヶ月後，アレンと私が同じ勝ち抜き戦に参加したとき，不測の出来事が起こった。

私の順番の前に，彼は私に「君ならできるよ，リラックスして」と言った。④答えることなく，私は始めた。全ての観衆が私を見た。次の瞬間，私はその技をした。彼らは私の技にとても驚き，その勝ち抜き戦で最も大きなかっさいを私に浴びせた。私の得点は10点中9.5点だった。それはそのときまでの最高だった。アレンの順番は最後で，彼は始めた。彼は彼のお気に入りのバックサイド180レイルスライドをしようとした。しかし，彼は空中で彼のバランスを失い，地面に落ちた。彼は全く動くことができず，すぐに病院へ運ばれた。それはとても衝撃的だったけれど，私たち両方が参加した勝ち抜き戦で私は初めて勝ったので，心の中ではうれしかった。その勝ち抜き戦に勝ったあとで，私の立場はとても変わった。みんなは私を新しいスターと呼んだ。みんなは私にたくさん勝つことを期待した。

ウそれは私に新しい喜びの感覚を与えた。またスケートボードをすることができる前に，アランは約6ヶ月を必要とした。それから，彼はたくさんの試合を休まなければならなかった。

7ヶ月が過ぎた。正直に言うと，私は私の立場に疲れた。人々の期待が私にとって大きなプレッシャーに変わった。当時，私は私自身のためでなく⑤他の人々のためにスケートボードをした。それで，私はしばしば病気になり，あまり一生懸命に練習しなかった。しかし，人々が期待を持っていたので，私は勝ち抜き戦に参加し続けなければならなかった。私が合衆国で最大の勝ち抜き戦の1つに参加したとき，不測の出来事がまた起こった。私の順番の前に，別のスケートボード選手が最高得点をとった。その勝ち抜き戦に勝つために，私は私ができた最も難しい技をしなければならなかった。少し心配して，私は始めた…ここから私はあまり覚えていなかった。目が覚めたとき，私は病院にいた。

「勝ち抜き戦の間にあなたは地面に落ちて，気絶しました。あなたは大怪我しています。あなたがまたスケートボードをすることができるために6ヶ月かかるでしょう」と医師が言った。

アレンのように，私はたくさんの試合を欠席した。この7ヶ月で私が得た全てを失うかもしれないので，私は本当に怖くなった。私は私の人生がどうなるのかわからなかった。

病院でのある日，私はテレビをつけて大きなスケートボードの勝ち抜き戦を見た。アレンがそこにいた。彼は7ヶ月経って初めて戻った。彼は難しすぎてその勝ち抜き戦に勝てない，とみんなは思った。しかし，結果的に，彼はそれをした。

「何ということだ。彼は本物の天才だ。ヒーローが帰ってきた。⑥新しいスターは輝くのをやめてしまった」と私は思った。

初めて，私はスケートボードをするのをやめたかった。それから，彼はその勝ち抜き戦の後で彼はインタビューされた。

「これは信じられない勝利です，アレン。あなたにとって事故の後でここに来ることはとても難しかったですよね」とリポーターは尋ねた。

「はい，私はこの試合のために本当に私の最善を尽くしました」と彼は答えた。

「たくさんの人々があなたを支えている，と私は思います。彼らに何かメッセージがありますか」とリポーターがまた尋ねた。

「もちろん，私の家族とファンに感謝します。でも，私はダミアンに特別の感謝を捧げたいです。私は全ての彼の試合を見ていて，それらから刺激をもらいました。私が勝ち抜き戦から離れている間に，彼はとてもよくやって，彼自身を向上させました。私はまた彼とスケートボードをしたいので，私は最善を尽くすことができた，と私は思います。高校生のときから，私たちは一生懸命に練習し，お互いと連絡を取りあっています。それが現在の自分を作りました。私は彼のいない私の人生を想像することができません。おい，ダイアン。僕は君の復帰を待っているよ」と彼は答えた。

「それは僕にとっても当てはまるよ。彼は現在の自分も作ったんだ」私はテレビの前で叫んだ。

アレンの言葉で，私は復帰しようと決心した。

6ヶ月後，私はスケートボードをし始めた。スケートボードに乗る感覚を失ったけれど，私の家族や私の友達，アレンは私が遅れを取り戻すのを手伝った。たくさんの人々からのたくさんの支えで，私はついに勝ち抜き戦に戻ることができた。

「君ならできるよ。リラックスして」と私の順番の前にアレンは私に言った。

「うん，僕は観衆を驚かせるつもりだよ」と私は答えて，強い気持ちで始めた。

「ああ，あれは驚きです。彼はやりました」と実況者は叫んだ。

そう，私は私の最高の技をすることができたのだ。これは私の人生で最も幸せな瞬間の1つだった。結局，私はその勝ち抜き戦に負けた。もちろん，勝者はアレンだった。しかし，それは構わなかった。⑦私は全く嫉妬を感じなかった。そのとき，私がどれくらい遠くへ行かれるか，私は知りたかっただけだ。私の次の目標は，より高い段階でアレンとスケートボードをすることだった。今，私たちは次のオリンピックの試合のために一生懸命に練習している。私がどんな順位を得るか，私は気にしないけれども，もし私が金メダルをとり，アレンが銀をとったら完璧だろう。私はそのように夢見ている。

問1 「(①)に書き込むための最も適切な答えを選びなさい」 ア 「初心者に親切にすること」(×) イ 「他の人々とスケートボードをすることを楽しむこと」(×) ウ 「規則や礼儀を守ること」(○) 空欄1の直前の2文参照。 エ 「お互いに滑り方を教えること」(×)

問2 「正しい順序に語を置き，下線部②の空欄(A)(B)に書き込むための語を選びなさい」 As soon as I saw him skateboard, (I understood he was a genius.)「彼がスケートボードをするのを見るとすぐに，私には彼が天才だとわかった」〈As soon as ＋主語A＋動詞B，主語C＋

動詞D〉で「AがBするとすぐに，CがD」という意味。see などの知覚動詞を用いた表現では，〈see ＋目的語＋動詞の原形〉の形で「(目的語)が～するのを見る」の意味になる。

問3 「下線部③の空欄(C)(D)(E)(F)に書き込むための最も適切な組み合わせを選びなさい」

ア 「C：より多くの　D：より少ない数　E：より多くの　F：より少ない数」(×)　イ 「C：より少ない　D：より少ない数　E：より多い　F：より多く」(×)　ウ 「C：より多くの　D：より少ない数　E：より少ない　F：より多く」(○)　下線部②の直後の3文参照。　エ 「C：より少ない　D：より多く　E：より多い　F：より少ない数」(×)

問4 「下線部④について，なぜダミアンはこのようにふるまったか」 ア 「彼には一言さえ言う時間がなかったから」(×)　イ 「彼は他の人々と話すことが好きではなかったから」(×)

ウ 「彼はその時，アレンが好きではなかったから」(○)　下線部3の直後の2文目・3文目参照。

エ 「彼は騒がしい観衆の中でアレンの言うことが聞こえなかったから」(×)

問5 「下の文を入れるための最も適切なものはどれか。引用部分のア～エから選びなさい」「それは私に新しい喜びの感覚を与えた」 it「それ」は空欄ウの直前の2文を指している。

問6 「空欄⑤に書き込むための最も適切な答えを選びなさい」 ア 「アレン」(×)　イ 「お金」(×)　ウ 「他の人々」(○)　下線部⑤の直前の1文参照。期待している人々のためにスケートボードをしていたのである。　エ 「喜び」(×)

問7 「下線部⑥は何を意味するか」 ア 「アレンの演技は以前よりも良くなかった」(×)

イ 「アレンは彼の勝利の喜びを表現しなかった」(×)　ウ 「ダミアンは今は彼の演技を見せることができない」(○)　下線部④の直後の13文目・14文目参照。人々が「私を新しいスターと呼んだ」のは，「私にたくさん勝つことを期待し」ていたからであるのに，大けがした「私」は今はスケートボードをすることができない。その状態を「輝くのをやめてしまった」と言っているのである。　エ 「ダミアンは永遠にスケートボードをすることをやめたかった」(×)

問8 「アレンのインタビューを聞いた後で，ダミアンの気持ちの中にはどれがなかったか」

ア 「アレンがダミアンについての演説をしたので，ダミアンはうれしかった」 空欄⑦の直前の18文目～16文目参照。　イ 「ダミアンはアレンについての間違った考えを持っていた，とわかった」「彼に嫉妬を感じ」(下線部③の直後の2文目)ていたが，「彼は現在の自分も作った」(空欄⑦の直前の17文目)とわかったのである。　ウ 「永遠にアレンを負かすことができないと理解したので，ダミアンは悲しかった」 インタビューの後にはアレンを負かしたい，という記述はない。　エ 「彼の人生で何が本当に大切か，ダミアンは思い出した」 最終段落参照。

問9 「空欄⑦に書き込むための最も適切な答えを選びなさい」 ア 「私の技はアレンのよりも良かった」(×)　イ 「私は全く嫉妬を感じなかった」(○)　最終段落第3文～第5文参照。　ウ 「私の技の得点は間違っていた」(×)　エ 「観衆は私の技がどれくらいすばらしいか，理解しなかった」(×)

問10 「物語に一致している3つの文を選びなさい」 ア 「ダミアンはスケートボードをすることを通して，練習は嘘をつかない，と学んだ」(○)　空欄①の直前の2文目参照。　イ 「ダミアンは中学生だったとき，彼の周りにより上手にスケートボードをすることができる何人かの人々がいる，と知った」(×)　下線部②の直前の4文目参照。中学校を卒業するまでは自分より上手な人に会わなかったのである。　ウ 「アレンは美しい技を持つすばらしいスケートボード選手だったが，彼の人格に問題があった」(×)　下線部②の直後の4文目参照。性格も良かったのである。

エ 「ダミアンは何度も2位をとったので，アレンと同じくらい有名だった」 下線部②の段落の次の段落参照。有名なのはアレンだけである。　オ 「アレンに不測の出来事が起こったとき，ダミアンは相反する感情を持った」(○)　下線部④の段落最後から4文目参照。　カ 「人々が彼に勝つことを期待し，彼をスターと呼んだとき，ダミアンはいつもうれしく感じた」(×)　空欄5の直前の2文参照。その立場に疲れたのである。　キ「彼の復帰試合に負けたとき，ダミアンは悪く感じなかった」(○)　空欄⑦の直前の3文参照。　ク「ダミアンの次の目標は次のオリンピック試合で金メダルをとることだけだ」(×)　空欄7の直後の2文目参照。次の目標はより高い段階でアレンとスケートボードをすることである。

★ワンポイントアドバイス★

長文を読むときは，国語の読解問題を解く要領で指示語などの指す内容や，話の展開に注意するように心がけよう。

＜国語解答＞

一　問1　a ア　b ア　問2　ア　問3　エ　問4　イ　問5　ウ　問6　イ・オ
問7　イ　問8　ア　問9　ア

二　問1　右　問2　a　問3　イ　問4　踊りが上手だった　問5　Ⅰ　ア　Ⅱ　ア
Ⅲ　エ　Ⅳ　イ　問6　ウ　問7　一　イ　二　あ　ウ　い　ア　三　ア
四　イ

三　問1　一　もつ　二　とぶ　問2　ア　問3　A　うちょうてん　B　ふせき
問4　一　ウ　二　エ　三　イ　問5　A　六十　B　壬寅

○配点○

一　問1・問6　各3点×4　他　各4点×7　二　問1・問4　各4点×2
問2・問3・問6・問7四　各2点×4　他　各3点×8　三　各2点×10　計100点

＜国語解説＞

一　（論説文―内容理解，空欄補充，要旨）

問1　筆者は，「環境の問題点を批判し，改善の努力をするにせよ，あるいは，気持ちを切り替えて別の環境へ逃げてしまうにせよ，そうしたアクションは，環境と癒着してしまっている自分のあり方を解体しつつでなければ，結局……環境に癒着した自分を，いつまでも引きずることになってしまう」と述べている。つまり，環境が新しくなっても「生活の別の可能性を開く」ことはできないということである。そして，「ノリの悪い語り」「場違いな言葉遊び」をすべきだと述べている。

問2　「つらい環境のノリがマゾヒズム的に自分に刻み込まれている」という状態，とはつまり，環境の価値規範を「内面化」してしまっているということである。

問3　直後の「そうしたアクションは，環境と癒着してしまっている自分のあり方を解体しつつでなければ，結局……環境に癒着した自分を，いつまでも引きずることになってしまう」という内容をふまえると，エが正しい。

問4　直後の「ノリに逆らうつもりでとっていた態度が，……突き離したいはずのその環境と結局は共に生きることになってしまっている，という状態」が，イに合致する。

問5　筆者は，環境から自分が一歩退いて距離をとり，客観的に環境を見ることを提案している。

重要　問6　イの内容は，筆者が「道具的な言語使用」と述べているものにあたる。よって，「玩具的な言語使用」にはあてはまらない。また，筆者が提案する「玩具的な言語使用」は，「ノリの悪い語り」である。よって，オのように「一定のルールを共通認識として持つ」ことに価値を置いたものではない。

問7　筆者は「わざとらしく言語に関わる」ことが，「言葉遊び的」であると考えている。

問8　【文章Ⅱ】で述べられている「オリンピック」が象徴しているのは，【文章Ⅰ】での「環境」や「ノリ」にあたる。

やや難　問9　【文章Ⅰ】の「自由になる，つまり，環境の外部＝可能性の空間を開くには，『道具的な言語使用』のウェイトを減らし，言葉を言葉として，不透明なものとして意識する『玩具的な言語使用』にウェイトを移す必要がある」という内容は，アの「私たちが言語を習得する際に，同時に習得してしまい自明のものとしてしまっている環境の価値感に対して目を向けるということ」にあたる。

二　（物語・古文一空欄補充，助詞，現代語訳，内容理解，動作主，主題，文学史）

〈【文章Ⅱ】の現代語訳〉隣に住む翁は，左の頬に大きな瘤があったが，この翁(右の頬に瘤のある爺さ)の，瘤がなくなったのを見て，「これはどのようにして瘤はなくなりなさったのか，どこの医者がお取りしたのか。私にも教えてください。この瘤を取りたい」と言ったので，「これは医者が取ったのではない。これこれのことがあって，鬼が取ったのだ」と言うと，「私もそのようにして取りたい」と言って，事の次第を細かに尋ねたので，教えた。この翁は教えられたとおりにして，その木のほら穴に入って待っていると，本当に話に聞いたように鬼どもがやって来た。輪になって座って酒を飲み遊んで，「どこだ，翁は来ているか」と言ったので，この翁は恐ろしいと思いながら震えながら出て行った。鬼どもが，「ここに翁が来ております」と申し上げると，横座の鬼が，「こちらへ参れ，早く舞え」と言うので，前の翁よりは生まれつきの才能もなく，おぼつかない感じに舞ったところ，横座の鬼は，「このたびは下手に舞ったな。どう考えてもよくない。その取っておいた質の瘤を返してやれ」と言うと，端の方から鬼が出てきて，「質の瘤を返してやるぞ」と言って，もう片方の頬に投げつけたので，左右に瘤のある翁になってしまった。だから，物うらやみはしてはならないという訳である。

問1　「左の頬に瘤がある隣の爺さ」は，鬼から右の頬にも瘤を付けられてしまった。

問2　「が」に言い換えられる「の」を選ぶ。

問3　「取らん」の「ん(む)」は〝～したい〟という意味を表している。

問4　「右の頬に瘤のある爺さ」は「踊りが上手だった」ので，鬼は，爺さに「明日の晩も来るように」と言って，質として爺さの瘤を取ったのである。

問5　Ⅰ　鬼に瘤を取られた話をしているのは「右の頬に瘤のある爺さ」。　Ⅱ　鬼とのいきさつを細かく教えたのは「右の頬に瘤のある爺さ」。　Ⅲ　「どこだ，翁は来ているか」と言ったのは鬼。　Ⅳ　舞えと命じられているのは「隣の爺さ」。

問6　鬼は「隣の爺さ」の踊りを見て，「このたびは下手に舞ったな。どう考えてもよくない」と言っている。

重要　問7　一　「人を羨むな」にあたるものが，空欄に入る。

二　「三つの願い」も「こぶとりじいさん」も，得をした人の真似をした人が失敗する話であり，「舌切り雀」も同様の話である。

三　『宇治拾遺物語』の教訓が「内面的な規範へ導く」ものであるのに対して，昔話の教訓は行動を戒めるものである，という大きな傾向があるということ。

基本　四　『平家物語』は鎌倉時代成立の軍記物語。

三 （多義語，語句の意味，熟語，和歌，）

基本 問1　一　a「学費は国がもつ」，b「党首会談をもつ」，c「自信をもつ」，d「夏場でももつ食品」のように使われる。

二　a「記者が現場へとぶ」，b「犯人が海外へとぶ」，c「火花がとぶ」，d「話がとぶ」のように使われる。

問2　「　」に入るのは「いきさつ」。

問3　漢字で書くとA「有頂天」，B「布石」となる。

問4　一　鳴く「虫」や「黄葉」は秋の風物である。　二　「白雪」は冬の風物，「残れる雪」は春の風物である。　三　「待ちかてに」は〝待ちかねて〟という意味。月の出を待ちかねているのである。

問5　十二と十なので，二つずつずれる。組み合わせは六十通りである。2008年が「甲戌」なので，十四年後の2022年には，十干は「甲」から数えて十四番目の「壬」，十二支は「戌」から数えて十四番目の「寅」となる。「壬寅」は「みずのえとら」と読む。

★ワンポイントアドバイス★

論説文は，文章の読解をふまえた発展的な思考力が試されている。ふだんからの読書や，読解の実践の中で，キーワードや段落構成をとらえる力を蓄えよう。和歌や文学史の知識も問われている。多種の問題を解き，基礎知識も広げておこう！

MEMO

大切なことはメモしておこうネ！

2021年度

入 試 問 題

2021年度

2021年度

錦城高等学校入試問題

【数　学】（50分）　　<満点：100点>

Ⅰ　次の □ にあてはまる数値を答えなさい。

(1)　$(2\sqrt{3}+\sqrt{2})^2-(2\sqrt{3}+\sqrt{2})(2\sqrt{3}-\sqrt{2})+(2\sqrt{3}-\sqrt{2})^2=$ [ア][イ] である。

(2)　連続する３つの正の奇数をそれぞれ２乗し，それらをすべて加えると515になった。
このとき，３つの奇数を小さい順に並べると [ウ][エ]，[オ][カ]，[キ][ク] である。

(3)　図のように，直角三角形ABCの辺AB，BC，CAを直径とする半円があり，AB＝３，BC＝５，CA＝４ である。
このとき，斜線部分の面積は [ケ] である。

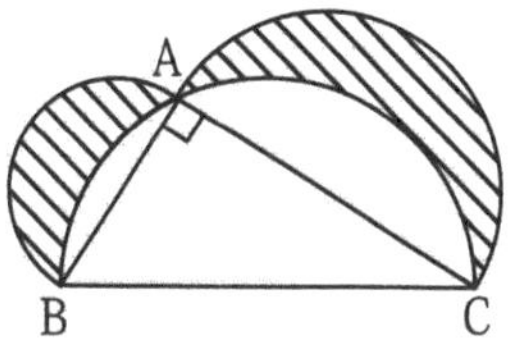

(4)　m，n を自然数とする。$n \leqq \sqrt{m} < n+1$ を満たす m が31個あるとき，
$n=$ [コ][サ] である。

(5)　１から200までの整数のうち，５の倍数であるが３の倍数でない数は [シ][ス] 個ある。

Ⅱ　図のように直線 l は放物線 $y=x^2$ と２点B，Cで交わり，放物線 $y=\frac{1}{2}x^2$ と２点A，Dで交わっている。
また，BとCの x 座標はそれぞれ -1 と $\frac{4}{3}$ である。このとき，次の問いに答えなさい。

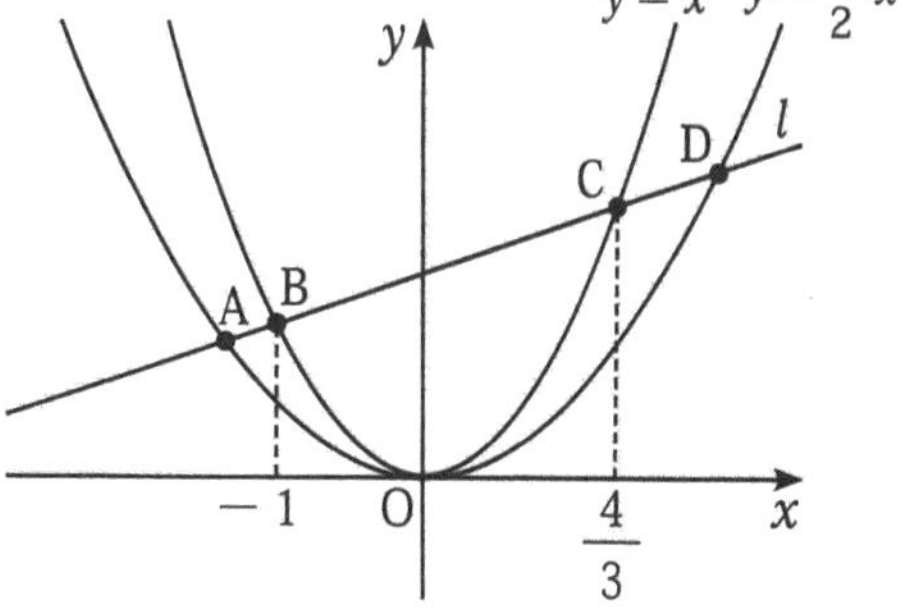

(1)　直線 l の方程式は，$y=\dfrac{\boxed{\text{ア}}}{\boxed{\text{イ}}}x+\dfrac{\boxed{\text{ウ}}}{\boxed{\text{エ}}}$ である。また，AとDの x 座標はそれぞれ
$-\dfrac{\boxed{\text{オ}}}{\boxed{\text{カ}}}$ と [キ] である。

(2)　△OBCの面積は，$\dfrac{\boxed{\text{ク}}\boxed{\text{ケ}}}{\boxed{\text{コ}}}$ である。

(3)　△OAB：△OBC：△OCD の面積比を，最も簡単な整数比で表すと
△OAB：△OBC：△OCD＝ [サ] ： [シ] ： [ス] である。

Ⅲ　大，小２つのコインを同時に投げる操作をおこなう。その結果により，座標平面上の点Ｐを移動させることを考える。その際，次の規則に従って点Ｐが動くものとする。

【規則】

・点Ｐの x 座標は，大きいコインが表のとき１増え，裏のとき１減る。

・点Ｐの y 座標は，小さいコインが表のとき１増え，裏のとき１減る。

最初に点Pは原点Oにあるとする。
例えば，操作を２回おこない，大きいコインが１回目は表，２回目は裏，小さいコインが１回目は裏，２回目は裏と出た場合は，点Pの座標は（０，－２）となる。
このとき，次の問いに答えなさい。

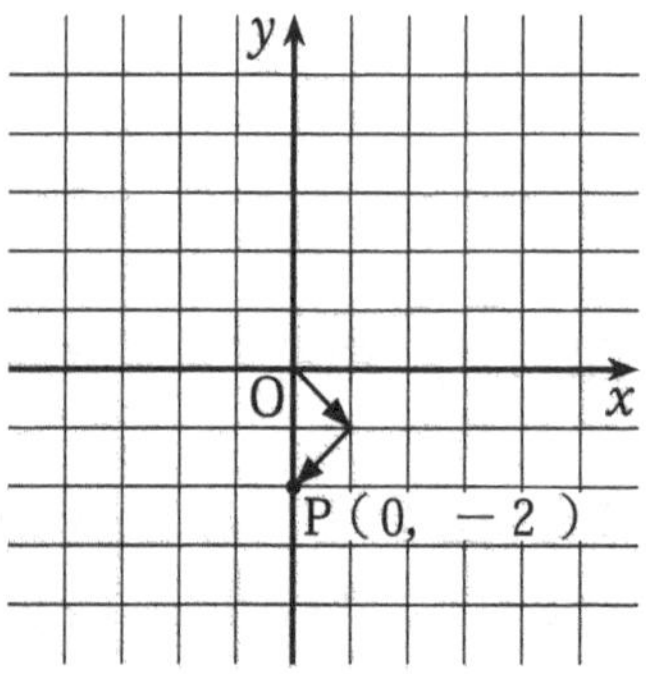

⑴　操作を１回おこなったときの点Pの座標を $(a,\ b)$ とする。
　$a=b$ となる確率は $\dfrac{\boxed{ア}}{\boxed{イ}}$ である。

⑵　操作を２回おこなったとき，点Pが原点Oにある確率は
　$\dfrac{\boxed{ウ}}{\boxed{エ}}$ であり，点Pが直線 $y=x$ 上にある確率は $\dfrac{\boxed{オ}}{\boxed{カ}}$ である。

⑶　操作を４回おこなったとき，点Pが原点Oにある確率は $\dfrac{\boxed{キ}}{\boxed{ク}\boxed{ケ}}$ である。

Ⅳ　整数 n は，

$$n=a\times3^4+b\times3^3+c\times3^2+d\times3+e$$

（a，b，c，d，e は，０，１，２のいずれかの数。）
の形で表される数とし，$n=<\ abcde\ >$と書くことにする。
例えば，

$$17=0\times3^4+0\times3^3+1\times3^2+2\times3+2$$

と表されるので，17＝＜　00122　＞と書くことができる。
このとき，次の問いに答えなさい。

⑴　＜　20212　＞の表す整数 n を求めると，$n=$ [ア][イ][ウ] である。
⑵　154を＜　$abcde$　＞の形で表すと，＜ [エ][オ][カ][キ][ク] ＞である。
⑶　163以上で $d=1$ となる整数 n は [ケ][コ] 個である。
⑷　163以上の整数 n は [サ][シ] 個である。

Ⅴ　**（注意，この問題はマーク方式ではありません）**
右の図のように，AB＝８㎝，BC＝６㎝，CA＝４㎝の△ABCがある。∠BACの二等分線と辺BCとの交点をDとする。
また，辺ABのA側の延長上に点Gをとり，∠CAGの二等分線と直線BCとの交点をEとする。
このとき，次の問いに答えなさい。

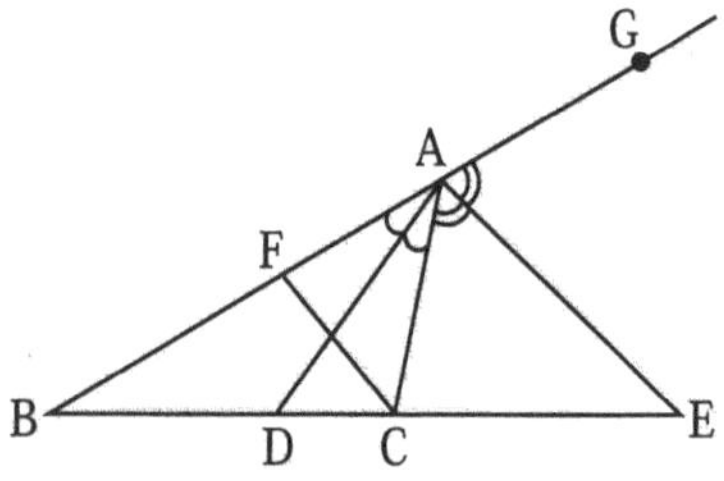

⑴　CDの長さを求めよ。
⑵　Cを通りAEに平行な直線とABとの交点をFとする。
　このとき，AF＝ACであることを証明せよ。また，CEの長さを求めよ。
⑶　△ABCの面積をSとするとき，△ADEの面積をSを用いて表せ。

【英　語】（50分）　＜満点：100点＞　※リスニングテストの音声は弊社HPにアクセスの上，
音声データをダウンロードしてご利用ください。

1　＜リスニング問題＞

英文を聞き，それに関する質問の答えとして最も適切なものを１つずつ選び，その記号をマークしなさい。放送される英文は一度しか読まれません。

1．Which is true about Kyoko?

ア．She goes to the movies twice a week.

イ．She takes care of elderly people twice a week.

ウ．She works very hard in a hospital.

エ．She likes watching a movie after taking care of elderly people.

2．Which is true about the Brass Band Club?

ア．There are 15 members in the Brass Band Club.

イ．The Brass Band Club practices in the gymnasium after school.

ウ．The Brass Band Club is going to play music in front of freshmen at a welcome concert.

エ．The Brass Band Club plays music in front of students four times in a year.

3．Which is true about the speaker?

ア．The speaker is going to meet his grandfather during the next vacation in winter.

イ．The speaker was glad to know his grandfather remembered his birthday.

ウ．The speaker was surprised to receive an apple cake for his birthday.

エ．The speaker gave his grandfather a birthday present.

4．Which is true about Yoshitake and Keisuke?

ア．They visited the soccer museum in the soccer stadium.

イ．Both Yoshitake and Keisuke want to be a soccer player.

ウ．They have never visited the soccer museum before.

エ．They went to the soccer museum to see their favorite player's uniform.

5．Which is true about the homework?

ア．The students can write a report only by using the Internet or books in the library.

イ．The students can write about a friend of them if he or she lives in the town.

ウ．The homework is important because you must write about your family members.

エ．The students have to go to school if they have any questions.

2　次の英文の［　］内の語句を並べ替え，３番目と６番目にくるものの記号をマークしなさい。なお，文頭にくる文字も小文字にしてある。

1．

Tom　: It is too cold.　Can [ア something / イ you / ウ me / エ drink /

オ give / カ to / キ hot]?

Nancy : Sure. How about hot chocolate?

2.

Ann : Kate plays the guitar very well!

Paul : That's right! No [ア the guitar / イ in / ウ better / エ her class / オ plays / カ other / キ than / ク student] her.

3.

Cathy : [ア languages / イ how / ウ Canada / エ spoken / オ in / カ are / キ many]?

Betty : Two. They are English and French.

4.

Judy : What is [ア of / イ tall / ウ that / エ your brother / オ man / カ to / キ the name / ク talking]?

George : He is my father, Sam.

3 次の日本語を英語に直しなさい。

1. 図書館までの行き方を教えてくれませんか。
2. あなたのいとこにまた会えるのを楽しみにしています。
3. 普段，何時に家を出ていますか。
4. 彼女がヨーロッパに行ってしまったと聞いて驚いています。

4 次のメールのやり取りを読んで，空所に入る最も適切なものを1つずつ選び，その記号をマークしなさい。

From: Eric
To: Koichi
Date: February 9th, 2021
Subject: Going to Japan

Hi, Koichi.
How have you been? It's been three years since you stayed with us. I really miss you. I am going to Japan next month! I am planning to visit Kyoto and learn the Japanese tea ceremony. 【 1 】, so this is my first trip. Also, I would like to go to another place. 【 2 】? If you have your favorite place in Japan, please tell me about the place.
Eric

From: Koichi
To: Eric
Date: February 10th, 2021
Subject: RE: Going to Japan

Hello, Eric.
I am happy to hear the news that you will come to Japan. I hope you can have a good time in Kyoto. At first, I was thinking that you should go to Zao in Yamagata. Zao is one of my favorite places and you can enjoy many winter sports such as skiing, but I realized that Zao is far away from Kyoto, and【 3 】.
So, how about coming to my house in Tokyo? There are so many places to visit in Tokyo. You can enjoy shopping and sightseeing. If you want, I will take you there. We have one empty room in our house, so【 4 】.
Koichi

【1】 ア. I have been there many times
イ. I have never been there
ウ. I won't go there by myself
エ. I visited Japan ten years ago

【2】 ア. Where are you going
イ. Where may I change trains
ウ. Where should I go
エ. Where do I have to take off my shoes

【3】 ア. it is wonderful to go there
イ. it is warmer than in Kyoto
ウ. it is very famous for cherries
エ. it takes five hours to go there from Kyoto by Shinkansen

【4】 ア. you can stay with us
イ. my family is large
ウ. you need to stay at a hotel in Tokyo
エ. you will eat dinner with chopsticks

5 次のウェブサイトから読み取れる情報として適切でないものを，後のア～クの選択肢の中から3つ選び，その記号をマークしなさい。

Visit the best places in the world ONLINE!!

Are you busy every day? You don't want to pay so much for your trip?
You can travel anytime anywhere if you contact us.
Each tour guide will show you their own special activities on your screen.

①Oliver - New Zealand

Day: Mon, Sat, Sun　Time: 3 hours　Cost: ¥1,000
Activity:
☆Taking a walk with sheep
☆Watching a ＊sheep shearing demonstration very close

＊sheep shearing 羊毛刈り

②Alicia - Italy

Day: Mon, Wed, Fri　Time: 4 hours　Cost: ¥1,500
Activity:
☆Visiting the Vatican City
☆The chef of a two-star restaurant will tell you the secret recipe for his special Italian dish

③Li - Thailand

Day: Sat, Sun　Time: 3 hours　Cost: ¥900
Activity:
☆Visiting Buddhist temples
☆Walking along Khaosan Road, stopping at stalls and shops

④Alexandro - Peru

Day: Tue, Thu, Sat, Sun　Time: 5 hours　Cost: ¥1,600
Activity:
☆Climbing Machu Picchu Mountain
☆With another ¥1,500, we can send you our special souvenir, a knit cap made of alpaca wool

Click on each one's picture for more details

ア. The tours on this page are good for busy people.
イ. If you want to see animals, you should choose Oliver's tour.
ウ. If you choose Alicia's tour, you can learn something about food.
エ. Li's tour is more expensive than the others'.
オ. Only Alexandro can send something to your house.
カ. If you have free time only on weekends, you cannot choose Alicia's tour.
キ. If you have 3 hours of free time on weekdays, you can take Alicia's tour.
ク. Alexandro's tour seems the cheapest of the four.

6 **次の文章を読んで，後の設問１～12に対する最も適切な答えを，ア～エの中からそれぞれ１つずつ選び，その記号をマークしなさい。＊印のついている単語には，本文のあとに［注］がある。**

You have goals or dreams, but there will always be worry and fear inside you when you try for them. Then, you sometimes stop trying and miss the chance to have success. Although you know it's important to try for them, why do you have those feelings?

First, you have to understand (①). For example, you think that you will *get embarrassed if you can't play the piano well in the concert. Some studies of *psychology found that people usually think more about negative things than positive ones. In one of the studies, a woman called Alison Ledgerwood made two groups (A group and B group). Next, she asked them about a new way of *surgery. Before she asked, A group was told that it had a 70 % chance of success. B group was told that there was a 30 % chance that it would *fail. As a result, although she told (②) thing, A group felt the way was good, while B group felt it was bad. Then she explained *reversely to each group. She found A group's impression about the surgery became (③a) and B group's impression (③b). So, people are more influenced by negative stories.

It is said that this character of people's thinking was developed through the history of human *evolution. A long time ago, they had to hunt to live. They killed animals, but at the same time they were sometimes killed in the battle by animals such as lions and bears. Also, they were killed because of snakes in the dark or because of storms. Through these experiences, they learned that beasts, *unknown things, and difficult situations are dangerous. So, they learned to have worry and fear to protect themselves from the dangers of death. This is because (④). *In other words, worry and fear are human *instincts.

In modern life, you are *rarely killed by beasts. ア But, the instincts still have a big influence on deciding what to do. イ For example, when a Japanese professional soccer player thought of playing in Europe, although he knew good points of the try — he could get more money and friends there — he gave up playing there because he might lose his *status if he couldn't play well. ウ You may experience a situation like this in every part of your life. エ

However, it is not always right to stop trying just because you may fail. ⑤The *regret after you miss a chance without trying is bigger than the regret after you try but fail. This was reported by a study of psychology from Cornell University in the U.S. Then, how can you *get over worry and fear of failing?

To do it, you should change the image of failing. Here is an example. You know the old man standing in front of the shop of Kentucky Fried Chicken (KFC), Colonel Sanders. He is one of the most famous people in the world, but his life was full of failing. He experienced many kinds of jobs until he was in his thirties. He easily got angry and had a fight when his idea was different from others. So, he *was fired by many companies. Although he started a gasoline station next, it finally failed too, at the age of 39. A year later, a man working for an oil company helped him to begin a gasoline station again. Sanders met him when he was working as a car tire sales man seven years ago. This time he opened a little cafe in it. Many people got interested in the new style. The *recipe of the fried chicken was also born there. ⑥That spread by word of mouth. It became a big success. However, the business finally failed too. He lost everything again and was already 65 years old. But he never stopped trying. He believed a lot of people would like the fried chicken, so he taught the special *recipe to other shops, then he got some money from them *according to its sales. In the beginning, he was refused by a lot of shops when he asked them ⑦to do so. He remembered the number was 1,009 times. But he tried again and again. At last, his business became one of the most famous food companies in the world.

From his story, you can learn that you will get important experiences or find new things for your life through failing and it is not the end of your life but a new starting point. Maybe Colonel Sanders had worry and fear as you do. But, he never stopped trying and had a big success. Failing makes you stronger as a person. You can always stand up again. Change the image of failing and get over worry and fear inside you.

[注] get embarrassed 恥ずかしく思う　psychology 心理学　surgery 手術　fail 失敗する
reversely 逆に　evolution 進化　unknown 未知の　in other words 言い換えると
instinct 本能　rarely めったに～ない　status 地位　regret 後悔
get over ～を乗り越える　be fired 解雇される　recipe レシピ
according to ～に応じて

1. Choose the best answer to fill in (①).

ア. you are always dreaming to have success when you try something

イ. you are afraid of bad results, not trying itself

ウ. you can't try anything when you feel worry or fear

エ. you fear both trying itself and bad results

2. Choose the best answer to fill in (②).

ア. almost the same　　イ. very different

ウ. too easy　　エ. a little interesting

3. Choose the best combination to fill in both (③a) and (③b).

ア. better — also became better

イ. better — didn't change

ウ. worse — also became better

エ. worse — didn't change

4. Choose the best answer to fill in (④).

ア. people can be very powerful

イ. people can be kind than ever

ウ. people can stay away from them

エ. people can stop running away

5. Which is the best to put the sentence below in? Choose the best answer from ア～エ in the passage.

They tell your mind "Stop dangerous things!"

6. Which is the same example of the underlined sentence of ⑤?

ア. When you hurt your friend by telling your true feeling

イ. When a T-shirt became sold out while you were waiting for the sale

ウ. When you watched an exciting movie for free

エ. When nobody laughed at your funny story in the school festival

7. Which is the history of Sanders's job after he became 30 years old? Choose the best answer.

ア. A sales man → An owner of a gasoline station → An owner of KFC

イ. An owner of a gasoline station → A sales man → An owner of a gasoline station → An owner of KFC

ウ. An owner of a gasoline station → A sales man → An owner of KFC

エ. A sales man → An owner of a gasoline station → An owner of KFC → An owner of a gasoline station

8. What does the underlined sentence of ⑥ mean?

ア. Sanders asked people coming to the shop to eat the dish while talking.

イ. Sanders told people in the area to come to the shop in a big voice.

ウ. People had to say "Thank you" to Sanders before they ate in the shop.

エ. People told their family and friends that the dish was very delicious.

9. What does the underlined sentence of ⑦ mean?

ア. to make the fried chicken cheap

イ. to give up selling the fried chicken in the shop

ウ. to give Sanders some money by selling the fried chicken

エ. to tell a lot of people about the recipe of the fried chicken

10. Through failing, Sanders got the important things for his life. Which is NOT true among them?

ア. sales techniques

イ. never to give up

ウ. the recipe of the fried chicken

エ. how to work for an oil company

11. Which is true about the passage?

ア. Alison studied about how people felt sad after they stopped trying.

イ. Worry and fear are the natural responses for people to protect themselves.

ウ. You should always try something even when it is too difficult.

エ. Sanders's second gasoline station failed because people didn't like his character.

12. Which title is the best for the passage?

ア. How to get over your worry and fear

イ. Why you have worry and fear

ウ. The history of humans' feeling

エ. The life of Colonel Sanders

思ったよ。

エ　生徒Ｄ：そうかな。私は二者の好みは似ているって思ったよ。どちらも作り過ぎない家や庭を良しとしていると思うな。ただ、「翁」は自分の好みと違うからといって批判することには否定的な一方、「作者」は自身の好みに基づく意見を結構はっきり述べているから、二者はそこが違うんだなって思ったよ。

オ　生徒Ｅ：私は、二者は好みも含めよく似ているって思うなあ。どちらも、住まいにことさらに手をかけることに否定的だよね。それに、世間の人は自分の好みに合う・合わないによって褒めたり批判したりするって「翁」は言っているけど、そういう世間の人と「翁」自身も「作者」も同じだって感じたな。

問８　【文章Ⅱ】の出典『徒然草』の冒頭部分を選べ。

ア　月日は百代の過客にして、行かふ年も又旅人也。

イ　祇園精舎の鐘の声、諸行無常の響あり。

ウ　つれづれなるままに、日くらし硯にむかひて…

エ　ゆく河の流れは絶えずして、しかももとの水にあらず。

四　**後の各問いに楷書で答えよ。**

問１　次の各文の傍線部のカタカナを漢字に書き改めよ。

①　ザッコクには、米や小麦、大麦は含まれない。

②　初詣は神社にサンパイする。

問２　問題例にならって、次の各文中から誤字を含む単語を探し出し、訂正した一単語を答えよ。
なお、各語の読み方はルビに準拠し、変更しないものとする。

> 例．急《きゅう》な計画《けいかく》の変更《へんこう》に備《そな》えて大体《だいたい》となる案《あん》を考《かんか》える。　答え：代替

①　測量《そくりょう》に使用《しよう》する巻《ま》き尺《じゃく》を貸《か》りる。

②　金銭《きんせん》の出納《すいとう》記録《きろく》を張簿《ちょうぼ》に付《つ》ける。

③　節約《せつやく》に努《つと》め、銀行《ぎんこう》の講座《こうざ》に貯金《ちょきん》をする。

問2 傍線部B「今日の庭」の特徴に最も近い様子を表している箇所を【文章Ⅱ】の波線部①～④から一つ選べ。

ア ①　**イ** ②　**ウ** ③　**エ** ④

問3 傍線部C「ことに褒めたまふはいかに」に対する答えの主旨として最も適切なものを一つ選べ。

ア どんな理由であれ自分の好むものを批判されるのは面白くないものだと知っているので、自身の好みと関係なく褒めた。

イ 好むものにもそうでないものにも道理にかなった考えに基づく理由があるわけではないので、自身の好みと関係なく褒めた。

ウ 人が良かれと思ってしたことには必ず何かしら良い点があるものだと世間で言われているので、自身の好みと関係なく褒めた。

エ 年老いた身には理解しにくくとも世間の人が良しとするものに合わせるべきだと思ったので、自身の好みと関係なく褒めた。

問4 傍線部D「心にくし」E「わびし」の現代語訳として最も適切なものをそれぞれ一つずつ選べ。

D　**ア** 腹立たしく　**イ** 貧しい感じに

　　ウ 感じがよく　**エ** 中途半端に

E　**ア** すばらしい　**イ** 興ざめだ

　　ウ 寂しい　**エ** 穏やかだ

問5 傍線部F「さてもやは、ながらへ住むべき」には、当時人々に広く浸透していた仏教思想における「無常」という物事のとらえ方が表れている。このとらえ方に基づいた表現と考えられる語句を【文章Ⅱ】より四字で抜き出せ。

問6 □ 1、2「より」と同じ意味内容の傍線部を含む文をそれぞれ次から一つずつ選べ。

ア ここより立ち入るべからず。　**イ** 徒歩より行く。

ウ 身の丈より高き草あり。　**エ** 泣くより他のことなし。

オ 笛の音聞くより思ひ出づ。　**カ** 人の多きより少なきを好む。

問7 次に示すのは、【文章Ⅰ】の「翁」（以下「翁」とする）と【文章Ⅱ】の作者（以下「作者」とする）の好みや考え方について生徒が話し合ったものである。生徒の発言のうち、【文章Ⅰ】と【文章Ⅱ】の内容を正しくとらえているものを一つ選べ。

ア 生徒A：「翁」と「作者」の好みは、どちらも昔の様式を真似た家や庭を好んでいるという点で似ていると思うな。ただ、「翁」は高い志を持って作ったことがうかがえるのであれば昔の様式でなくとも良いと評価しているけど、「作者」は現代的な要素を取り入れた住まいは否定しているよね。

イ 生徒B：「翁」と「作者」の好みはかなり違うと思うけどなあ。「翁」は工夫して面白く作った庭を見て褒めているけど、「作者」は整えてある庭や趣向を凝らした家の様子を見苦しいものとして批判しているよね。二者とも住まいによって主の人柄まで分かると考えている点は一緒だけど。

ウ 生徒C：うーん。というか、「翁」には特にこれといった好き嫌いはないと思うんだよね。「作者」の方は自然のままの庭と凝った作りの家具・道具類を好んでいるけど。ただ、二者とも住まいというものが短い間になくなってしまうのは仕方がないと言っているから、その点が似ているとはに合はぬものをばそしりなどすれど、理尽くして思ふにはあらず。

（中略）

実にさまざまの石などおもしろかれとなしたるは、おもしろからぬやうもなし。翁が庭はといへば、おのがままになすにて、※8いにしへの庭などの意とも違へば、心高きわけもなし。紅・紫の色はよきとて※9賞しぬれど、衣にして翁など※10着まほしとは思はざるなり。わが心に違へばそしるは、みな理知らぬ者のすることにや。」

（『花月草紙』）

※注
1　ため——整え　2　すかし——減らし
3　おかしく——趣深く　4　階前——家に入る階段の前
5　ひばら——ひのき　6　させる理——たいした理屈
7　ののしり——大騒ぎし
8　いにしへの庭——昔の庭（ここでは、水を用いず石組みを中心に山や川などの実際の風景を表現して作った枯山水の形式の庭のことを言う。）
9　賞しぬれど——褒めているけれど
10　着まほし——着てみたい

【文章Ⅱ】

家居《いえい》のつきづきしく、あらまほしきこそ、仮の宿りとは思へど、興あるものなれ。よき人の、のどやかに住みなしたる所は、さし入りたる月の色も、一《ひと》きはしみじみと見ゆるぞかし。①今めかしくきららかならねど、木だちものふりて、②わざとならぬ庭の草も心あるさまに、簀子《すのこ》・透垣《すいがい》のたよりをかしく、③うちある調度も昔覚えてやすらかなるこそ、D心にくしと見ゆれ。多くの工《たくみ》の心をつくしてみがきたて、唐の、大和の、めづらしく、えならぬ調度ども並べ置き、前栽《せんざい》の草木まで④心のままならず作りなせるは、見る目も苦しく、いとEわびし。Fさてもやは、ながらへ住むべき。又、時のまの煙ともなりなむとぞ、うち見る2 より 思はるる。大方は、家居にこそ、ことざまはおしはからるれ。

（『徒然草』）

【文章Ⅱ】の現代語訳

住まいが（住んでいる人に）似つかわしく、理想的なのは、（家はこの世の）一時的な住みかであるとは思うけれど、興趣のあるものだ。身分も教養も高い人が、ゆったりと住んでいる家は、差し込んできている月の光も、一層しみじみと見えるものだよ。現代風できらびやかではないけれど、木立が何となく古びていて、わざわざ整えてはいない庭の草の様子も味わいがある様子で、簀子（縁側）や隙間を空けて組んだ垣根の配置も趣があり、（家に）ある家具・道具類も昔を思わせる古風な感じで落ち着いているのは、D（　　　）見える。多くの職人が工夫を尽くして磨き上げ、中国や、日本の、珍しく、何とも言えないほど素晴らしい道具類を並べ置いて、庭の植え込みの草木まで自然のままでなく整えて作ってあるのは、見た目もよくなく、とてもE（　　　）。そのように（凝った作りの住まいに）しても、永久に住むことができるだろうか、いや住むことはできない。また、（火事などで）短い間で煙になって（なくなって）しまうに違いないと、見るとすぐ思われる。だいたい、住まいによって（その家の主人の）人柄・考え方は自然と推量されるものだ。

問1　傍線部A「作りたて」と反対の意味を表す語句を【文章Ⅰ】の（中略）以前から十字で抜き出せ。

だよね。

川端さん：【文章Ⅱ】には銀座、【文章Ⅲ】には神田って地名が出てくるね。なるほど確かに、現在の東京駅の東側で展開されているお話のようだね。

菊池さん：テクストに出てくる鮨屋の場所とか、特定してみたくない？

久米さん：テクストの発表が大正九年、一九二〇年かぁ。百年前の地図なんか手に入るかなぁ。

岡本さん：別に今の地図で良くない？　とりあえずなんとなく現在の東京駅付近の地図を紙に書いてみたよ。

川端さん：おぉ、さんきゅ。じゃあまずは、【文章Ⅱ】に出てくる鮨屋の位置に目星をつけよう。

菊池さん：これはX仙吉とAが出会う鮨屋だね。

久米さん：地名に着目すれば、だいたいこのあたりかな。

岡本さん：なるほど。次は【文章Ⅲ】に出てくる鮨屋だな。

川端さん：二つ出てくるね。一つは番頭が「今夜」出かけるらしい鮨屋。これは「外濠に乗って」行くみたいだね。

菊池さん：もう一つはY「与兵衛の息子」が出した鮨屋だね。

久米さん：番頭たちの会話をたどると、だいたいここら辺ってことでいっか。よし出来た！

【選択肢】

ア　X＝あ　Y＝い　　**イ**　X＝い　Y＝あ

ウ　X＝い　Y＝う　　**エ**　X＝う　Y＝あ

【岡本さんの描いた地図】

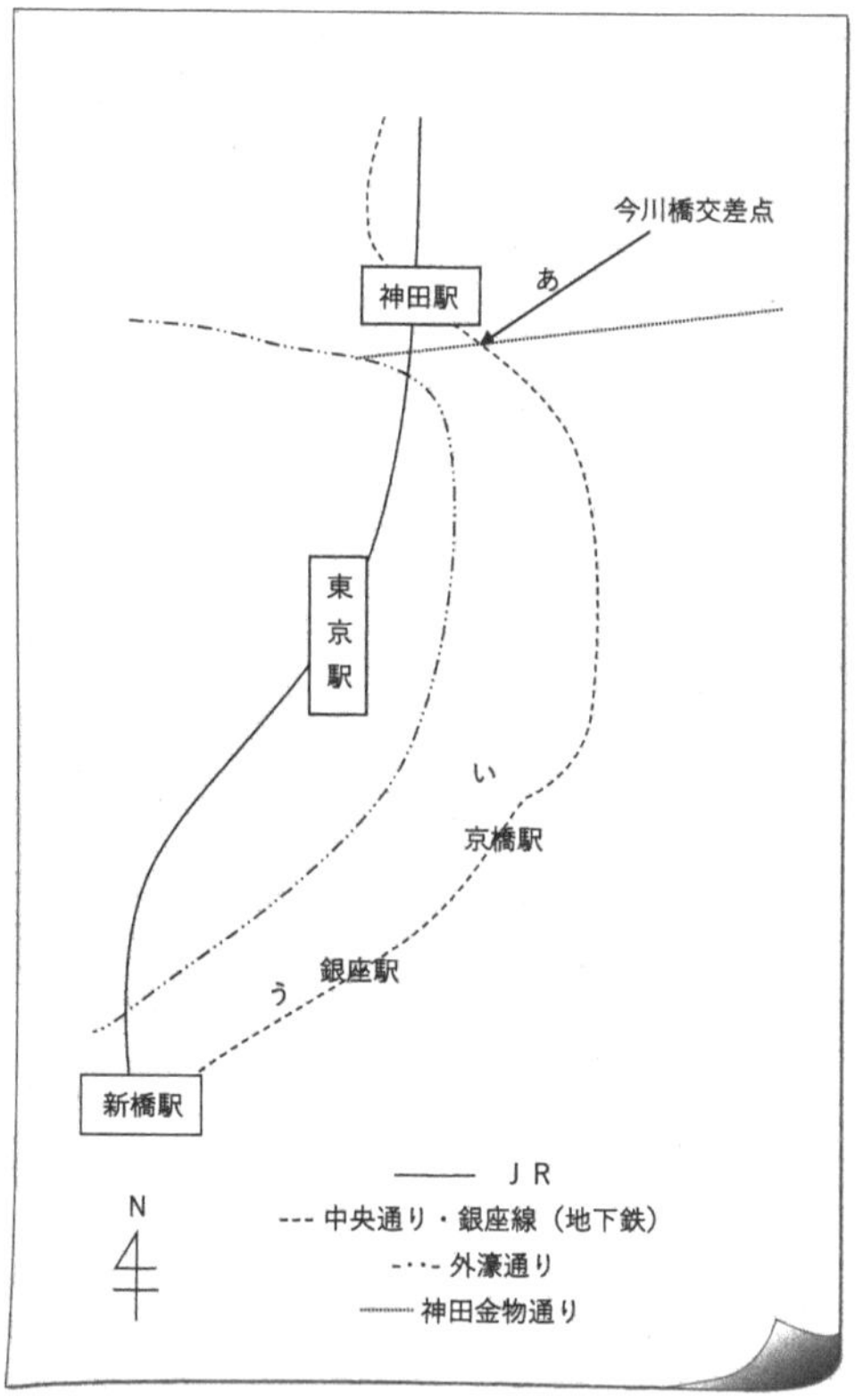

三　**【文章Ⅰ】と【文章Ⅱ】はいずれも住まいの様子について述べたものである。【文章Ⅰ】と「文章Ⅱ」、【文章Ⅱ】の現代語訳を読み、後の各問いに答えよ。なお、設問の都合上、本文の一部を省略した。**

【文章Ⅰ】

ある人の庭見しが、松の枝を※1ため、葉を※2すかし、一草一木みなA作りたててけり。まして石などは、さまざまの色あるをも並べ分け、大なるも小なるも、たたずまゐ※3おかしくしなしたるを、翁《おきな》ことに褒《ほ》めにけり。帰りて後に、「翁の常好みたまふは、草は※4階前《かいぜん》1［より］立ち伸び、松も※5ひばらもおのがままになし置きたまふかと思へば、B今日の庭をばCことに褒めたまふはいかに」と問ふ。「何も※6させる理《ことわり》なし。世の人、わが好むところに合ふものをば褒め※7ののしり、心宇野さん：つまり、実在の〈作者〉である志賀直哉が実際に仙吉に御馳走した、という出来事があったんだけど、それを自分で言うのがはばかられるから、Aという仮名を使ったってこと？

遠藤さん：というより、ずっとAや仙吉のことを遠くから語ってきた「作者」が、急に読者の前にせり出してきた、というイメージじゃないかな。その読者に対する「作者」の現れ方をコントロールしているのが、実在の〈作者〉って理解でどうだろうか。

和辻先生：君たちの言っていることをまとめると、〈作者〉である志賀直哉が後に「小説の神様」と呼ばれることになる点と、「作者」の仙吉に及ぼす権力性というものが、何かしらの関わりを持っているのではないか、ということが示唆される、ということになるのかな。面白い談義だったよ。

（a）空欄ｉにはテクストのタイトルが入る。生徒たちの会話から推測される最も適切なものを一つ選べ。

ア　神様の鮨　　イ　Aと小僧の話

ウ　小僧の神様　　エ　稲荷鮨と少年

（b）傍線ii「志賀直哉」の作品を選べ。

ア　蜘蛛の糸　　イ　人間失格

ウ　坊っちゃん　　エ　清兵衛と瓢箪

（c）[iii]について、直前までの会話の内容をふまえた場合、一人だけ「作者」及び〈作者〉について理解の異なる者がいる。それを次の選択肢の中より選べ。

ア　芥川さん　　イ　井伏さん　　ウ　宇野さん　　エ　遠藤さん

問5　テクストの表現に関する説明として最も適切なものを一つ選べ。

ア　Aについて4行目「自分は当然、或喜びを感じていいわけだ」とあることから、Aの一人称は常に「自分」であるということがわかる。

イ　18行目「秤どうも恐れ入りました」という細君の発言にあるように、Aの家庭は妻が旦那に頭があがらないという関係にある。

ウ　仙吉はご馳走してもらった件について推理しているが、47行目「仙吉の頭では想像出来なかった」とあるように、あきらめの早い性格であることが明示されている。

エ　76行目「作者は前の所で擱筆する事にした」ことにより、小僧が「あの客」の素性を確かめたのかどうかについては明確にされないままとなっている。

問6　空欄⑤には、次の各文が入る。適切に並び替えた場合、三番目になるものを選べ。

ア　小僧は其処へ行って見た。

イ　それで小僧はびっくりした。

ウ　代りに小さい稲荷の祠《ほこら》があった。

エ　ところが、その番地には人の住《すま》いがなかった。

問7　次の中学生たちの会話を読み、傍線部X及びYの位置を適切に選んだものを後の【選択肢】より一つ選べ。

岡本さん：いやぁ、K高校を受けたらさぁ、志賀直哉の作品が出題されたんだけど、どうも舞台が現在の東京駅付近みたいなん井伏さん：それは、この一文が仙吉の目線で語られているからだよ。

宇野さん：なるほど、僕たち読者はAのことを知っているけど、仙吉は「あの客」がAと呼ばれていることを知らないもんね。

遠藤さん：もちろん、Aが議員だということも知らない。仙吉にはAが何者かわからない。だから、仙吉の関心は次第に〈鮨をたらふく食べた幸せ〉よりも、〈「あの客」は一体何者なのか？〉という点に移行していっているよね。

芥川さん：そして56行目「お稲荷様かも知れない」という結論がでる。つまりAとは、仙吉の「お稲荷様」であり、「神様」「仙人」なんだということになるわけだ。

井伏さん：なるほど、このテクストのタイトルが「［ i ］」であることもそれで理解できたよ。

宇野さん：ところで、Aが小僧にとって不思議で大きな存在であることはわかったけど、じゃあどうしてAという表記になってるんだろう？　太郎とか、一郎とかでもいいじゃん。

遠藤さん：それは興味深い話題だね。テクストの謎は冒頭部に解決のヒントがあるかもしれないし、ちょっと見てみようよ。

（一同【文章Ⅲ】を読む）

芥川さん：なるほど、しきりに鮨屋の名前が何であるのかを気にしているね。テクストの冒頭が、〈名前をめぐるやりとり〉である以上、〈名前〉は重要な案件だよね。そう考えるとアルファベットで呼ばれていることに何か意図があるんじゃないかな。名前があってもよさそうなものなのに。

井伏さん：ところで、テクストではAのことも小僧のことも両方の視点から語られているよね。

宇野さん：うん、お互いの視点に交互に寄り添って語られているね。

遠藤さん：例えば二重傍線部ア「Bには小僧に会った事は話さなかった」は、当たり前だけど小僧が仙吉という名前だと知らない存在としてのAの目線で語られてるよね。

芥川さん：作者の目線で語られる時も二重傍線部イ「実は小僧が「あの客」の本体を確かめたい要求から」とあるように仙吉のことを小僧と呼んでいるね。それはまるで、小僧の名前を知らない存在と同じ口調だ。

井伏さん：つまりAと作者って同じ人物のことなんじゃない？

宇野さん：なるほど、作者であるii志賀直哉はテクストにAとして登場してるってことか！

遠藤さん：ちょっと待って。テクストに出てくる「作者」と、実在の〈作者〉は簡単に同一視しない方が良いと思うよ。

［ iii ］

芥川さん：テクストに出てきた「作者」という存在は、仙吉に対する目線の置き方からAと同一視が可能かもしれない、と言うだけにとどめておいた方がいいんじゃないかな。

井伏さん：Aが小僧の気持ちを動かしたように、「作者」もまた仙吉をどうにでも語ることができる。そういった立場の共通性を見ておこうってことかな。実際、仙吉が最後にどんな思いを抱くことになるのかは「作者」の手に握られているわけだしね。

り、食べたいものを電話で妻に取寄せさせたりしている点から、Aは人見知りだと考えられる。

い　Aは立ち食いという形式に馴染みがなく、さらにAの妻は鮨を食べることに対して何の気兼ねもない点から、Aの家庭は一定程度以上の富裕層だと考えられる。

う　どのような振る舞いが通なのかを知らず、また、鮨を御馳走しさえすれば小僧を喜ばせられると安易に考えている点から、Aの家庭は鮨などの高級品には縁遠い家庭だと考えられる。

え　Aは屋台に入っても客のあいだに割り込んでいくことができず、また、細君は小僧が鮨を食べたいと思っていることを察している点から、Aと細君は共に優しい性格だと考えられる。

（b）小僧について

お　六銭の鮨をためらう点から、小僧は貧しい立場にあると言える。

か　屋台で思い切った様子を見せる点から、小僧は勇気を持った存在だと言える。

き　客を押しのけて遠慮ない態度をとる点から、小僧は図々しい性格だと言える。

く　鮨を手にする時に躊躇のない点から、小僧は鮨屋でのとるべき所作を良く知っていると言える。

（c）二点から言えること

け　（a）と（b）より、Aと小僧は対照的な存在だと言えるが、小僧は100行目「勇気を振るい起して」とあり、Aは83行目「思い切ってとにかく暖簾を潜った」とあるように、勇猛な一面を持っているという点で共通していると言える。

こ　（a）と（b）より、Aと小僧は対照的な存在だと言えるが、小僧は94行目「妙に躊躇した」とあり、Aは83行目「一寸躊躇した」とあるように、共に何かをしようとするとき周囲からの視線に気兼ねして尻込みしてしまう点で共通していると言える。

さ　（a）と（b）より、Aと小僧は対照的な存在だと言えるが、小僧は119行目「通らしい口をききながら、勝手にそう云う家の暖簾をくぐる身分になりたいものだ」とあり、Aは78行目「通を頻りに説かれた」とあるように、鮨に関して通ではないという点で共通していると言える。

し　（a）と（b）より、Aと小僧は対照的な存在だと言えるが、小僧は41行目「あの場に居たんだ」とAの存在を感じており、Aは86行目「小僧はAを押し退けるようにして彼の前の僅かな空きへ立」っている以上小僧をよく見ているように、両者とも観察する立場であるという点で共通していると言える。

【選択肢】

ア　あ―き―し　**イ**　あ―く―け　**ウ**　い―お―こ

エ　い―お―さ　**オ**　う―お―さ　**カ**　う―く―こ

キ　え―か―し　**ク**　え―き―け

問4　傍線部④「仙吉には「あの客」が益々忘れられないものになって行った」とあるが、次に示すのはこれについての中学生の会話である。これを読み、後の各問いに答えよ。

芥川さん：「あの客」ってAのことだよね？　どうして「Aのことを忘れられない」と書かれていないんだろう？

「そうですか。で、其処《そこ》は旨いんですか」

「そう云う評判だ」

「やはり与兵衛ですか」

「いや、何とか云った。何屋とか云ったよ。聴いたが忘れた」

※注
1 本統――「本当」に同じ。
2 秤どうも恐れ入りました――Aは我が子の体重の変化を知りたいと思いつき、秤屋で体重秤を購入している。その秤屋にいたのが「小僧」である（【文章Ⅲ】参照）。
3 細君――妻。
4 番頭――商家の使用人の中では一番高いポジション。
5 筆を擱く――文章を書き終える。
6 貴族院議員――当時（大正時代）、国会は衆議院と貴族院で構成されていた。議員の年俸は約三〇〇〇円。
7 六銭――一銭は一円の百分の一。当時、雑誌が六十銭前後、食パン一斤《きん》が十四銭ほどだった。
8 奉公――住み込みで働くこと。一人前の商人になるには、まずは奉公人として下積みを経験することになる。無給だが、仙吉はお使いに出された際、往復の交通費を受け取り、片道は歩くことで金銭を得ていたようである。
9 外濠――明治後期に敷設された路面電車の一つ。皇居を一周するように走り、その沿線には現在の神田や銀座があった。当時の運賃は四銭。

問1 空欄甲、乙に入る言葉として最も適切なものをそれぞれ一つずつ選べ。

空欄甲
ア 肝に銘じた　**イ** 浮足立った
ウ 気色ばんだ　**エ** 眉をひそめた

空欄乙
ア 一途に　**イ** 饒舌に　**ウ** 几帳面に　**エ** したたかに

問2 傍線部①「Aは変に淋しい気がした」とあるが、これについて説明したものとして最も適切なものを一つ選べ。
ア 同情心から行ったことが逆に小僧を傷つけてしまったことを知り、後悔している。
イ 小僧に対してしてあげたことが善い事ではなかったことがわかり、落ち込んでいる。
ウ 自分が小僧にしてあげたことは自己満足に過ぎないのではないかという後ろめたさを抱いている。
エ 今後小僧に会うことがないとわかっていながら、また会えると期待を持たせてしまったことを反省している。

問3 傍線部②「自分は先の日小僧の気の毒な様子を見て」、傍線部③「彼は不図、先日京橋の屋台鮨屋で恥をかいた事を憶い出した」とあるが、②の「先の日」と、③「先日」は共に【文章Ⅱ】の出来事を指している。これをふまえ、（a）Aに関することについて、（b）小僧について、及び（c）それら二点から言えることをそれぞれテクスト全体を読んで考えた場合、最も適当なものの組み合わせは何か。後の【選択肢】より最も適切なものを一つ選べ。

（a）Aに関することについて
あ 暖簾をくぐった後店主や客に声をかけられず突っ立っていた

りに説かれた。Aは何時かその立食いをやってみようと考えた。そして屋台の旨いと云う鮨屋を教わって置いた。

或日、日暮間もない時であった。Aは銀座の方から京橋を渡って、かねて聞いていた屋台の鮨屋へ行って見た。其処には既に三人ばかり客が立っていた。彼は一寸躊躇《ちゅうちょ》した。然し思い切ってとにかく暖簾《のれん》を潜ったが、その立っている人と人との間に割り込む気がしなかったので、彼は少時《しばらく》暖簾を潜ったまま、人の後に立っていた。

その時不意に横合いから十三四の小僧が入って来た。小僧はAを押し退《の》けるようにして、彼の前の僅《わずか》な空きへ立つと、五つ六つ鮨の乗っている前下がりの厚い欅《けやき》板の上を忙《せわ》しく見廻《みまわ》した。

「海苔《のり》巻はありませんか」

「ああ今日は出来ないよ」肥《ふと》った鮨屋の主は鮨を握りながら、尚《なお》ジロジロと小僧を見ていた。

小僧は少し思い切った調子で、こんな事は初めてじゃないと云うように、勢《いきおい》よく手を延ばし、三つ程並んでいる鮪《まぐろ》の鮨の一つを摘んだ。ところが、何故か小僧は勢よく延ばした割にその手をひく時、妙に躊躇した。

「一つ※7六銭だよ」と主が云った。

小僧は落《おと》すように黙ってその鮨を又台の上へ置いた。

「一度持ったのを置いちゃあ、仕様がねえな」そう云って主は握った鮨を置くと引きかえに、それを自分の手元へかえした。

小僧は何も云わなかった。小僧はいやな顔をしながら、その場が一寸動けなくなった。然し直《す》ぐ或勇気を振るい起《おこ》して暖簾の外へ出て行った。

【文章Ⅲ・名前をめぐるやりとり（テクスト冒頭部分）】

仙吉は神田のある秤屋の店に※8奉公している。

それは秋らしい柔かな澄んだ陽ざしが、紺の大分はげ落ちた暖簾の下から静かに店先に差し込んでいる時だった。店には一人の客もない。帳場格子《ちょうばごうし》の中に坐《すわ》って退屈そうに巻煙草をふかしていた番頭が、火鉢の傍で新聞を読んでいる若い番頭にこんな風に話しかけた。

「おい、幸さん。そろそろお前の好きな鮪の脂身が食べられる頃だネ」

「ええ」

「今夜あたりどうだね。お店を仕舞ってから出かけるかネ」

「結構ですな」

「※9外濠《そとぼり》に乗って行けば十五分だ」

「そうです」

「あの家のを食っちゃア、この辺のは食えないからネ」

「全くですよ」

若い番頭からは少し退《さが》った然るべき位置に、前掛《まえかけ》の下に両手を入れて、行儀よく坐っていた小僧の仙吉は、「ああ鮨屋の話だな」と思って聴いていた。京橋にSと云う同業の店がある。その店へ時々使《つかい》に遣《や》られるので、その鮨屋の位置だけはよく知っていた。仙吉は早く自分も番頭になって、そんな通らしい口をききながら、勝手にそう云う家の暖簾をくぐる身分になりたいものだと思った。

「何でも、与兵衛の息子が松屋の近所に店を出したと云う事だが、幸さん、お前は知らないかい」

「へえ存じませんな。松屋というと何処のです」

「私もよくは聞かなかったが、いずれ今川橋の松屋だろうよ」

仙吉は空車を挽《ひ》いて帰って来た。彼の腹は十二分に張っていた。これまでも腹一杯に食った事はよくある。然し、こんな旨いもので一杯にした事は一寸憶《おも》い出せなかった。

③彼は不図《ふと》、先日京橋の屋台鮨屋で恥をかいた事を憶い出した。漸《よう》くそれを憶い出した。すると、初めて、今日の御馳走がそれに或関係を持っている事に気がついた。若しかしたら、あの場に居たんだ、と思った。きっとそうだ。しかし自分のいる所をどうして知ったろう？　これは少し変だ、と彼は考えた。そう云えば、今日連れて行かれた家はやはり先日※4番頭達の噂《うわさ》をしていた、あの家だ。全体どうして番頭達の噂まであの客は知ったろう？

　仙吉は不思議でたまらなくなった。番頭達がその鮨屋の噂をするように、AやBもそんな噂をする事は仙吉の頭では想像出来なかった。彼は[乙]自分が番頭達の噂話を聴いた、その同じ時の噂話をあの客も知っていて、今日自分を連れて行ってくれたに違いないと思い込んで了った。そうでなければ、あの前にも二三軒鮨屋の前を通りながら、通り過ぎて了った事が解らないと考えた。

　とにかくあの客は只者《ただもの》ではないと云う風に段々考えられて来た。自分が屋台鮨屋で恥をかいた事も、番頭達があの鮨屋の噂をしていた事も、その上第一自分の心の中まで見透《とお》して、あんなに充分、御馳走をしてくれた。到底それは人間業《わざ》ではないと考えた。神様かも知れない。それでなければ仙人だ。若しかしたらお稲荷様かも知れない、と考えた。

　Aの一種の淋しい変な感じは日と共に跡方なく消えて了った。然し、彼は神田のその店の前を通る事は妙に気がさして出来なくなった。のみならず、その鮨屋にも自分から出掛ける気はしなくなった。

「丁度よう御座んすわ。自家《うち》へ取り寄せれば、皆もお相伴《しょうばん》出来て」と細君は笑った。

　するとAは笑いもせずに、

「俺のような気の小さい人間は全く軽々しくそんな事をするものじゃあ、ないよ」と云った。

④仙吉には「あの客」が益々《ますます》忘れられないものになって行った。それが人間か超自然のものか、今は殆ど問題にならなかった。只無闇とありがたかった。彼は鮨屋の主人夫婦に再三云われたに拘《かかわ》らず再び其処《そこ》へ御馳走になりに行く気はしなかった。そう附《つ》け上がる事は恐ろしかった。

　彼は悲しい時、苦しい時に必ず「あの客」を想った。それは想うだけで或慰《なぐさ》めになった。彼は何時かは又「あの客」が思わぬ恵みを持って自分の前に現れて来る事を信じていた。

　作者は此処《ここ》で※5筆を擱《お》く事にする。イ実は小僧が「あの客」の本体を確かめたい要求から、番頭に番地と名前を教えて貰《もら》って其処を尋ねて行く事を書こうと思った。[⑤]――とこう云う風に書こうと思った。然しそう書く事は小僧に対し少し惨酷《ざんこく》な気がして来た。それ故《ゆえ》作者は前の所で擱筆《かくひつ》する事にした。

【文章Ⅱ・鮨屋での出来事（文章Ⅰ以前の場面）】

　若い※6貴族院議員のAは同じ議員仲間のBから、鮨の趣味は握るそばから、手掴《てづか》みで食う屋台の鮨でなければ解らないと云うような通《つう》を頻《しき》れらを「あかるい」と形容することで、資本主義に基づいた競争を肯定的にうたっている。

オ　「白いのがひかり、明るいのがさむさ、寒いからもう電車で行くね」

―明るさや電車での移動を描写しつつ、短歌自体に「　」を付し、相手に話しかけるような体裁を取ることで、都市に生きる人の生の輪郭を具体化している。

二　**次の各文章は、志賀直哉のある作品（以降テクストと呼ぶ）の断片であり、意図的に並べ替えてある。これらを読み、後の各問いに答えよ。なお、設問の都合上、本文の一部を改変し、【文章Ⅰ】～【文章Ⅲ】を通して行数を付した。**

【文章Ⅰ・テクスト末尾部分】

①Aは変に淋《さび》しい気がした。②自分は先の日小僧の気の毒な様子を見て、心から同情した。そして、出来る事なら、こうもしてやりたいと考えていた事を今日は偶然の機会から遂行出来たのである。小僧も満足し、自分も満足していい筈《はず》だ。人を喜ばす事は悪い事ではない。自分は当然、或《ある》喜びを感じていいわけだ。ところが、どうだろう、この変に淋しい、いやな気持《きもち》は。何故だろう。何から来るのだろう。丁度《ちょうど》それは人知れず悪い事をした後の気持に似通っている。

若《も》しかしたら、自分のした事が善事だという変な意識があって、それを※1本統《ほんとう》の心から批判され、裏切られ、嘲られているのが、こうした淋しい感じで感ぜられるのかしら？　もう少し仕た事を小さく、気楽に考えていれば何でもないのかも知れない。自分は知らず知らずこだわっているのだ。然《しか》しとにかく恥ずべき事を行ったというのではない。少《すくな》くとも不快な感じで残らなくてもよさそうなものだ、と彼は考えた。

その日行く約束があったのでBは待っていた。そして二人は夜になってから、Bの家の自動車で、Y夫人の音楽会を聴きに出掛けた。

晩《おそ》くなってAは帰って来た。彼の変な淋しい気持はBと会い、Y夫人の力強い独唱を聴いている内に殆《ほとん》ど直って了《しま》った。

「※2秤《はかり》どうも恐れ入りました」※3細君《さいくん》は案の定、その小形なのを喜んでいた。子供はもう寝ていたが、大変喜んだ事を細君は話した。

「それはそうと、先日鮨《すし》屋で見た小僧ネ、又会ったよ」

「まあ。何処《どこ》で？」

「はかり屋の小僧だった」

「奇遇ネ」

Aは小僧に鮨を御馳走《ごちそう》してやった事、それから、後、変に淋しい気持になった事などを話した。

「何故でしょう。そんな淋しいお気になるの、不思議ネ」善良な細君は心配そうに［　甲　］。細君は一寸《ちょっと》考える風だった。すると、不意に、「ええ、そのお気持わかるわ」と云《い》い出した。

「そう云う事ありますわ。なんでだか、そんな事あったように思うわ」

「そうかな」

「ええ、本統にそう云う事あるわ。Bさんは何て仰有《おっしゃ》って？」

「アBには小僧に会った事は話さなかった」

「そう。でも、小僧はきっと大喜びでしたわ。そんな思い掛《がけ》ない御馳走になれば誰でも喜びますわ。私でも頂きたいわ。そのお鮨電話で取寄せられませんの？」

イドは電気羊の夢を見るか?』を原作とし、科学技術が進歩した世界において発生した、レプリカント（人間に酷似したアンドロイド）に関する問題について扱っている。

生徒H：…つまり、ユートピア的な世界を実際につくっていくと、なんか悪い社会になりがちだってことが、ここで言われているのかな。「ユートピアとディストピアが同じ意味になる」ってのは、たとえばこの本（『シュルレアリスムとは何か』）で言うとこんな感じなのか…?

生徒I：んー、でもやっぱり釈然としないなー。「吉田くん」の歌の場合は、別に悪い社会を描いてるわけじゃないし。「吉田くん」の歌はどのあたりで、「ユートピアとディストピアが同じ意味に」なるって言えるんだろう。

生徒J：じゃあ、こういうのはどう？「吉田くん」の歌集において、「ユートピアとディストピアが同じ意味になる」ように感じられるのは、都市を遠くから見ているからでしょ。そのとき、人の姿が見えなくなるよね。

生徒K：ということであれば、そんなふうに［乙］を描いているから、「吉田くん」の歌のなかの都市は「ユートピア」っぽくもあって、「ディストピア」っぽくもあるってことかな。こう考えると、巖谷さんの言ってるようなユートピアにおける人間のありかたとも近くなってくるのかも…!

（a）空欄甲に入る最も適切な言葉を、堂園氏の文章の（中略）以後から十五字以内で探し、その最初と最後の三字を抜き出せ。

（b）空欄乙に入る最も適切な言葉を一つ選べ。

ア　人間の姿が見えないが、実は随所に人の喜怒哀楽が表現されているという都市の逆説的なありかた

イ　人間が実は不在であるにもかかわらず、人間が生きるための環境が存在するという都市の逆説的な構成

ウ　人間の行為によって作られながらも、それが見えないまま人間を省いて粛々《しゅくしゅく》と機能していく都市の姿

エ　人間が主体性を持たず、乗り物に乗ってどこかに運ばれつづけるだけであるという都市の非情な構図

問7　本文中で紹介された短歌について、本文内容と関係づけて解釈したものとして不適切なものを一つ選べ。

ア　朝刊が濡れないように包まれて届く世界の明日までが雨

—朝刊が濡れない理由や、明日まで雨だとわかる理由を明示しないことによって、わたしたちの生きる世界を不思議なものとしてとらえなおさせている。

イ　飼いもしない犬に名前をつけて呼び、名前も犬も一瞬のこと

—未来にとって重要ではなくすぐに忘れ去られるような出来事を扱い、その際のかすかな心の動きを一回的なものとして写し取りつつも、その出来事の詳細は描かれず、普遍性も感じさせている。

ウ　バス停がバスを迎えているような春の水辺に次、止まります

—他者を受け容れるイメージをもつ「迎えて」や、のどかなイメージを抱かせる「春の水辺」といった言葉を用いて、バスという乗り物に肯定的な印象を与えている。

エ　コンビニを並べていけばそれぞれにあかるい歌が聞こえる町だ

—都市を上から見たときに想像されるコンビニの多さに着目し、そ

よれば、ユートピアは「この世に存在しない、ある理想的な場所あるいは国」で、「組織され管理された国や都市の理想型」らしい。

生徒Ｄ：へー、ちょっとかして。…あ、ユートピアの特徴は、「離れたところに孤立した空間を維持している」こととか、空間や時間が「幾何学的構造をもっ」ていることとか、「自然を矯正《きょうせい》してしまう」こととか、「個性」が存在しないことって書いてある。「明るい」ことなんかもあるんだね。まだいろいろあるみたいだけど。

生徒Ｅ：そうすると、「ユートピア」ってのはこの「吉田くん」の歌の形容としてわるくないのかもね。幾何学的だってこととか自然的じゃないってこととか、個性が描かれないってこととか明るいってこととかは、筆者（堂園氏）が都市を「　甲　」って言い換えて表現していることと重ねられるからね。

生徒Ｆ：ただ、筆者（堂園氏）の言ってることとしては、そういう場所が「ユートピア」でありながら「ディストピア」と「同じ意味」にもなっちゃうんでしょ？　これはどう解釈すればいいんだろう。

生徒Ｇ：あ、ちなみに巖谷さんの本には、こういう記述もあるよ。

（前略）ユートピアの特徴として挙げた規則性、反復性、閉鎖性。城壁があり、とざされていて、人間は役割と機能に還元され、巨大な時計のようにすべてが運んでゆく。時間割があり、歴史が否定され、ただただ反覆がなされる。ちょうど時計の文字盤さながらに展開してゆくという社会。それは意外にも※1サドが描いたものとそっくりではないか。『ソドムの百二十日』でも『悪徳の栄え』でも、どの作品でもそうなっているわけです。

ユートピアをつきつめればけっして良い国ではなく、とてつもない悪の社会にもなりうるということを、サドは十八世紀に察知してしまった。だからこそサドの作品は現代に対して有効です。たとえば現代にユートピア小説を書こうとしたら、まず※2ペシミスティックなものにならざるをえないでしょう。現代のアメリカのＳＦなんかもベトナム戦争以後、楽天的なものではありません。楽天的でありうるとすれば、※3フェアリー・テイルズにもどる場合しかない。近未来もたとえば※4『ブレード・ランナー』みたいな暗い世界になっているわけで、明るくみごとに構成されたユートピア世界を惑星の上に想像するとしても、そこは地獄に似てくるでしょう。それで人間が自由でありうる空間を考えるとすれば、むしろ『ブレード・ランナー』ふうの闇の濃い世界であったりするということですね。（後略）

（巖谷國士『シュルレアリスムとは何か』より）

※注　１　サド――マルキ・ド・サド（Marquis de Sade）。１７４０年生―１８１４年没。フランス革命期の貴族、小説家。反社会的、反道徳的な世界を描いたとされることが多い。「サディズム」の語源となった人物。

２　ペシミスティック――悲観的な。厭世的《えんせいてき》な。

３　フェアリー・テイルズ――妖精の話。おとぎ話。

４　『ブレード・ランナー』――リドリー・スコット監督による１９８２年公開のＳＦ映画。フィリップ・Ｋ・ディックのＳＦ小説『アンドロ

「朝刊が濡れないように包まれて届く世界の明日までが雨」の歌や「ここは冬、初めて知らされたのは駅、私を迎えに来たのは電車」の歌が、そう言われてるけど…。

生徒C：ええと、まだ考えがまとまってないんだけど、さっき言った「懐旧」とか「追憶」、「郷愁」っていう言葉がともに前提として持っている意味には、[X]ということがあるよね。これは「吉田くん」の歌の特徴ってことにならないかな？

生徒D：ふむふむ。…あ、そういえば筆者は85行目で「既存の文脈の残像が残っているから」、「吉田くん」の短歌は「懐かしい」って言っているよね。それは今の話に関連してきそう。

生徒E：じゃあ、今までの話をまとめて、こういうのはどう？「吉田くん」の歌は84行目にあるように、「世界がもともと持っていた美しさを発見している」らしいけど、「もともと持っていた」っていうことは、〝「吉田くん」が表現している世界の美しさは、実はわたしたちがこれまでふれていたけど気づかなかったものでもある〟っていうことにもなるんじゃない？
だからその世界は、わたしたちにとってあたらしくもあり、同時に、懐かしくも感じられるっていうか…。

生徒F：なるほど。であれば、筆者が「吉田くん」の歌の世界について「[Y1]」とか「[Y2]」って表現しているのも何となくわかるよね。両者とも、いまいる現実世界を多重化して見せるような概念だから、さっきCさんが言ってた「懐旧」「追憶」「郷愁」に共通して含まれる[X]みたいな意味に関連するんじゃないかな。少し、わかってきたような…！

（a）二箇所の空欄Xに共通して入る、最も適切な言葉を一つ選べ。

ア 人間だけがすることである
イ すべて心の働きである
ウ 二つの時間や空間が想定される
エ 理想的な世界を追求する

（b）空欄Y1とY2に入る言葉の組み合わせとして、最も適切なものを一つ選べ。

ア Y1＝アヴァンギャルド　Y2＝抒情性
イ Y1＝微細　Y2＝交換不可能
ウ Y1＝普遍的　Y2＝細部不明瞭
エ Y1＝イデア　Y2＝蜃気楼

問6 次の【会話文】は、この文章を読んだ中学三年生が、本文中に用いられている二重傍線部★3「ディストピアとユートピアが同じ意味となる」という言葉について考えた際の記録である。この【会話文】を読み、続く問い（a）、（b）に答えよ。

【会話文】

生徒A：「ユートピア」ってのは聞いたことがあるけど、「ディストピア」はないなー。

生徒B：ええと、「ユートピア」は「理想郷」とか訳すんだって。逆にディストピアは「地獄郷」とか訳されて、悪い場所、らしいよ。

生徒C：これ、参考になると思って家から持ってきたんだ。巖谷《いわや》國士《くにお》『シュルレアリスムとは何か』っていう本なんだけど、それに

造だけを残すことで、人間のありのままの姿を映し出せるように歌をつくっているということ。

ウ　細部をつきつめていくと、わたしたちの生活の奇妙さや寂しさや抒情が自然なものではないかのように思えてしまうため、吉田くんは大きな構造をとらえることで、そうした感慨が人間的なものに思えるように歌をつくっているということ。

エ　細部をつきつめていくと、はじめに感じた何かが別の感情に変化してしまうから、吉田くんはそうした細部をつきつめていくのではなく、大きな構造を残すように歌をつくっているということ。

問3　傍線部3「資本主義へのひとつの抒情的な適応」とあるが、それは49行目「脚の長い鳥は～」という歌が、どのようなことを表現しようとしているということか。その説明として最も適切なものを一つ選べ。

ア　いま自分が生きる世界が、自分らしさを表現できない社会であっても、歌の中で自分らしく生きることを表明することによって、個としての自分を確立しようとしているということ。

イ　いま自分が生きる世界が、経済性をつよく重視される社会であっても、そこに美を見出そうとすることで、資本主義的な社会と、その中で暮らしつづけようとする自分を肯定しているということ。

ウ　いま自分が生きる世界が、有用性や社会性だけを求める社会であるため、その有用性や社会性を美しさとみなすことで、社会的な生を営もうとしているということ。

エ　いま自分が生きる世界が、ただ存在することを認めないような社会であるため、その社会の美的な性質に視点をずらすことで、自分の居づらさから目を逸らそうとしているということ。

問4　傍線部4「彼の歌自体が都市そのもののようなのだ」とあるが、それはどういうことか。その説明として最も適切なものを一つ選べ。

ア　吉田くんの歌は、人間が作りながらもどこか人間の手を離れてしまった都市に似て、人間の世界を扱いながらも、それを超えた世界の構造を物語るうつくしさを感じさせるということ。

イ　吉田くんの歌は、遠くから見るとうつくしく見えてくる都市に似て、都市に生きる人間の生々しい心情を、都市を形づくっている場所や乗り物を用いて巧妙に描いているということ。

ウ　吉田くんの歌は、人間が無機的な光に満ちた空間で生きている都市に似て、プラネタリウムや駅、コンビニといった都市の中にある光を放つものの中で人が生きていることを気づかせるということ。

エ　吉田くんの歌は、人間一人ひとりが集まることで成立している都市に似て、人の暮らしのなかの感覚を断片として集め、人間の生のありかたを表現しようとしているということ。

問5　次の【会話文】は、この文章を読んだ中学三年生が、本文中に用いられている二重傍線部★1「ノスタルジック」、★2「ノスタルジー」という言葉について考えた際の記録である。この【会話文】を読み、続く問い（a）、（b）に答えよ。

【会話文】

生徒A：ふうん、辞書引いたら「ノスタルジー」って「懐旧」とか「追憶」、「郷愁《きょうしゅう》」って意味なんだね。
「ノスタルジック」はその形容詞化なんだ。

生徒B：で、なんで「吉田くん」の歌が「ノスタルジー」を感じさせるんだろう。

★3 ディストピアとユートピアが同じ意味となるような、そんな場所だ。

とりあえず飽きるまではこの街にいるといいと思う。電車も通っているし、出て行こうとすればすぐ別の街に行ける。しかしあなたは別の街に住んでも、すぐにこの街を思い出すだろう。なぜならこころに出来たこの街はあらゆる街の※11イデアであり、また同時にあらゆる街の残像を集めてできた蜃気楼《しんきろう》なのだから。

「白いのがひかり、明るいのがさむさ、寒いからもう電車で行くね」
（堂園昌彦《どうぞのまさひこ》「都市そのものである歌集」

——吉田恭大『光と私語』付録栞《しおり》 より）

※注
1 ディテール——詳細。細部。
2 抒情——感情を述べ表すこと。ここでは〝そのように表された感情〟くらいの意味か。
3 ダウンコンバート——画像・映像の解像度（細かさの度合い）をあえて下げること。
4 「工場萌え」——工場の美しさを愛好する感情。またその感情に基づき工場を観賞する行為。
5 シンメトリー——対称。つり合いがとれていること。
6 アヴァンギャルド——実験的な。前衛的な。
7 丸ノ内線——電車の路線の名称。
8 ニュアンス——ものごとについての微妙な意味合い。
9 捨象——あるものごとから一定の特徴を抽出した際に、それ以外の特徴が捨てられること。
10 ローソン——コンビニエンスストアの店名の一つ。
11 イデア——プラトンの提唱した概念。ここでは〝現世には表れない、ものやことの純粋な形〟くらいの意味か。

問1 傍線部1「ほのかな寂しさ」とあるが、それはどのような思いと言えるか。その説明として最も適切なものを一つ選べ。

ア 抽象的にさえ感じられるような遠い場所に行ってしまった友達と、友達にとり残された自転車と自分とのへだたりを意識させられる思い。

イ 世界の果てまで行ってしまったかのような友達の遠さと、変わらずここに残されている友達の自転車の近さの対比から、二人の間に結ばれた友情を確信する思い。

ウ 自転車を置いて外国に行った友達が、自転車と同じく自分も置いていったことに気づき、二人の友情が破局を迎えたことに気づかされる思い。

エ 外国に行った友達が置いていった自転車を見て、自転車があたかも人間のように寂しがっているように感じ、その寂しさを共有する思い。

問2 傍線部2「細部ではなく、構造」とあるが、それはどういうことか。その説明として最も適切なものを一つ選べ。

ア 細部をつきつめていくと、人間の世界を取り巻いている大きな構造が見えなくなってしまうため、吉田くんはそうした大きな構造が人間の世界を規定していることを指摘できるように歌をつくっているということ。

イ 細部をつきつめていくと、私たちの生活のためのシステムしか見えてこないため、吉田くんはそうしたシステムを拒否し、大きな構吉田くんの歌はそれに似ていて、通常注目されるはずの物事の因果から視線を逸《そ》らす、あるいは解像度を下げることによって、世界がもともと持っていた美しさを発見している。既存の文脈の残像が残っているからこそ、彼の短歌は無軌道で※6アヴァンギャルドなものではなく、どこか懐かしいような抒情性を湛《たた》えているのだと思う。

とっておきのアネクドートをこれからも使うことなく覚えてゆこう

※7丸ノ内線に光が差すたびに意識の上では目を覚ますけど

飼いもしない犬に名前をつけて呼び、名前も犬も一瞬のこと

こうした意識のうえでの微妙な揺らぎのような歌も、この歌集にはたくさん出てくる。読者にさえ内容を語られないアネクドート（挿話）は空中に浮かんだまま不思議な存在感を示し、時折地下から地上に出る丸ノ内線は眠っている人の意識をわずかな時間揺り起こす。行きずりに出会った犬とそれに命名された名前は一瞬だけ人間の心を照らし、やがて記憶からも消え去っていく。

ここにある感情は微細かつ交換不可能であるけれど、描かれている事象自体は普遍的かつ細部不明瞭であるという、面白い現象がどの歌にも起きている。

（中略）

バス停がバスを迎えているような春の水辺に次、止まります

人々がみんな帽子や手を振って見送るようなものに乗りたい

笑わなくてもあかるく、そして、地下鉄の新しい乗り入れの始まり

さらに彼は点と点をつなぐ存在として乗り物を愛している。この歌集にも多すぎると言っていいほど乗り物の歌が出てくるが、どれも肯定的な※8ニュアンスで描かれているのが興味深い。おそらく、乗り物というモノがそれぞれ持つディテールを削ぎ落としていった末に表れる、「新しい場所へ移動する」「未知のものを載せてくる」といった機能の不思議さそれ自体を吉田くんは好んでいるのだろう。「人々がみんな帽子や手を振って見送るようなもの」から私は豪華客船が港を離れる光景を想像したが、たしかにあの景色は船に乗っている人間や見送っている人間一人ひとりの事情を※9捨象し、ただただ祝福されるものとして繰り広げられる。その面白さと不思議さと悲しさに胸を突かれる感じがする。

約束はできないけれどまた行こう　都下に散らばるプラネタリウム

電話帳でもここらはもう海じゃない　都電の駅まで二人で歩く

一月は暦の中にあればいい　手紙を出した※10ローソンで待つ

改札を出てから雨にぬれるまで駅はどこから終わるのだろう

コンビニを並べていけばそれぞれにあかるい歌が聞こえる町だ

吉田くんの歌を読んでいると、私は都市を連想する。もちろん彼の歌にはよく都市が登場するが、そういった意味以上に、4彼の歌自体が都市そのもののようなのだ。都市は近寄って見ていると、そこには毎日人間が暮らし、どろどろとした喜怒哀楽が繰り広げられているが、遠くから見れば光のあふれる構造と因果の構築物だ。都市というものはまぎれもなく人間が作り出した人間の集合であるのだが、どこか非人間的なところがある。そのような視点で眺める都市は優しく、うつくしく、

だしている。

ここは冬、初めて知らされたのは駅、私を迎えに来たのは電車

「冬」という季節、「駅」という場所、「電車が迎えに来た」という出来事は描かれている。一方でここがどこなのか、何を知らされたのか、なぜ電車が迎えに来たのかは説明されていない。詳細抜きに出来事の周辺情報ばかりが描写されるが、強い★2ノスタルジーの気配が読む人のこころを揺さぶる。

言ってしまえば、ここで告げられている内容や、歌の主人公たちにどんな物語が起きているのかは問題ではないのだ。2細部ではなく、構造。おそらく、私たちはそのようにして抒情を味わっている。

脚の長い鳥はだいたい鷺《さぎ》だから、これからもそうして暮らすから

町には意外と鳥がいる。川なんかもあったりするから、時々、水鳥も飛んでくる。少し珍しいが脚の長い鳥なんか見られる。見つけると少し嬉しい。たぶんあれは鷺の仲間だろう。しかし、主体はそれ以上踏み込もうとしない。この鳥をアオサギだとか、コサギだとか、ダイサギだとか、あるいは鷺じゃなくてセイタカシギだとか、そういった同定は行わない。たぶんそれをしてしまうと、「脚の長い鳥がいる」という喜び（に似た何か）が別のものに変化してしまうのである。この人にとって鷺を見る喜びは喜びとしてあるが、それはアオサギの生態を細かく認識していくことでも、あるいは一羽一羽に名前をつけて個体として愛でることでもない。おそらく「脚の長い鳥がいる」ということに直面したときの心の動きを最大化するために、こうした解像度の※3ダウンコンバートをあえて意識的に行っている。

ポイントは「暮らす」で、主体はこの種類の喜びの摂取を最大化することに対して心を砕いており、それは鳥にだけではなく、あらゆるものに適用される。「これからもそうして暮らすから」と決然とした響きを持って発されるその心構えは、私には3資本主義へのひとつの抒情的な適応として映る。

写真家・ライターの大山顕《おおやまけん》が運営するウェブサイト「住宅都市整理公団」を知っているだろうか。一般には「※4工場萌え」という言葉を作った一人として有名かもしれない。ひたすら公団住宅をコレクションしているサイトで、全国の団地の写真とそれについての大山顕の感想が並べられている。だが、そこで評価されるのは団地の住みやすさや住民の構成や家賃の相場などではなく、外から見た時の階段の位置の面白さや、各階の手すりの※5シンメトリーな配置や、屋上構造物の美的なはみ出し具合などだ。つまり、有用性や社会性に注目している限り表れてこないモノ固有の美を再発見し、それを独自の価値観で鑑賞しているサイトなのだ。

もちろん、大山顕は団地が背負っている社会性などの通常の文脈に気づいていないわけではなく、あえてそこから視線をずらすことで美を発見している。初めから美的に奉仕するために生まれてきた美術作品ではだめで、「工場」や「団地」という経済や社会のために生み出された、一般的には美を見出しにくいものだからこそ、そこに美を発見することが面白いという発想である。

【国　語】（五〇分）〈満点：一〇〇点〉

一　次の文章は、吉田恭大《よしだやすひろ》の歌集『光と私語』について述べている文章である。これを読み、後の各問いに答えよ。なお、設問の都合上、本文の一部を省略した。

吉田恭大くんの歌集が出るという。吉田くんのことは彼が10代の頃から知っていて、当時私は早稲田短歌会の先輩で、彼はそこの新入生だった。

　その頃から彼の短歌は完成度が高かったのだが、彼自身はそのことに満足していなかったように思う。実際に、この歌集では初期歌篇《かへん》をほとんど落としているようだ。29歳での歌集出版は遅すぎるくらいだが、満を持してという言葉が相応《ふさわ》しく、文体を練り上げていった結果として、彼らしい独自の心惹《ひ》かれる世界が歌集の中に広がっている。

　外国はここよりずっと遠いから友達の置いてゆく自転車

　この歌集の巻頭の歌。友達が外国に行く。外国は遠いので、重たい荷物を持っていくことはできない。したがって、自転車も置いていくことになる。このように分解していけば至極当然の出来事だが、吉田くんの文体ではそれが奇妙に響く。それは、一般的な論理の構造からひとつステップを飛ばしたものをあえて提示しているからだ。仮に通常の理屈に寄せるならば、この歌は次のようになる。

　外国に持っていくのが面倒で友達の置いてゆく自転車（改作例）

これならば何の不思議もない。しかし、「外国はここよりずっと遠いから」と言われると、それは単なる人間側の理屈を超え、もっと大きなものにつながってしまう。人間は「面倒」という感情を扱うことはできるけれども、「遠さ」を扱うことはできない。結果、外国の「遠さ」が際立ち、「韓国」とか「アメリカ」とか「オーストラリア」などの具体的な土地ではなく、どこかたどり着けないほど遠い場所に友達が行ってしまうような感じを受ける。そして、それほど遠い場所に行ってしまった友達の自転車が残っていることと、自分が「ここ」に残されたことに対して1ほのかな寂しさが生まれる。

　朝刊が濡《ぬ》れないように包まれて届く世界の明日までが雨

　この歌も同じ構造を持っていて、「雨の日は朝刊が濡れないように新聞配達の人がビニールに包んで届ける、そして天気予報によれば明日も雨のようだ」という事実から、新聞配達の人が朝刊を包むことと、天気予報で明日まで雨とわかること、という二つの人為的な要素が省略されることで、まるで私たちの生活のための便利なシステムが、人間が介在しない自然現象として起きているような、そんな奇妙な感覚を抱かせる。そして、そのように捉えた世界はどことなく★1ノスタルジックで、魅力的な相貌《そうぼう》を帯びているのだ。

　吉田くんの短歌の特異なところは、通常の短歌が細部の描写へと没入していくのとは反対に、ちょうどカメラの解像度をわざと下げるように※1ディテールをあえて無視しているところだと思う。そのことが逆に、物事の構造自体に潜んでいる、奇妙さや寂しさや※2抒情《じょじょう》をあぶり

MEMO

大切なことはメモしておこうネ！

2021年度

解　答　と　解　説

《2021年度の配点は解答欄に掲載してあります。》

＜数学解答＞

[I]　(1)　ア　1　イ　8　(2)　ウ　1　エ　1　オ　1　カ　3　キ　1　ク　5
　(3)　ケ　6　(4)　コ　1　サ　5　(5)　シ　2　ス　7

[II]　(1)　ア　1　イ　3　ウ　4　エ　3　オ　4　カ　3　キ　2
　(2)　ク　1　ケ　4　コ　9　(3)　サ　1　シ　7　ス　2

[III]　(1)　ア　1　イ　2　(2)　ウ　1　エ　4　オ　3　カ　8
　(3)　キ　9　ク　6　ケ　4

[IV]　(1)　ア　1　イ　8　ウ　5　(2)　エ　1　オ　2　カ　2　キ　0　ク　1
　(3)　ケ　2　コ　7　(4)　サ　8　シ　0

[V]　(1)　2(cm)　(2)　6(cm)　証明解説参照　(3)　$\frac{4}{3}$S

○推定配点○

[I]　各5点×5　[II]　(1)　9点　他　各5点×2　[III]　各5点×4　[IV]　各5点×4
[V]　(1)　4点　(2)　8点　(3)　4点　計100点

＜数学解説＞

[I]　(式の計算，平方根，2次方程式の利用，扇形と面積，整数の性質)

(1)　$x=2\sqrt{3}+\sqrt{2}$，$y=2\sqrt{3}-\sqrt{2}$とおくと，$x-y=(2\sqrt{3}+\sqrt{2})-(2\sqrt{3}-\sqrt{2})=2\sqrt{2}$　$xy=(2\sqrt{3}+\sqrt{2})(2\sqrt{3}-\sqrt{2})=12-2=10$となる。このとき，$(2\sqrt{3}+\sqrt{2})^2-(2\sqrt{3}+\sqrt{2})(2\sqrt{3}-\sqrt{2})+(2\sqrt{3}-\sqrt{2})^2=x^2-xy+y^2=(x^2-2xy+y^2)+xy=(x-y)^2+xy=(2\sqrt{2})^2+10=8+10=18$

基本　(2)　連続する3つの正の奇数の2番目を$2k+1$(kは自然数)と表すと，3つの奇数は小さい順に$2k-1$，$2k+1$，$2k+3$と表せる。これらをそれぞれ2乗してすべて加えると515になったので，$(2k-1)^2+(2k+1)^2+(2k+3)^2=515$　$(4k^2-4k+1)+(4k^2+4k+1)+(4k^2+12k+9)=515$　$12k^2+12k+11=515$　$12k^2+12k-504=0$　$k^2+k-42=0$　$(k+7)(k-6)=0$　$k=6,\ -7$　ここで，kは自然数なので$k=6$となり，3つの奇数は小さい順に11，13，15

(3)　図の斜線部分は，辺ABを直径とする半円と辺ACを直径とする半円と直角三角形ABCから辺BCを直径とする半円を除いた形なので，$\left(\frac{3}{2}\right)^2\times\pi+\left(\frac{4}{2}\right)^2\times\pi+3\times4\times\frac{1}{2}-\left(\frac{5}{2}\right)^2\times\pi=\frac{9}{4}\pi+\frac{16}{4}\pi+6-\frac{25}{4}\pi=6$

重要　(4)　$n\leqq\sqrt{m}<n+1$より，$n^2\leqq m<(n+1)^2$　ここで，$n\leqq\sqrt{m}<n+1$を満たすmが31個あるとき，n^2と$(n+1)^2$の差は31と考えられるので，$(n+1)^2-n^2=32$　$(n^2+2n+1)-n^2=31$　$2n+1=31$　$n=15$

(5)　1から200までの整数のうち，5の倍数は200÷5＝40より40個，3の倍数は200÷3＝66…2より66個，5と3の公倍数すなわち15の倍数は200÷15＝13…5より13個ある。ここで，5の倍数であるが3の倍数でない数は，5の倍数から15の倍数を除いた数となるので，40－13＝27(個)ある。

Ⅱ （2次関数と図形）

基本 (1)　点Bのx座標は-1なので，$y=x^2$に$x=-1$を代入して$y=(-1)^2=1$となることから，点Bの座標はB$(-1,\ 1)$となる。また，点Cのx座標は$\frac{4}{3}$なので，$y=x^2$に$x=\frac{4}{3}$を代入して$y=\left(\frac{4}{3}\right)^2=\frac{16}{9}$となることから，点Cの座標はC$\left(\frac{4}{3},\ \frac{16}{9}\right)$となる。ここで，直線$l$の方程式を$y=ax+b$($a$，$b$は定数)…①とすると，B$(-1,\ 1)$を通るので，①に$x=-1$，$y=1$を代入して$1=-a+b$…②　C$\left(\frac{4}{3},\ \frac{16}{9}\right)$を通るので，①に$x=\frac{4}{3}$，$y=\frac{16}{9}$を代入して$\frac{16}{9}=\frac{4}{3}a+b$…③　③－②より，$\frac{16}{9}-1=\frac{4}{3}a-(-a)$　$\frac{7}{9}=\frac{7}{3}a$　$a=\frac{1}{3}$　さらに，②に$a=\frac{1}{3}$を代入して，$1=-\frac{1}{3}+b$　$b=\frac{4}{3}$　よって，直線lの方程式は$y=\frac{1}{3}x+\frac{4}{3}$　次に，点A，Dは直線lと放物線との交点なので，$y=\frac{1}{3}x+\frac{4}{3}$と$y=\frac{1}{2}x^2$から$y$を消去して$\frac{1}{3}x+\frac{4}{3}=\frac{1}{2}x^2$　$2x+8=3x^2$　$3x^2-2x-8=0$　解の公式より$x=\frac{-(-2)\pm\sqrt{(-2)^2-4\times3\times(-8)}}{2\times3}=\frac{2\pm\sqrt{4+96}}{6}=\frac{2\pm10}{6}=2,\ -\frac{4}{3}$　よって，点A，Dのx座標はそれぞれ$-\frac{4}{3}$と2

重要 (2)　直線lとy軸の交点を点Eとすると，点Eの座標はE$\left(0,\ \frac{4}{3}\right)$なので，線分OEの長さは$\frac{4}{3}$となる。このとき，△OBEを底辺がOEの三角形とみると，高さは1となるので，△OBEの面積は$\frac{4}{3}\times1\times\frac{1}{2}=\frac{2}{3}$　同様に，△OCEを底辺がOEの三角形とみると，高さは$\frac{4}{3}$となるので，△OCEの面積は$\frac{4}{3}\times\frac{4}{3}\times\frac{1}{2}=\frac{8}{9}$　よって，△OBCの面積は△OBC＝△OBE＋△OCE$=\frac{2}{3}+\frac{8}{9}=\frac{14}{9}$

重要 (3)　△OABと△OBCと△OCDは，底辺が同じ直線l上にあり同じ頂点Oを持つ三角形なので，面積比は底辺の長さの比に等しく，△OAB：△OBC：△OCD＝AB：BC：CD　ここで，点A，B，C，Dのそれぞれを通りx軸に垂直な直線とx軸の交点を点A_x，B_x，C_x，D_xとすると，そのx座標はそれぞれ$-\frac{4}{3}$，-1，$\frac{4}{3}$，2となる。このとき，AA_x//BB_x//CC_x//DD_xとなり，平行線で区切られた線分の比は等しいので，AB：BC：CD＝A_xB_x：B_xC_x：C_xD_x＝$\left\{-1-\left(-\frac{4}{3}\right)\right\}:\left\{\frac{4}{3}-(-1)\right\}:\left(2-\frac{4}{3}\right)=\frac{1}{3}:\frac{7}{3}:\frac{2}{3}=1:7:2$　よって，△OAB：△OBC：△OCD＝1：7：2

Ⅲ （確率）

基本 (1)　操作を1回行ったときの点Pの座標は全部で$(1,\ 1)$，$(1,\ -1)$，$(-1,\ 1)$，$(-1,\ -1)$の4通りある。そのうち$(a,\ b)$となるのは$(1,\ 1)$，$(-1,\ -1)$の2通りなので，$a=b$となる確率は$\frac{2}{4}=\frac{1}{2}$

重要 (2)　操作を1回行ったときの点Pの座標が$(1,\ 1)$のとき，2回目の操作により点Pは$(2,\ 2)$，$(2,\ 0)$，$(0,\ 2)$，$(0,\ 0)$の4通りに移動する。操作を1回行ったときの点Pの座標が$(1,\ -1)$のとき，2回目の操作により点Pは$(2,\ 0)$，$(2,\ -2)$，$(0,\ 0)$，$(0,\ -2)$の4通りに移動する。操作を1回行ったときの点Pの座標が$(-1,\ 1)$のとき，2回目の操作により点Pは$(0,\ 2)$，$(0,\ 0)$，$(-2,\ 2)$，$(-2,\ 0)$の4通りに移動する。操作を1回行ったときの点Pの座標が$(-1,\ -1)$のとき，2回目の操作により点Pは$(0,\ 0)$，$(0,\ -2)$，$(-2,\ 0)$，$(-2,\ -2)$の4通りに移動する。よって，操作を2回行ったとき，点Pが原点Oにあるのは全16通り中4通りなので，確率は$\frac{4}{16}=\frac{1}{4}$　また，点Pが直線$y=x$上にあるのは全16通り中，$a=b$となる6通りなので，確率は$\frac{6}{16}=\frac{3}{8}$

やや難 (3)　操作を4回行ったとき，点Pが原点Oにあるためには，大きいコインも小さいコインもそれぞれ表が2回，裏が2回出なければならない。ここで，大きいコインについて，操作を4回行ったときの表裏の出方は全部で$2\times2\times2\times2=16$(通り)であり，そのうち表が2回出るのは，表→表→裏→裏，表→裏→表→裏，表→裏→裏→表，裏→表→表→裏，裏→表→裏→表，裏→裏→表→表の6通り。同様に小さいコインについても，操作を4回行ったときに表が2回出るのは全16通り中6通りとなる。よって，操作を4回行ったとき，点Pが原点Oにある確率は，$\frac{6\times6}{16\times16}=\frac{3\times3}{8\times8}=\frac{9}{64}$

Ⅳ　(三進法)

基本 (1)　$n=\langle 20212\rangle$のとき，$n=2\times3^4+0\times3^3+2\times3^2+1\times3+2=2\times81+0\times27+2\times9+3+2=162+0+18+3+2=185$

重要 (2)　$154=a\times3^4+b\times3^3+c\times3^2+d\times3+e$($a$，$b$，$c$，$d$，$e$は0，1，2のいずれかの数)を満たす$a$，$b$，$c$，$d$，$e$は，154に$3^4$，$3^3$，$3^2$，3，1がいくつずつ含まれているかを示す数と考えられるので，わり算で調べていく。$154\div3^4=154\div81=1\cdots73$　$73\div3^3=73\div27=2\cdots19$　$19\div3^2=19\div9=2\cdots1$より，$154=1\times3^4+2\times3^3+2\times3^2+0\times3+1$と表せる。よって，$154=\langle1, 2, 2, 0, 1\rangle$

やや難 (3)　$163\div3^4=163\div81=2\cdots1$より$163=2\times3^4+0\times3^3+0\times3^2+0\times3+1$と表せるので，$163=\langle2, 0, 0, 0, 1\rangle$と書ける。このとき，163以上の整数$n$で使われる$a$の値は$a=2$と決めることができる。また，$a=2$かつ$d=1$のとき，整数$n$の最小値は$2\times3^4+0\times3^3+0\times3^2+1\times3+0=165$となるので，$b$，$c$，$e$いずれも0，1，2の3通りの数が使うことができる。よって，163以上で$d=1$となる整数nは$3\times3\times3=27$(個)

やや難 (4)　$162\div3^4=162\div81=2$より$162=2\times3^4+0\times3^3+0\times3^2+0\times3+0$と表せるので，$162=\langle2, 0, 0, 0, 0\rangle$と書ける。このとき，162以上の数では，$b$，$c$，$d$，$e$について，いずれも0，1，2の3通りの数が使われるので，162以上の整数nは$3\times3\times3\times3=81$(個)となる。よって，163以上の整数$n$は，162以上の整数$n$の個数から162を除いた$81-1=80$(個)

重要 Ⅴ　(相似の利用)

(1)　ADは∠BACの二等分線なので，BD：CD＝AB：AC＝8：4＝2：1　ここで，CDの長さをxとすると，BDの長さは$6-x$と表せるので$6-x:x=2:1$となり，$2x=6-x$　$3x=6$　$x=2$　よって，CD＝2(cm)

(2)　仮定よりFC//AEなので，平行線の錯角は等しく∠ACF＝∠CAE…①　平行線の同位角は等しいので∠AFC＝∠GAE…②　仮定より∠CAE＝∠GAE…③　ここで①，②，③より∠AFC＝∠ACFとなり，△AFCの2つの角が等しいので，△AFCは∠AFCと∠ACFを底角とする二等辺三角形となる。よって，AF＝AC　また，AF＝AC＝4よりBF＝AB－AF＝8－4＝4となりBF：FA＝4：4＝1：1　ここで，FC//AEより，平行線で区切られた線分の比は等しいので，BC：CE＝BF：FA＝1：1　よって，CE＝BC＝6(cm)

(3)　△ABCと△ADEは底辺が同じ直線BE上にあり同じ頂点Aを持つ三角形なので，△ABCと△ADEの面積の比は底辺の長さの比BC：DEに等しい。このとき，△ABC：△ADE＝BC：DE＝BC：CD＋CE＝6：2＋6＝6：8＝3：4となるので，△ADE＝$\frac{4}{3}$△ABC　よって，△ABCの面積をSとすると，△ADE＝$\frac{4}{3}$Sと表せる。

★ワンポイントアドバイス★

整数問題，*n*進法，図形の定理，確率，統計など，様々な数学的題材に興味を持ち，知識を広げよう。そのためにも数学関連の書籍や情報に積極的に接するようにしよう。教科書にとらわれない豊富な知識が自らを助けることになる。

＜英語解答＞

[1]　1　イ　2　ウ　3　イ　4　ウ　5　イ

[2]　1　3番目　ウ　6番目　カ　2　3番目　イ　6番目　ア
　3　3番目　ア　6番目　オ　4　3番目　ウ　6番目　ク

[3]　1　Could you tell me the way to the library?
　2　I'm looking forward to seeing you again.
　3　What time do you usually leave home?
　4　I'm surprised to hear that she has gone to Europe.

[4]　1　イ　2　ウ　3　エ　4　ア

[5]　エ・キ・ク

[6]　1　イ　2　ア　3　エ　4　ウ　5　イ　6　イ　7　ア　8　エ　9　ウ
　10　エ　11　イ　12　ア

○配点○

[1]　各2点×5　[2]　各3点×4(各完答)　[3]　各4点×4　[4]　各2点×4　[5]　各4点×3
[6]　1～6　各3点×6　他　各4点×6　計100点

＜英語解説＞

[1]　（リスニング問題）

1. Hello everyone. I'm going to tell you about myself. My name is Kyoko. I'm sixteen years old. I like movies, especially action movies. Last year I went to the movies twice a week. But now I'm studying hard to become a nurse and I take cafe of some elderly people every Tuesday and Thursday. So this year I go to the movies only once a month.
Question : Which is true about Kyoko?

2. Hello freshmen, we are the Brass Band Club! Do you like music? Are you interested in playing music in front of people? We have 50 members and play music at many stages. Entrance ceremonies, regular concerts, school festivals and so on. We practice after school on Mondays, Tuesdays, Thursdays and Fridays in the music room. You can visit and join us on any of those days. On April 15th we will have a welcome concert for freshmen in the gymnasium. We'll see you there!
Question : Which is true about the Brass Band Club?

3. My grandfather lives in Aomori. He is now over ninety years old. I can visit him only during summer vacation. Last night, he called me and said that he sent a birthday present to me. I was very happy because he remembered my birthday. The present was a box of apples. When I visit him next time, I'd like to help him with a lot of housework.

Question : Which is true about the speaker?

4. Yoshitake and Keisuke like soccer very much. They often go to the stadium and watch the game on weekends. Yoshitake wants to be a soccer player, and Keisuke wants to be a sport journalist in the future. Last week they knew that there was a soccer museum in their city. In the museum, visitors can see many kinds of uniforms and learn about the history of soccer. Today at school, they have decided to visit the museum next month to know more about soccer.

Question : Which is true about Yoshitake and Keisuke?

5. Listen carefully. I'm going to tell you about homework during the summer vacation. You have to find a person, and write a report about the person. The person must be alive and live in this town. you can use the Internet or the school library, but you have to interview the person at least one time. Be careful! You must not write about your family members. Try to find an interesting person around you. This homework is very important for you. If you have any problems, please ask me online even in the vacation.

Question : Which is true about the homework?

1. こんにちは，皆さん。私はあなた方に私自身について話すつもりです。私の名前はキョウコです。私は16才です。私は映画，特にアクション映画が好きです。去年，私は週に2回映画に行きました。しかし，今は看護師になるために一生懸命に勉強していて，毎週火曜日と木曜日に何人かの年配の人々を世話しています。だから，今年は私は月に1回しか映画に行かれません。

キョウコについて適切なのはどれか。

イ．彼女は週に2回年配の人々を世話する。

2. こんにちは，新入生の皆さん，私たちはブラスバンド部です。音楽は好きですか。人々の前で音楽を演奏することに興味がありますか。私たちには50人の部員がいて，たくさんの舞台で音楽を演奏します。入学式，定期演奏会，文化祭などです。私たちは月曜日，火曜日，木曜日と金曜日の放課後に音楽室で練習します。それらの曜日のいつでも訪ねて私たちに参加することができます。4月15日に，私たちは体育館で新入生のための歓迎演奏会をする予定です。そこで会いましょう。

ブラスバンド部について適切なのはどれか。

ウ．ブラスバンド部は歓迎演奏会で新入生の前で音楽を演奏する予定だ。

3. 私の祖父は青森に住んでいます。彼は今は90才を超えています。私は夏休みの間しか彼を訪問することができません。昨夜，彼は私に電話して，彼は私に誕生日プレゼントを送った，と言いました。彼が私の誕生日を覚えていたので，私はとてもうれしかったです。プレゼントは1箱のリンゴでした。次に彼を訪問するとき，私はたくさんの家事で彼を手伝いたいです。

話し手について適切なのはどれか。

イ．話し手は彼の祖父が彼の誕生日を覚えていた，と知ってうれしかった。

4. ヨシタケとケイスケはサッカーが大好きだ。彼らはよく週末に競技場へ行って試合を見る。将来，ヨシタケはサッカー選手になりたくて，ケイスケはスポーツ記者になりたい。先週，彼らは彼らの市にサッカー博物館があると知った。その博物館では，訪問者はたくさんの種類のユニフォームを見たり，サッカーの歴史について学んだりすることができる。今日，学校で彼らはサッカーについてより多くを知るために来月，その博物館を訪れようと決めた。

ヨシタケとケイスケについて適切なのはどれか。

ウ．彼らは以前にサッカー博物館を訪れたことがない。

5. 注意して聞きなさい。私はあなた方に夏休みの間の宿題について話すつもりです。あなた方はある人を見つけて，その人についてレポートを書かなくてはなりません。その人は生きていて，この町に住んでいなくてはなりません。あなた方はインターネットや学校の図書室を使うことができますが，少なくとも1度はその人にインタビューしなくてはなりません。注意して。あなた方はあなた方の家族の一員について書いてはいけません。あなた方の周りの面白い人を見つけてみて。この宿題はあなた方にとってとても重要です。もしあなた方に何か問題があれば，休暇中でもオンラインで私に尋ねて下さい。
宿題について適切なのはどれか。
イ． 生徒たちは，もし彼や彼女がその町に住んでいれば，彼らの友達について書くことができる。

2 （語句整序：助動詞，不定詞，比較，前置詞，疑問詞，受動態，分詞）

重要 1. (Can) you give me something hot to drink(?) 「僕に何か温かい飲み物をくれますか」 Can you ～? で「～してくれますか」の意味。give は〈動詞＋人＋物〉という文型を作る。—thing という代名詞を使った不定詞の形容詞的用法の文では〈—thing ＋形容詞(～)＋ to ＋動詞の原形〉の語順で「何か～なもの」の意味。

2. (No) other student in her class plays the guitar better than (her.) 「彼女は彼女のクラスの他のどの生徒よりも上手にギターを弾く」最上級の内容を比較級で書く場合，〈no other ＋名詞の単数形＋動詞＋比較級＋ than〉の形で「他のどの～よりも…」の意味になる。better は good の比較級。in her class 「彼女のクラスの」は「他のどの生徒よりも」を修飾しているので no other student の直後に置く。

基本 3. How many languages are spoken in Canada(?) 「カナダではいくつの言語が話されるか」〈How many ＋名詞の複数形～？〉で物の数を尋ねる文になる。「いくつの言語が～ですか」のように疑問詞が主語になった疑問文は，平叙文と同じ〈主格の疑問詞(＋形容詞＋名詞)＋動詞(＋目的語)〉という語順になる。〈be動詞＋動詞の過去分詞形〉の形で「～される」という意味の受動態になる。spoken は speak の過去分詞形。

やや難 4. (What is) the name of that tall man talking to your brother(?) 「あなたの兄弟と話しているあの背の高い男性の名前は何ですか」 man を修飾する現在分詞 talking を使った文。現在分詞 talking は単独ではなく関連する語句 to your brother を伴っているので man の直後に置く。

3 （英作文：助動詞，文型，不定詞，語い，前置詞，動名詞，疑問詞，現在完了，接続詞）

1. 〈Could you ＋動詞の原形？〉の形で「～していただけますか」という丁寧な依頼・要請を表す。tell は〈動詞＋人＋物〉という文型を作る。ここでは「物」にあたる部分が〈how to ＋動詞の原形～〉「～の仕方」になっている。get to ～「～に着く」

2. look forward to ～ で「～を楽しみに待つ」。to は前置詞なので後には名詞か動名詞がくる。ここでは「会う」 see の動名詞 seeing を用いるのが適切。

3. 時刻を尋ねる場合は What time ～? を使う。この後には一般的な疑問文の語順を続ける。頻度を示す副詞の usually「普通は」は be動詞の後，一般動詞の前に置く。

4. be surprised で「驚く」の意味。「～してしまった」という意味になるのは〈have[has] ＋動詞の過去分詞形〉の形をとる現在完了の結果の用法。go「行く」の過去分詞形は gone である。接続詞 that は「～ということ」という意味。that でくくられた意味のかたまりは1組の主語－述語を含む。

4 （長文読解・Eメール：語句補充）

（全訳） 差出人：エリック

宛先：コウイチ
日時：2021年2月9日
件名：日本へ行くこと
やあ，コウイチ。
元気でいるかい。君が私たちの家に滞在してから3年経つね。僕は本当に君がいなくて寂しいよ。僕は来月，日本へ行くつもりなんだ。僕は京都を訪れて，日本の茶道を学ぶ計画なんだ。【1】僕はそこへ行ったことがないから，これが僕の初めての旅なんだ。また，僕は別の場所にも行きたいんだ。【2】僕はどこへ行くべきだい。もし君が日本でお気に入りの場所があれば，その場所について僕に教えてくれよ。
差出人：コウイチ
宛先：エリック
日時：2021年2月10日
件名：返信：日本へ行くこと
こんにちは，エリック。
君が日本へ来るつもりだ，という知らせを聞いてうれしいよ。君が京都で楽しいときを過ごすことができれば良い，と僕は思う。最初は，君は山形の蔵王に行くべきだ，と僕は考えていたんだ。蔵王は僕のお気に入りの場所の1つで，君はスキーのようなたくさんの冬のスポーツを楽しむことができるけれど，蔵王は京都から遠く離れていて【3】新幹線で京都からそこへ行くのに5時間かかる，と僕は気づいたんだ。
それで，東京の僕の家へ来るのはどうだい。東京には，とてもたくさんの訪れるべき場所があるよ。君は買い物や観光をして楽しむことができる。もし君がしたいと思うなら，僕はそこに君を連れていくつもりだよ。僕たちの家には空いている部屋が1つあるから，【4】君は僕たちの家に泊まることができる。
コウイチ

【1】 ア．「僕は何度もそこへ行ったことがある」（×） イ．「僕はそこへ行ったことがない」（○） ウ．「僕は1人でそこへ行くつもりではない」（×） エ．「僕は10年前に日本を訪れた」（×）

【2】 ア．「君はどこへ行くつもりだい」（×） イ．「僕はどこで電車を乗り換えたら良いんだい」（×） ウ．「僕はどこへ行くべきだい」（○） エ．「僕はどこで僕の靴を脱がなくてはいけないんだい」（×）

【3】 ア．「そこへ行くことは素晴らしい」（×） イ．「京都よりも暖かい」（×） ウ．「それはサクランボで有名だ」（×） エ．「新幹線で京都からそこへ行くのに5時間かかる」（○）

【4】 ア．「君は僕たちの家に泊まることができる」（○） イ．「僕には家族が大勢いるんだ」（×） ウ．「君は東京ではホテルに滞在する必要がある」（×） エ．「君は箸で食事をするだろう」（×）

5 **（長文読解・資料読解：内容吟味）**

（全訳） オンラインで世界の最高の場所を訪れて
毎日忙しいですか。旅行のためにとてもたくさん支払いたくはないですか。
私たちと連絡をとれば，あなたはいつでもどこでも旅行することができます。
それぞれの旅行ガイドがスクリーン上で彼ら自身の特別な活動を見せるでしょう。
① オリヴァー ― ニュージーランド
曜日：月，土，日 時間：3時間 費用：1,000円
活動：☆羊と散歩
☆とても近くで羊毛刈りの実演を見ること

② アリシア ― イタリア

曜日：月，水，金　　時間：4時間　　費用：1,500円

活動：☆バチカン市国訪問

☆2つ星レストランのシェフが彼の特別なイタリア料理の秘密の調理法を教えます

③ リー ― タイ

曜日：土，日　　時間：3時間　　費用：900円

活動：☆仏教寺院訪問

☆カオサン通りを歩き，露店や店で買い物をする

④ アレクサンドロ ― ペルー

曜日：火，木，土，日　　時間：5時間　　費用：1,600円

活動：☆マチュピチュ山登山

☆もう1,500円で，特別なお土産，アルパカの毛糸でできたニットの帽子を送ることができます

より詳細な情報を求めて，それぞれの人の絵をクリックしてください

ア 「このページのツアーは忙しい人に良い」 タイトルの直後の1文参照。

イ 「もし動物を見たいなら，オリヴァーのツアーを選ぶべきだ」 オリヴァーの項目の「活動」参照。

ウ 「もしアリシアのツアーを選べば，食べ物についてのことを学ぶことができる」 アリシアの項目の「活動」☆2つ目参照。

エ 「リーのツアーは他の人のよりも値段が高い」 全ての旅行ガイドの項目の「費用」参照。リーのツアーは一番安いのである。

オ 「アレクサンドロだけがあなたの家に物を送ることができる」 アレクサンドロの項目の「活動」☆2つ目参照。

カ 「もし週末にしか暇な時間がなければ，アリシアのツアーを選ぶことができない」 アリシアの項目の「曜日」参照。

キ 「もし週末に3時間の暇な時間があれば，アリシアのツアーを選ぶことができる」 アリシアの項目の「時間」参照。4時間かかるから，アリシアのツアーを選ぶことはできない。

ク 「アレクサンドロのツアーは4人の中で最も安いようだ」 全ての旅行ガイドの項目の「費用」参照。アレクサンドロのツアーは最も高いのである。

6 （長文読解・論説文：語句補充，指示語，内容吟味）

（全訳） あなたには目標や夢があるが，それらをやってみるときあなたの中にはいつも心配や恐れがあるだろう。そのとき，時にはやってみることをやめ成功をつかむための機会を逸する。それらをやってみることが重要だとあなたは知っているにもかかわらず，なぜそれらの感情を持つのか。

まず，①あなたはやってみることそれ自体ではなく，悪い結果を恐れるのだ，とあなたは理解しなくてはならない。例えば，もしあなたがコンサートで上手にピアノを弾くことができなければ，恥ずかしく思うだろう，とあなたは考える。人々はたいていは前向きなものより後ろ向きなことについてより多く考える，と心理学のいくつかの研究はわかった。その研究の1つでは，アリソン・レジャーウッドと呼ばれる女性は2つのグループ(AグループとBグループ)を作った。次に，彼女は彼らに手術の新しい方法について尋ねた。彼女が尋ねる前に，Aグループはそれには成功の見込みが70％ある，と言われた。Bグループはそれには失敗する見込みが30％ある，と言われた。結果として，彼女は②ほとんど同じことを言ったにもかかわらず，Aグループはその方法は良いと感じたが，Bグループはそれは悪いと感じた。それから，彼女はそれぞれのグループに逆に説明した。そ

の手術についてのAグループの印象は③aより悪くなり，Bグループの印象は③b変わらなかった。だから，人々は消極的な話により影響されるのだ。

この人々の考えの特徴は人間の進化の歴史を通して発達させられたと言う。昔，彼らは生きるために狩りをしなければならなかった。彼らは動物を殺したが，同時に彼らは時には戦いでライオンやクマのような動物に殺された。また，彼らは暗闇のヘビや，嵐にも殺された。これらの経験を通して，彼らは獣や未知のもの，困難な状況は危険だ，と学んだ。それで，彼らは死の危険から彼らを守るために心配や恐れを抱くようになった。これは④人々がそれらを避けることができるということだ。言い換えると，心配や恐れは人間の本能なのだ。

現代の生活では，獣に殺されることはめったにない。しかし，本能はまだ何をすべきか決める上で大きな影響持っている。イそれらは「危険なことをやめろ」とあなたの心に告げる。例えば，ある日本のプロサッカー選手がヨーロッパでプレーすることを考えると，彼はやってみることの良い点，そこではより多くのお金や友達を得うる，を知っているにもかかわらず，もし良くプレーできなければ彼の地位を失うかもしれないから，そこでプレーすることを諦めた。人生の全ての部分で，このような状況を経験するかもしれない。しかしながら，ただ失敗するかもしれないから，やってみることをやめることはいつも正しいわけではない。⑤やってみることなく機会を逃した後の後悔はやってみたが失敗した後の後悔よりも大きい。これはアメリカのコーネル大学の心理学の研究によって報告された。それでは，どのように失敗の心配や恐れを乗り越えられるのか。

それをするためには，失敗の概念を変えるべきだ。ここに例がある。ケンタッキー・フライド・チキン(KFC)の店の前に立っている年配の男性，カーネル・サンダースをあなたは知っている。彼は世界で最も有名な人の1人だが，彼の人生は失敗でいっぱいだった。彼は30代になるまでに，たくさんの種類の仕事を経験した。彼は彼の考えが他の人と違うと，すぐに怒ってけんかした。それで，彼はたくさんの会社で解雇された。彼は次にガソリンスタンドを始めたにもかかわらず，それも39才でついに失敗した。1年後，石油会社で働いている男性が，彼がまたガソリンスタンドを始めるのを手伝った。サンダースは7年前車のタイヤの販売員として働いていたときに彼に会った。この時，彼はその中に小さな軽食堂を開いた。たくさんの人々が新しい趣向に関心を持った。フライド・チキンのレシピもそこで生まれた。⑥それは口コミで広がった。それは大成功になった。しかしながら，その事業もついに失敗した。彼はまた全てを失い，もう65才だった。しかし，彼はやってみることを決してやめなかった。彼はたくさんの人々がそのフライド・チキンが欲しいだろう，と思ったので，他の店に特別なレシピを教え，それからその売り上げに応じて，彼らからいくらかのお金を得た。初めは，彼が彼らに⑦そうするように頼んだとき，たくさんの店に断られた。その数は1009回だと彼は覚えていた。しかし，彼は何度も何度もやってみた。ついに，彼の事業は世界で最も有名な食品会社の1つになった。

彼の話から，失敗を通してあなたは重要な経験を得たり，あなたの人生にとって新しいことを見つけたりするだろうし，それはあなたの人生の終わりではなく新しい出発点である，とあなたは学ぶことができる。カーネル・サンダースにはあなたがするように，心配や恐れがあったかもしれない。しかし，彼はやってみることを決してやめず，大きな成功をした。失敗は人としてあなたをより強くする。あなたはいつもまた立ち上がることができる。失敗の概念を変えて，あなたの中の心配や恐れを乗り越えなさい。

1. 「(①)に書き込むための最も適切な答えを選びなさい」 ア 「あなたは何かやってみるとき，成功することをいつも夢見ている」(×) イ 「あなたはやってみることそれ自体ではなく，悪い結果を恐れるのだ」(○) 第2段落第2文参照。「コンサートで」弾くこと自体を恐れるのではなく，「上手にピアノを弾くことができな」いことを恐れているのである。 ウ 「あなたは心配や恐れを感じると，何もしてみようとすることができない」(×)　エ 「あなたはやってみることそれ自体と悪い結果の両方を恐れる」(×)

2. 「(②)に書き込むための最も適切な答えを選びなさい」 ア 「ほとんど同じ」(○) 第3段落参照。「成功の見込みが70%ある」(空欄2の直前の2文目)ことと，「失敗する見込みが30%ある」(空欄2の直前の1文)こととは同じことである。 イ 「とても異なった」(×) ウ 「簡単すぎる」(×) エ 「少し面白い」(×)

3. 「(③a)と(③b)の両方に書き込むための最も適切な組み合わせを選びなさい」 ア 「より良い—より良くもなる」(×) イ 「より良い—変わらなかった」(×) ウ 「より悪い—より良くもなる」(×) エ 「より悪い—変わらなかった」(○) 第2段落第5文～第7文参照。Aグループは成功の見込みを聞かされていたのに後で失敗の見込みを聞かされたため印象が悪くなり，Bグループはまず失敗の見込みを聞かされていたので後から成功の見込みを聞かされてもあまり良い印象を持てなくなった，ということである。

4. 「(④)に書き込むための最も適切な答えを選びなさい」 ア 「人々はとても力強くなりうる」(×) イ 「人々は今までよりも親切になりうる」(×) ウ 「人々はそれらを避けることができる」(○) them は空欄4の直前の1文の dangers of death「死の危険から」を指している。「心配や恐れを抱く」ことで「死の危険から」離れていられるのである。 エ 「人々は逃げるのをやめうる」(×)

5. 「下の文を入れるための最も適切なものはどれか。引用部分のア～エから最も適切な答えを選びなさい」「それらは『危険なことをやめろ』とあなたの心に告げる」 they は第4段落第2文の the instincts「本能」を指している。本能が告げる「危険なことをやめろ」というメッセージが「何をすべきか決める上で大きな影響持っている」のである。

6. 「下線部⑤と同じ例はどれか」 ア 「あなたの本当の気持ちを言うことによってあなたがあなたの友達を傷つけたとき」(×) イ 「あなたが特売を待っている間にTシャツが売り切れになったとき」(○) 下線部⑤はつまり，やってみなかったときの後悔は大きい，という意味である。「特売を待っている」ということは，買わなかった，と言うことである。 ウ 「あなたが無料でわくわくする映画を見たとき」(×) エ 「文化祭であなたの滑稽な話に誰も笑わなかったとき」(×)

7. 「30歳になった後のサンダースの仕事の歴史はどれか。最も適切な答えを選びなさい」 ア 「販売員→ガソリンスタンドの所有者→KFCの所有者」(○) 第6段落第5文～最終文参照。33歳のときは「タイヤの販売員」で，39歳でガソリンスタンドを「失敗し」，40歳で「またガソリンスタンドを始め」，65歳でまた全てを失った後でケンタッキー・フライド・チキンの事業が成功したのである。 イ 「ガソリンスタンドの所有者→販売員→ガソリンスタンドの所有者→KFCの所有者」(×) ウ 「ガソリンスタンドの所有者→販売員→KFCの所有者」(×) エ 「販売員→ガソリンスタンドの所有者→KFCの所有者→ガソリンスタンドの所有者」(×)

8. 「下線部⑥は何を意味するか」 ア 「サンダースは話しながら料理を食べるために店に来る人々に尋ねた」(×) イ 「サンダースは地域の人々に店に来るように大声で言った」(×)
ウ 「人々は彼らが店で食べる前に，サンダースに『ありがとう』と言わなければならなかった」
エ 「人々は彼らの家族や友達に，料理がとても美味しかった，と話した」(○) 下線部⑥を直訳すると「それは口の言葉によって広まった」となる。つまり口から口へと評判が広まったのである。

9. 「下線部⑦は何を意味するか」 ア 「フライド・チキンを安くすること」(×) イ 「フライド・チキンを店で売ることをあきらめること」(×) ウ 「フライド・チキンを売ることによってい

くらかのお金をサンダースにあげること」(○) 第6段落最後から5文目参照。 エ 「たくさんの人々にフライド・チキンの調理法について言うこと」(×)

10. 「失敗を通して，サンダースは彼の人生にとって重要なものを得た。それらの中で一致していないものはどれか」 ア 「販売技術」 第6段落最後から5文目参照。 イ 「決してあきらめないこと」 最終段落第3文参照。 ウ 「フライド･チキンの調理法」 第6段落第13文参照。 エ 「石油会社での働き方」 サンダースは石油会社で働いたことはない。

11. 「引用部分について一致しているのはどれか」 ア 「人々がやってみることをやめた後，人々がどうして悲しく感じたのか，についてアリソンは研究した」(×) アリソンは前向きな考えや後ろ向きな考えの研究をしているのある。 イ 「心配や恐れは人々にとって彼ら自身を守るための自然な反応だ」(○) 第3段落最後から3文目～最終文参照。 ウ 「それが難しすぎるときでさえ，あなたはいつも何かをやってみるべきだ」(×) 難しすぎるときについての記述はない。 エ 「人々が彼の性格を好きではなかったので，サンダースの2番目のガソリンスタンドは失敗した」(×) サンダースの性格とガソリンスタンドの失敗との因果関係についての記述はない。

12. 「引用部分に最も適切なのはどの題名か」 ア 「心配や恐れの乗り越え方」(○) 題名は筆者の最も言いたいことを表し，筆者の主張は文の始めや終わりの部分にかかれることが多い。最終段落最終文に「失敗の概念を変えて，あなたの中の心配や恐れを乗り越えなさい」とある。
イ 「心配や恐れを抱く理由」(×) ウ 「人間の感情の歴史」(×) エ 「カーネル・サンダースの生涯」(×)

★ワンポイントアドバイス★

語句整序問題は，1語目から並べていくことにこだわらず，構文や熟語，不定詞などの文法事項や文型に注目し，小さいまとまりを作っていくことから始めるとよい。

＜国語解答＞

一 問1 ア 問2 エ 問3 イ 問4 ア 問5 (a) ウ (b) エ
問6 (a) (最初) 光のあ (最後) 構築物 (b) ウ 問7 エ

二 問一 甲 エ 乙 ア 問2 ウ 問3 エ 問4 (a) ウ (b) エ (c) ウ
問5 エ 問6 ウ 問7 イ

三 問1 おのがままになし置き 問2 エ 問3 イ 問4 D ウ E イ
問5 仮の宿り 問6 1 ア 2 オ 問7 エ 問8 ウ

四 問1 ① 雑穀 ② 参拝 問2 ① 借りる ② 帳簿 ③ 口座

○配点○

一 問1～問5(a)・問6(b) 各3点×6 他 各4点×3 二 問1・問4(b) 各2点×3
問2・問4(a)・問5・問6 各3点×4 他 各4点×3 三 問1・問5 各4点×2
問4 各2点×2 他 各3点×6 四 各2点×5 計100点

＜国語解説＞

一 （論説文―文脈把握，脱文・脱語補充，内容吟味）

問1　第四段落「どこかたどり着けないほど…生まれる。」の内容をもとに解答する。イ　「友情を確信する思い」が不適当。友情についての記述は本文中にないうえ，友情を確信するのであれば「寂しさ」という表現にはつながりにくい。　ウ　「二人の友情が破局を迎えた」が不適当。選択肢イについての解説通り，友情についての記述は本文中にない。　エ　「自転車があたかも人間のように寂しがっている」が不適当。自転車が置いていかれたことは遠さを表す事実としてあるが，それは擬人法的に使われたものではないため，自転車ではなく「自分が『ここ』に残されたことに対して」ほのかな寂しさが生まれるのである。

問2　第六・第九・第十三・第十六段落に注目して解答する。ア　「大きな構造が人間の世界を規定していることを指摘できるように」が不適当。第六段落「通常の短歌が…無視している」，第九段落「それをしてしまうと…変化してしまう」にある通り，「吉田くん」の歌はあえて細部を描かないことによって，物事の構造自体に潜んでいる情緒を表現しているのであり，「大きな構造が人間の世界を規定していることを指摘」するためではない。　イ　「人間のありのままの姿を映し出せるように」が不適当。第十六段落「人間一人ひとりの事情を捨象し」からもわかる通り，人間のありのままの姿はあえて描かれていない。　ウ　「自然なものではないかのように思えてしまう」が不適当。「吉田くん」の歌は細部を描いてはいないが，描くことによってわたしたちの生活にあるものが「自然なものではないかのように思えてしまう」とする根拠は本文中にない。

問3　「資本主義」が「個人が資本(お金など)を保有することができる制度」であり，「自由な経済活動が行えることで競争が発生する」といったものであることをおさえておく必要がある。
ア「自分らしさ」，ウ「社会性」，エ「ただ存在する」はいずれも資本主義とは無関係。

問4　傍線部4直後の「都市は近寄って…そんな場所だ」をもとに解答する。イ　「人間の生々しい感情を」が不適当。問2の解説通り，「吉田くん」の歌はそういった細部を描いていない。
ウ　「光を放つものの中で人が生きていることを気づかせる」が不適当。光だけに注目しているのではなく，遠くから見ると構造の美しさがわかるが，近くで見ると人間の生々しさがあるという点で，筆者は「吉田くん」の歌と都市を重ね合わせている。　エ　「人の暮らしのなかの感覚を断片として集め」が不適当。問2の解説通り，「吉田くん」の歌はそういった細部を描いていない。

やや難　問5　(a)　一つ目の空欄Xだけで解答するのは難しいが，「懐旧」「追憶」「郷愁」はいずれも，今，ここの自分がいる空間において，昔の別の場所や空間に思いを馳せるという点が共通している。二つ目の空欄Xの前では「いまいる現実世界を多重化して見せる」という発言があるため，この「多重化」に注目するとウが適当と言える。(b)　ア「アヴァンギャルド」については第十三段落「彼の短歌は無軌道でアヴァンギャルドなものではなく」と否定されているため不適当。イ「微細」については，第六段落「ディテールをあえて無視している」に代表される通り，本文中で何度も「吉田くん」の歌は微細なものを描いていないということが繰り返されるため不適当。ウは誤答が多いと思われるが，第十五段落に「描かれている事象自体は普遍的かつ細部不明瞭」とあり，「普遍的」「細部不明瞭」は歌の世界というよりも描く対象物であることがわかるため不適当。歌の世界については第六段落「物事の構造自体に潜んでいる，奇妙さや寂しさや抒情をあぶりだしている」などが具体的だろう。

重要　問6　(a)　都市について言及のある第十七段落をもとに解答する。「言い換えて」とあるので，「都市」という言葉を使わずに表現した「光のあふれる構造と因果の構築物」が適当。(b)　第十七段落および生徒Jの「都市を遠くから…見えなくなるよね」という発言をもとに解答する。ア　「逆説的なありかた」が不適当。人間は近寄らないと見えないというだけなので，「逆説的」とは言えない。イ 「人間が実は不在」が不適当。近寄ると人間の暮らしが見えるため，人間は存在している。エ 「人間が主体性を持たず」が不適当。第十七段落「まぎれもなく人間が作り出した」とあることから，人間に主体性があると言える。

問7 エ 「資本主義に基づいた競争を肯定的にうたっている」が不適当。コンビニの短歌が引用されたあとの第十七段落では，近くで見る都市と遠くから見る都市の相違点に注目しており，資本主義については言及されていない。

二 （小説―語句の意味，脱文・脱語補充，情景・心情，文脈把握，出題・表題，文学史）

基本 問1 甲 ア「肝に銘じる」とは，「心に強く刻みこみ忘れないようにすること」。イ「浮足立つ」とは「不安や恐れで落ち着きを失うこと」。「期待や高揚感などで心が浮かれること」という良い意味にとらえる誤解が多いため注意。ウ「気色ばむ」とは「けしきばむ」と読み，「怒りを顔に表すこと」。エ「眉をひそめる」とは「心配事や不愉快なことがあった場合にその表現として眉間にしわを寄せること」。空欄甲直前に「心配そうに」とあることから，エが適当。 乙 ア「一途」とは「ひたむきにただ一つのことに打ち込んで，他を顧みない様子」。イ「饒舌」は「じょうぜつ」と読み，「やたらにしゃべること」。ウ「几帳面」とは「物事をすみずみまできちんとする様子」。エ「したたか」とは「手ごわいこと」または「強く」。空欄乙は「思い込んで了(しま)った」にかかっているためアが適当。小僧は「そうに違いない」と強く思い込んでしまったということである。

問2 ア「小僧を傷つけてしまった」，イ「善い事ではなかった」が不適当。傍線部④の後に「只無闇とありがたかった」とある通り，小僧は傷ついてはおらず，感謝の念を抱いている。エ 「また会えると期待を持たせてしまった」が不適当。「彼は悲しい時，苦しい時に必ず…現れて来る事を信じていた」の部分で小僧がAに再会できると信じている描写はあるが，それはAの行動に根拠や原因があるわけではなく，小僧にとってAは神様のようなものであり，再会できると信じることで心のよりどころとなるような，あるいは信仰の対象のようなものである。

重要 問3 a あ「食べたいものを電話で妻に取寄せさせたりしている」が不適当。Aの妻は自ら「『そのお鮨電話で取寄せられませんの？』」と発言しており，Aに命じられているわけではない。またAの妻が「『自家へ取寄せれば，皆もお相伴出来て』」と発言した際，Aは「『俺のような…ないよ』」と取寄せを拒否している。 う「鮨などの高級品には縁遠い」が不適当。Aの妻が「『そのお鮨電話で取寄せられませんの？』」，「『自家へ取寄せれば，皆もお相伴出来て』」と発言していることからも，気軽に鮨を取寄せられるような裕福な家庭であることがうかがえる。 え「細君は小僧が鮨を食べたいと思っていることを察している」が不適当。Aの妻(＝細君)は「『小僧はきっと大喜びでしたわ』」と事後的に小僧の「御馳走になって嬉しかった」という気持ちを推測している。 b か「屋台で思い切った様子を見せる」が不適当。「小僧は勢よく延ばした割にその手を引く時，妙に躊躇した」，「その場が一寸動けなくなった」とあることからも，「思い切った様子を見せる」とは断言しがたい。 き「図々しい性格」が不適当。「小僧は勢よく延ばした割にその手を引く時，妙に躊躇した」とあることから，お金を十分に持っていないことに対して不安を感じていることがわかるため，「図々しい」とは言い難い。 く「躊躇のない」が不適当。「小僧は勢よく延ばした割にその手を引く時，妙に躊躇した」と矛盾する。 c け「勇猛な一面を持っている」が不適当。小僧についてはbの選択肢かについての解説通り，Aについては「立っている人と人との間に割り込む気がしなかった」という表現から，勇猛な一面を持っているとは言い難い。 こ「周囲からの視線に気兼ねして」が不適当。小僧が「その手を引く時，妙に躊躇した」のはお金を十分に持っていないことに対して不安を感じたためである。 し「両者とも観察する立場」

が不適当。小僧は後になってからAが「あの場にいたんだ」と推理しているのであり，観察していたわけではない。

やや難 問4 (a) 空欄ⅰの前の遠藤さんの発言「仙吉の関心は…移行していっている」，芥川さんの発言「つまりAとは…なるわけだ」をもとに解答する。このテクストは仙吉(＝小僧)にとってAがどのような存在なのかということを表すものになると考えられるため，ア・エのように鮨に注目したものは除外される。また，イでは小僧にとってAがどのような存在か不明なため，ウが適当。

(b) 選択肢はそれぞれアは芥川龍之介，イは太宰治，ウは夏目漱石の作品である。 (c) 宇野さんだけが相変わらずAと志賀直哉を同一視してこの話を実話だととらえているが，芥川さん・井伏さん・遠藤さんはAと志賀直哉を切り離して考えていることがわかる。遠藤さんも実在の＜作者＞である志賀直哉について言及してはいるが，登場人物をコントロールする存在ととらえており，この話が実話とは考えていない。

問5 ア 「常に」が不適当。Aは「『俺のような…ないよ』」という発言では，一人称として「俺」を用いている。 イ 「妻が旦那に頭があがらない」が不適当。「『秤どうも恐れ入りました』」の「恐れ入りました」は単に感謝を伝える言葉であり，Aの妻は一貫してAと対等に話しているほか，Aも自身を「『気の小さい人間』」と称しており，実際に妻に対して自分が上に立つような態度は見受けられない。 ウ 「あきらめの早い性格」が不適当。「AやBも…想像出来なかった」は単に分からない，理解できないという意味である。また，あきらめの早い性格であれば番頭たちが噂をしていたからといってお金を十分に持っていないのに実際に鮨屋に出向き，鮨に手を延ばすのも不自然である。

問6 空欄⑤直前の「番頭に番地と…思った。」，および直後の「——とこう云う風に書こうと思った。」から，空欄⑤では実際に小説に書こうとしていた文章があてはまると考えられる。すると，一文目にはイ「それで」，ウ「代りに」，エ「ところが」のような前の文を受けて次の文へ接続するような語のないアがあてはまる。次に，アの後にイが来ると何に驚いたか不明であり，ウが来ると何の代わりか不明なので，ア→エの順番が確定する。エの後はイ・ウのどちらかだが，イとしてしまうとウの「代りに」が何の代わりかはっきりしなくなるため，ア→エ→ウ→イの順番が適当。

問7 どちらも【文章Ⅲ】の内容をもとに解答する。X 番頭たちが話している店について，仙吉が「京橋にSという同業の店がある。」と考えていることから，Xは京橋に近い，いが適当。 Y 与兵衛の息子が出した店については「『松屋の近所に店を出した』」ことと，松屋の場所について「『いずれ今川橋の松屋だろうよ』」とされていることから，Yは今川橋に近い，あが適当。

三 (古文—文脈把握，語句の意味，品詞・用法，大意・要旨，文学史)

〈口語訳〉【文章Ⅰ】 ある人の庭を(翁が)見ていたのだが，(庭は)松の枝を整え，葉を減らし，一草一木にいたるまですべて作り上げた。ましてや石などは，様々な色のあるものも並べて分類し，大きいものも小さいものも，趣深い様子にしたのを，翁が非常に褒めた。帰った後に，(私は)「翁がいつも好まれるのは，草は階段の前から伸び，松もひのきも自然のままにしておくものかと思いますので，今日の庭を非常にお褒めになったのはどういうわけでしょうか」と聞いた。(翁は)「何もたいした理屈はない。世間の人々は，自分の好みに合うものは褒めて大騒ぎし，好みに合わないものを批判などするが，理屈があってそう思うのではないのだ。(中略)実際，様々な石などを趣きぶかいだろうとするのは，趣深くないわけではない。(私，)翁の庭はというと，自然のままで，昔の庭などの意趣とも違うので，高貴なわけでもない。紅や紫の色は美しいと褒めているけれど，衣服として翁(私)などは着てみたいとは思わない。自分の好みに合わないからといって批判するのは，なべて理屈を知らない者のすることではないだろうか。」

問1 「ある人」の庭は，枝や葉を細かく整えて，つまり手を加えて作られていたが，翁の好みは「『草は階前より…なし置きたまふ』」と真逆のことなので，この部分から「おのがままになし置き」を抜き出す。「おのがまま」とは「あるがまま，自然のまま」という意味。「たまふ」は「～なさる」という尊敬語なので，抜き出し箇所には含めない。

問2 「今日の庭」とは，細部まで手を加えて作り込まれた「ある人」の庭である。現代語訳と照らし合わせると，①は「きらびやか」，②は「わざわざ整えてはいない庭の草の様子も味わいがある様子」，③は「(家に)ある家具・道具類も昔を思わせる古風な感じで落ち着いている」，④は「自然のままでなく整えて作ってある」であるが，この中で「今日の庭」の様子と最も近いのは④である。②翁の好みに近いため不適当。③家具・道具類の話題は【文章Ⅰ】の中にないため不適当。①手を加え，様々な色や大きさの石を並べたりなどしてはいるが，「きらびやか」とまでする根拠は【文章Ⅰ】からは読み取れないため不適当。

問3 翁の発言全体をもとに解答する。翁は「『何もさせる理なし。…思ふにはあらず。』」，「『わが心に違えばそしるは…することにや』」と，「人は好みに合うものは褒め，合わないものは批判するが，理屈でそう思うのではない。好みに合わないからといって批判するのは理屈を知らない者のすることだ」としているため，それに合致するイが適当。

問4 D 「心にくし」とは「奥ゆかしい，怪しい」などの意味があるが，筆者は何となく古びた住まいについて称賛しているため，称賛の語としてふさわしいウが適当。 E 「わびし」は「つらい，興ざめだ，心寂しい」などの意味があるが，筆者は凝った作りの住まいについて批判的な立場をとっているため，イ・ウに絞られる。しかし，ウとすると，素晴らしい道具類を並べて庭も整えてあることについて「寂しい」とするのは不自然であり，また「見た目もよくなく」にもつながりにくいため不適当。

問5 「無常」とは，「一切のものは，生じたり変化したり滅したりして，一定のままではないということ」。現代語の「永久に住むことはできない」ということからも，「一時的な住みか」という意味の「仮の宿り」が適当。

やや難 問6 各選択肢の「より」を訳すと，ア「から」，イ「で」，ウ「よりも」，エ「以外」，オ「～とすぐに」，カ「よりも」。 1 この「より」は「階段の前から伸びて」と物事の始点を表す「から」と訳すことができるためアが適当。 2 この「より」は現代語訳に「見るとすぐ」とあるため，オが適当。

重要 問7 ア「どちらも昔の様式を真似た家や庭を好んでいる」が不適当。「翁」は「『いにしへの庭などの意とも違へば』」と，昔の様式を真似た家や庭を好んでいるわけではない。イ「二者とも住まいによって主の人柄まで分かると考えている」が不適当。「翁」は人が好みに合う合わないで褒めたり批判したりすることについて否定的なだけであり，主の人柄については言及していない。ウ「『作者』の方は自然のままの庭と凝った作りの家具・道具類を好んでいる」が不適当。【文章Ⅱ】の現代語訳「何とも言えないほど…見た目もよくなく」からもわかる通り，「作者」は凝った作りの家具・道具類に対して否定的な立場である。オ「そういう世間の人と『翁』自身も『作者』も同じ」が不適当。「作者」についてはそう言えるが，「翁」については，自分の好みに合う・合わないで物を言わず，好みとは無関係に「ある人」の庭を褒めているため同じではないと言える。

問8 ア 松尾芭蕉『おくのほそ道』の冒頭。イ 『平家物語』の冒頭。エ 鴨長明『方丈記』の冒頭。

四 (漢字の読み書き)

問1 ① 「雑穀」は「穀」のへん部分を「索」としないよう注意。 ② 「参拝」は「拝」のつくり部分の横線の数に注意。

問2　①「借りる」「貸す」は混同が多いため注意。　②「帳簿」の「帳」は「紙をとじたもの」という意味がある。　③「口座」は「勘定が記入されるところ」,「講座」は「大学などで，研究や教育のために，教授など必要な人員を備えて，一つの組織を持つもの。また，それを模した番組や集会」。

★ワンポイントアドバイス★

論説文は，キーワードに注目して筆者の意見や主張をとらえよう。それぞれのキーワードについて筆者がどう説明しているのかもおさえることが重要だ。小説は，会話文や地の文で用いられている表現から登場人物の心情や性格を把握しよう。古文は，全体の内容を正しくとらえることを心がけよう。

2020年度

★★★★★★★★★★★★★★★★★★★★★★★★

入　試　問　題

2020年度

錦城高等学校入試問題

【数　学】（50分）　　＜満点：100点＞

[I]　次の [　] にあてはまる数値を答えなさい。

(1)　$x=\frac{1}{3}$，$y=-4$ のとき，$\frac{9x^2-6xy+y^2}{3x-y}=$ [ア] である。

(2)　$\frac{8+\sqrt{190}}{3}$ より小さい自然数は [イ] 個である。

(3)　次の表は，6人の生徒A，B，C，D，E，Fのソフトボール投げの記録から30mをひいた数を表したものである。このとき，6人のソフトボール投げの記録の平均値は [ウ] [エ] mであり，中央値は [オ] [カ] . [キ] mである。

生徒	A	B	C	D	E	F
（ソフトボール投げの記録）－30 m	＋6	0	＋9	－2	＋3	－4

(4)　右の図形は，1辺の長さが6㎝の正方形と扇形を組み合わせたものである。色をつけた部分の面積は [ク] π － [ケ] [コ] cm^2 である。

(5)　5枚のカード[A]，[B]，[C]，[D]，[E]を横一列に並べるとき，中央のカードが[C]ではない確率は $\frac{[サ]}{[シ]}$ である。

[II]　右の図のように，関数 $y=\frac{1}{2}x^2$ のグラフ上に x 座標が－2である点Aと x 座標が正である点Cがある。また，四角形OABCが平行四辺形になるように点Bをとる。ABの中点Mが y 軸上にあるとき，次の問いに答えなさい。

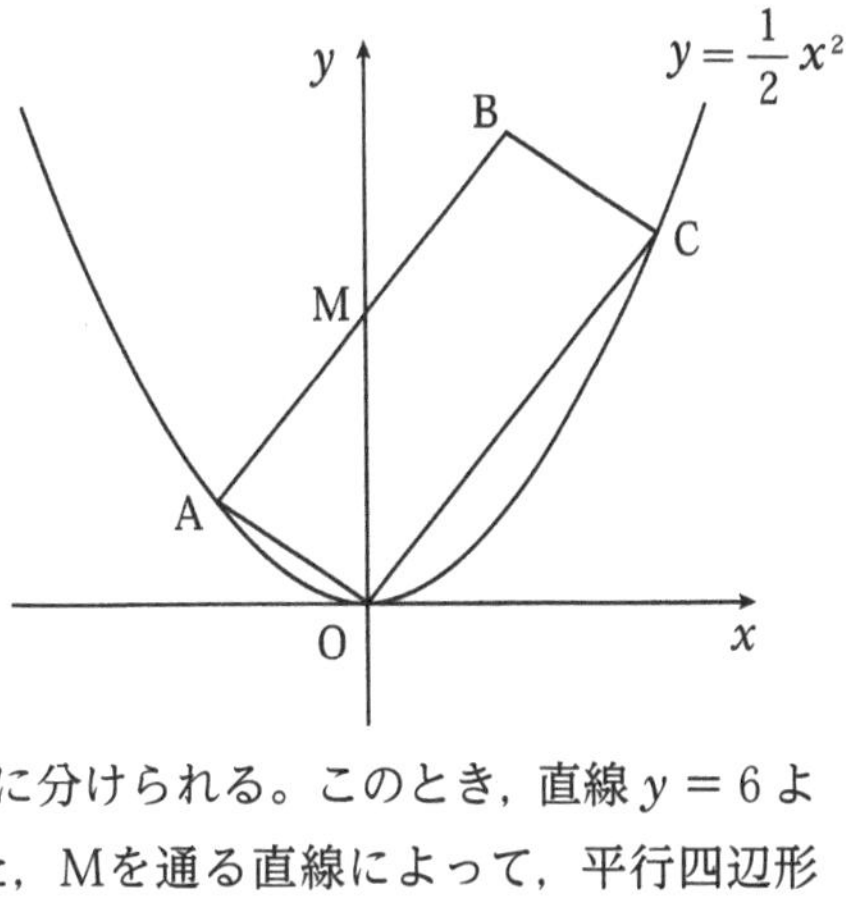

(1)　点Bの座標は（ [ア] ， [イ] [ウ] ）である。

(2)　2点B，Cを通る直線の方程式は
　$y=-x+$ [エ] [オ] である。

(3)　平行四辺形OABCの面積は [カ] [キ] である。

(4)　平行四辺形OABCが直線 $y=6$ によって2つの部分に分けられる。このとき，直線 $y=6$ よりも上の部分にある台形の面積は [ク] である。また，Mを通る直線によって，平行四辺形

OABCを２つの部分に分けたとき，この２つの部分の面積比が３：５になるような直線の方程式は $y=6$ または $y=-\boxed{\text{ケ}}\,x+\boxed{\text{コ}}$ である。

Ⅲ　大小２個のさいころを同時に投げるとき，次の問いに答えなさい。

⑴　出る目の和が10の約数になる確率は $\dfrac{\boxed{\text{ア}}}{\boxed{\text{イ}}}$ である。

⑵　出る目の和が10以下になる確率は $\dfrac{\boxed{\text{ウ}}\boxed{\text{エ}}}{\boxed{\text{オ}}\boxed{\text{カ}}}$ である。

⑶　大きいさいころの出る目の数を a，小さいさいころの出る目の数を b とするとき，$\dfrac{b}{a}$ が整数になる確率は $\dfrac{\boxed{\text{キ}}}{\boxed{\text{ク}}\boxed{\text{ケ}}}$ である。

Ⅳ　自然数１，２，３……が１つずつ書かれた正方形のタイルがある。このタイルを用いて，下の図のように１番目，２番目，３番目……と正方形を作っていく。完成されたそれぞれの正方形において，上から a 行目，左から b 列目の位置を ［a，b］ と表すことにする。例えば，３番目の正方形で ［3，2］ の位置にあるタイルに書かれている数は６である。このとき，次の問いに答えなさい。

１番目

1

２番目

1	2
4	3

３番目

1	2	3
8	9	4
7	6	5

４番目

1	2	3	4
12	13	14	5
11	16	15	6
10	9	8	7

⑴　５番目の正方形で，［4，3］ の位置にあるタイルに書かれている数は $\boxed{\text{ア}}\boxed{\text{イ}}$ である。

⑵　n を１以上の整数とするとき，n 番目の正方形において ［n，1］ の位置にあるタイルに書かれている数を n を用いて表すと $\boxed{\text{ウ}}\,n-\boxed{\text{エ}}$ である。

⑶　n を４以上の整数とするとき，n 番目の正方形において ［3，2］ の位置にあるタイルに書かれている数を n を用いて表すと $\boxed{\text{オ}}\,n-\boxed{\text{カ}}\boxed{\text{キ}}$ である。

Ⅴ　**（注意，この問題はマーク方式ではありません）**

正方形の折り紙ABCDがある。BCを２：１に分ける点をEとする。このとき，頂点Dを点Eに重なるようにGFを折り目として折ったところ，右の図のようになった。EF＝5㎝のとき，次の問いに答えなさい。

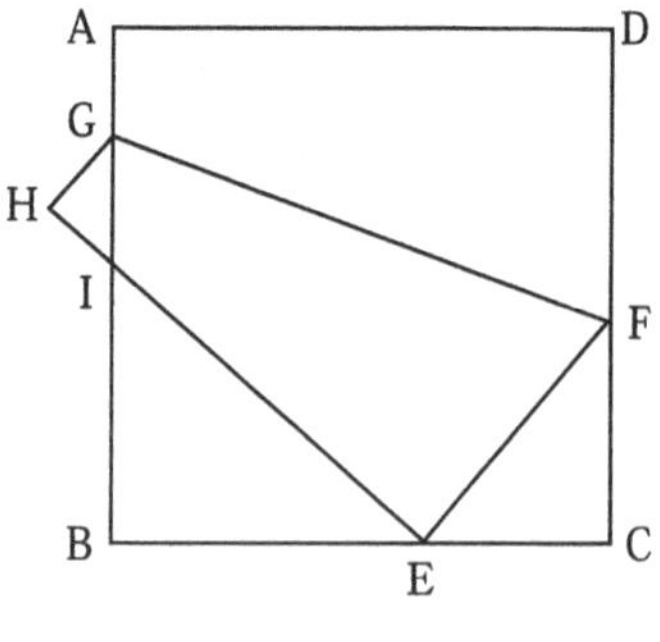

⑴　FCの長さを求めよ。

⑵　HIの長さを求めよ。

⑶　台形AGFDと四角形GIEFの面積の比を最も簡単な整数の比で答えよ。

【英　語】（50分）　＜満点：100点＞　※リスニングテストの音声は弊社HPにアクセスの上，音声データをダウンロードしてご利用ください。

1 ＜リスニング問題＞

英文を聞き，それに関する質問の答えとして最も適切なものを，ア～エの選択肢からそれぞれ一つずつ選びなさい。なお，質問と選択肢は問題用紙に印刷されており，放送される英文は一度しか読まれませんので注意して下さい。

1. What will Michael ask Angela to do?
ア Lend him a CD.
イ Help him study Spanish.
ウ Sing some Mexican songs.
エ Introduce to him some exchange students.

2. What does Adrian need to do by next class?
ア Study Korean every day.
イ Write down some Korean words.
ウ Learn the names of months by heart.
エ Hand in a report about Korean culture.

3. Why did Akira and Sarah go to a Chinese restaurant?
ア It was their favorite.
イ It was near Sarah's house.
ウ The Japanese restaurant was too expensive.
エ The Japanese restaurant wasn't open that day.

4. What did Michiko do last Sunday evening?
ア She won a piano contest.
イ She won a guitar contest.
ウ She practiced the piano very hard.
エ She went out for dinner.

5. What is Mayu's team going to do next week?
ア Invite other teams to their school.
イ Play in the volleyball finals.
ウ Play volleyball outside the gym.
エ Take pictures after the game.

2 次の問［A］［B］に関して，それぞれの空所に入る適切なものを，ア～エの選択肢からそれぞれ一つずつ選びなさい。

［A］ In his class, Mr. Tanaka asked the students about which prefecture in Japan they wanted to visit. Each student chose one prefecture. Okinawa was the most popular prefecture among the students. Eleven students wanted to visit it. Eight students wanted to go to Hokkaido, and four wanted to visit Osaka. So, Hokkaido was (1) Osaka. The number of the students who wanted to go to the other prefectures was less than three.

(1) ア as popular as　　イ more popular than

ウ less popular than　　エ not as popular as

[B] Masaki is a junior high school student. His aunt works for an Internet company. She often went abroad on business. Last winter, Masaki and his aunt visited China. This was his first time going abroad. In the plane, he was very surprised at the delicious in-flight meal, but he (1) because he had lunch just before the plane took off.

In Beijing, he enjoyed visiting many places, such as museums, temples, and nice restaurants. The Chinese people were very kind to Masaki. Though he couldn't speak it, they (2) when he had trouble saying what he wanted to say. After a two weeks' stay in China, Masaki and his aunt flew back to Japan. Masaki thought he would like to visit China alone some time.

(1) ア could eat everything

イ couldn't eat everything

ウ could cook something

エ couldn't cook anything

(2) ア taught him Chinese

イ didn't teach him Chinese

ウ spoke to him in Chinese

エ didn't speak to him in Chinese

3 与えられた語句を並べ替え，(　)に適切な英語を補いなさい。なお，解答用紙には２番目と５番目になるものの記号を答えなさい。

1. Dad, (　　) the station today at five o'clock?
(ア you　イ at　ウ could　エ me　オ up　カ pick)

2. Rina (　　) her friend's party. This was her first time going to that part of town.
(ア on　イ to　ウ way　エ lost　オ her　カ got)

3. A:Mom, (　　). It won't start when I turn it on.
B:OK, I'll come and look at it.
(ア something　イ with　ウ there　エ my computer　オ wrong　カ is)

4. (　　), so I told her not to worry about it.
(ア surprised　イ looked　ウ at　エ news　オ she　カ the)

5. When Jack and Jill reached the movie theater, they noticed that there (　　).
(ア a long line　イ waiting　ウ people　エ of　オ to buy tickets　カ was)

4 次の日本語を英語に直しなさい。

1．彼女は雨のせいで学校に遅れた。

2．そのお店は外国人でいっぱいでした。

3．この図書館は，建てられて40年になります。

4．子供の頃，私は祖父と一緒に川に魚釣りに行きました。

5．これは，私の誕生日に父がくれた時計です。

5 次の掲示から読み取れる情報として適切なものを，次のページのア～クの選択肢から３つ選びなさい。

Newly Open !!

Kinjo Nursery School

We are accepting children

● Capacity (the number of children we accept)

Age 0 → 8children	Age 1 → 10children	Age 2 → 15children
Age 3 → 18childern	Age 4 → 18children	Age 5 → 18children

● Fees (money you have to pay)

Entrance fee	－	¥20,000 for one child
Age 2 and below	－	¥45,000 for one month
Age 3 and up	－	¥32,000 for one month

● Childcare time

Monday-Friday	8:00am-6:00pm
Saturday	8:00am-5:00pm

※We accept longer childcare time (Max. 2hours).
Extra fees are ¥500 for one hour.

☆We don't provide school lunch, but on Tuesdays we have cooking class for Age 3-5, so they don't have to bring packed lunch on that day.

☆We are accepting one-day trial every Thursday.

Address: 1-1-1, Konuma-cho, Odaira
Tel: XXX-XXX-XXXX
Takebayashi

ア When this nursery is full, there are more than twice as many children in the age zero class as in the age five class.
イ If you want to enter two children in this nursery, you have to pay 20,000 yen as entrance fee.
ウ If you leave a one-year-old child and a three-year-old child at this nursery, you have to pay 77,000 yen every month.
エ You can pick up your child at 7:00pm on Saturday.
オ If you pay 2,000 yen for a day, you can change childcare time by four hours.
カ Two-year-old children have English class on Monday.
キ Four-year-old children have to bring packed lunch on Thursday.
ク Two-year-old children don't have to bring packed lunch on Tuesday.

6 次の文章を読んで，あとの問１～問 12 に対する最も適切な答えを，ア～エの選択肢からそれぞれ一つずつ選びなさい。なお，＊印のついている単語には、本文のあとに［注］がある。

Momoka was sitting on the bench alone in the park that night. Over her head there was a bat flying weakly. She thought she was like a *mean bat from an old story. In the story, the king of the beasts and the king of the birds were fighting with each other. The bat made a good face to both sides, but when the fight was over, the bat was *blamed for what it did. It finally lost the trust of each side and had to live all alone. She thought that she did the same kind of things. She said bad things about Tsubasa *behind his back in order to （１－A） Rey, and also she said bad things about Rey behind her back in order to （１－B） Tsubasa.

Rey, Tsubasa and Momoka were in their last year of high school and belonged to the chorus club. They were all good friends. Rey, the leader of the club, was very good at music theory and knew many chorus techniques. Tsubasa, the sub-leader of the club, had a very cheerful character. With him they could enjoy practicing a lot. Momoka thought that Tsubasa and Rey were quite different from her. They had their own ideas and could express them clearly. Momoka had many friends to talk with, but she wasn't sure that she had true friends.

The chorus contest was coming near. The members of the chorus club had to decide what song to sing for free program. Rey and Tsubasa had （ 2 ）. Rey said that they should choose a difficult song to sing because she thought it would be better in order to win a prize. Everyone knew that it required *advanced skills. She said, "We have never won a prize. If we win, other students in our school will change their view and be more proud of us." On the other hand, Tsubasa said, "This is our last contest, so we should choose the song we want to sing. We joined this club and have practiced hard because we like to sing. Why should we practice to sing a song which most of us have never heard of?" They couldn't decide at that time and they agreed to talk about this again next week.

When Momoka was back in the classroom, Rey and other members of the club were already there. Rey looked *depressed. Momoka thought about (3). She looked for words she should say and said, "I can't agree with what Tsubasa said. He said he wanted to sing our favorite song, but (4)? If so, we need not take the trouble to sing in front of the audience. Rather, the reason for our hard and long practice is that we want to share our emotions with other people and make them happy." Rey listened carefully to what Momoka was saying, but didn't answer.

Soon after Momoka got out of the school gate, Tsubasa was talking with some other club members. The topic was the disagreement between Rey and Tsubasa. They asked Momoka which side she took. Momoka replied, "I can't agree with what Rey said. She is always thinking about the result. And she always tries to make everything perfect as she wants it. When we are with Rey, we feel (5)." Tsubasa was listening to her, but didn't answer.

That night, Momoka checked the online chat group. Its members could exchange any kind of messages in it. Her chorus club also had this kind of group. She was shocked to see what was written in the group. There was a discussion about Rey and Tsubasa's different opinions. What was trouble to Momoka was that they wrote about what she said to Rey and Tsubasa after school. Each message started with "Momoka said...." And the biggest problem was that Rey and Tsubasa were sure to read them, too. ⑥"It's all over," she thought.

Momoka went out to go to the park. She was sitting on the bench alone. The bat disappeared into the dark. She took out her mobile phone and began to write a text message to Rey and Tsubasa. She wrote, "I'm sorry. I said those things. I said them to *encourage each of you." "It isn't true," she thought and then she *deleted it. She began to write again, "Other members often said the same things as I said, so I ...." Her finger stopped. The text message only made her depressed. She thought, "What a mean girl I am. Lies can't change the fact. I couldn't continue to sing with them. ⑦There is no other way. I'm not a good singer, so there will be no trouble if I leave the club.

Next day after school, Momoka was in the rest room and repeated in her mind what she was going to say in front of the members of the club. When the meeting was going to open, she went into the room. Everyone looked at Momoka. When she tried to say the first word in her mind, Rey said, "I want to talk about something personal with Momoka and Tsubasa. Will you wait outside the classroom until our talk is over?" (8) went out without saying anything.

Momoka said to Rey and Tsubasa, "I'm sorry for the terrible things that I said. I have decided to leave the club...sorry." That was what she prepared to say *beforehand. She couldn't look at their faces. When she finished speaking, she felt that she must say something more and looked up at their faces. Momoka said to Rey, "Our songs with your lessons sound much better than before. We can have a better understanding of songs. Now I feel that we can do what seemed to be impossible." Momoka turned to Tsubasa and said, "Actually, I didn't like practicing at first, but I never thought about giving it up, because you taught me how wonderful singing is. I have never won a prize but nothing is more precious than my years of experience in this club. But I *betrayed both of you by saying bad things behind your back. I can't continue to sing with you any more." Rey said, "Momoka, listen to me. That day Tsubasa and I had a talk about what you said. (⑨－A), I want you to talk to me directly if you have something to say about me. (⑨－B) Tsubasa and I found that there was something we must think about from your words. (⑨－C), I was always worried about the result and I forgot why we sing." Tsubasa also said to Momoka, "As you said, we don't sing only for ourselves. Thanks to Rey, we now know it is important for us to set a high goal and to try to achieve it. You said what other members were thinking, but not in ⑩ the best way. And if someone says bad things behind me I will *come to hate the person even if there is something true in his or her words. You know us very well and didn't betray us. You said sorry to us directly. You have kept our friendship." Rey said, "I think so, too. Don't worry any more. We are true friends, aren't we? Let's start to decide what song to sing." Momoka could only say thank you to them and she was *embarrassed that once she thought she didn't have true friends.

［注］ mean （形容詞）いやしい　blame ～ for …　～を…のことで非難する
behind ～'s back　～がいないところで　advanced　高度な　depressed　落ち込んでいる
encourage ～　～をはげます　delete ～　～を消去する　beforehand　前もって
betray ～　～を裏切る　come to (do)　～するようになる　(be) embarrassed　恥ずかしく感じる

問1 The same word goes into（1－A）and（1－B）. Choose the best answer.
ア attack　イ trust　ウ support　エ shock

問2 Choose the best answer to fill in（ 2 ）.
ア completely different opinions
イ quite simple characters
ウ the same strong passion
エ many similar experiences

問3 Choose the best answer to fill in（ 3 ）.
ア what Rey should do in order to change Tsubasa's mind
イ what a terrible thing Rey would do to Tsubasa
ウ how such a great idea came into Rey's mind
エ how Rey felt after such a heated discussion

問4 Choose the best answer to fill in（ 4 ）.
ア do we sing only for ourselves

イ do we sing only for someone
ウ does that mean we don't have to practice
エ does that mean we don't have to get together

問5 Choose the best answer to fill in (5).
ア we are training the workers who serve the queen in a big castle
イ we are robots designed to follow what the master tells
ウ we are fighting with the lion that is looking for food
エ we are flying on the wings of a strong eagle in the sky

問6 Why did Momoka think ⑥"It's all over,"? Choose the best answer.
ア Because all the messages she wanted to say were already written in the online chat group.
イ Because it was too late to delete the messages she wrote in the online chat group.
ウ Because all the members were angry at the way she tried to please everyone.
エ Because the persons she didn't want to know the most would find out what she did.

問7 What does ⑦There is no other way mean? Choose the best answer.
ア I can't find out any solution.
イ I can't think of any good excuse.
ウ I must leave the club.
エ I must get out of the online group.

問8 Choose the best answer to fill in the blank. (8).
ア Another member イ Other members
ウ The other member エ The other members

問9 Choose the best answer to fill in (⑨－A), (⑨－B) and (⑨－C).
ア A：In fact B：Of course C：But
イ A：Of course B：But C：In fact
ウ A：But B：In fact C：Of course
エ A：But B：Of course C：In fact

問10 What is ⑩the best way? Choose the best answer.
ア to speak honestly face to face
イ to express your ideas in exact words
ウ to send true messages secretly
エ to make up your mind never to give up

問11 What is true about Momoka's speech in front of Rey and Tsubasa? Choose the best answer.
ア Rey and Tsubasa told Momoka that there were some points that they had to change on each side, and did not blame her for what she did.
イ Momoka practiced what she was going to say beforehand, so she could

express her honest mind clearly to Rey and Tsubasa.

ウ Momoka spoke so seriously that Rey and Tsubasa finally changed their minds to work together in order to get a prize again.

エ Momoka's speech taught Rey and Tsubasa that no one could blame other people because there weren't any people without bad points.

問12 What is true about the story? Choose the best answer.

ア Momoka and Tsubasa found that to set a high goal and try hard to achieve it was more important than anything else, and they would decide the song Rey proposed as a free program.

イ Momoka noticed that sending messages on the Internet was a dirty way of communication which would break a precious friendship among true friends.

ウ The relationship they built was so strong that Momoka, Rey and Tsubasa could get over the difficulty, and each one made it a chance to trust one another much more.

エ Rey and Tsubasa taught Momoka that in any cases she should not act like the bat from an old story if she really wanted true friends.

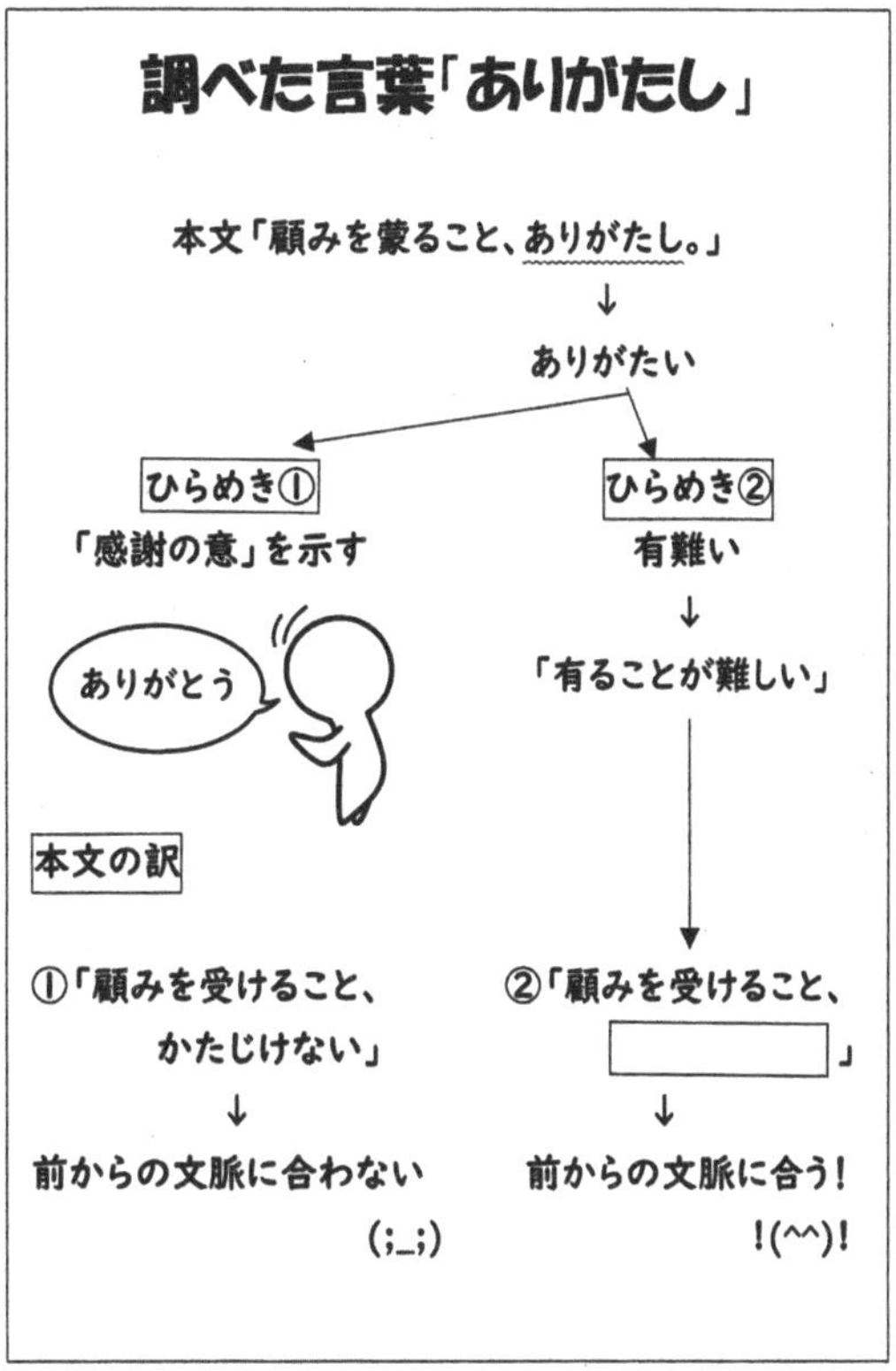
調べた言葉「ありがたし」
本文「顧みを蒙ること、ありがたし。」
ありがたい
ひらめき①
「感謝の意」を示す
ありがとう
ひらめき②
有難い
「有ることが難しい」
本文の訳
①「顧みを受けること、
かたじけない」
前からの文脈に合わない
(;_;)
②「顧みを受けること、
」
前からの文脈に合う！
!(^^)!

【四コマ】

【台詞群】

i　勝手に決めようとするなんて信じられないよ！　意見を聞いてほしい！

ii　まあまあ、実行委員もやりたいことはあるからさ。でも他にも意見はあるよね。

iii　そうだよ！　私は「お化け屋敷」を作りたかったのに……。

iv　ちょっと強引すぎるよね。ＳＮＳでも愚痴を言わないと気が済まないなあ。

【選択肢】

ア　i→iii→ii→iv　　**イ**　i→iii→iv→ii

ウ　ii→iii→iv→i　　**エ**　ii→iii→i→iv

問五　この本文は、次に示す古代の王と家臣の例で締めくくられる。例に出てくる「微子《びし》」と「何曽《かそう》」という家臣についての説明として最も適切なものを後の【選択肢】の中から一つ選べ。

微子が紂《ちゅう》の心の悪しきを知りながら、いつはりたはれて、奴《やっこ》となり、何曽が晋《しん》の政《まつりごと》のおごれるをいさめずして、家に帰りて、しりうごとしける、これらは身のためをかまへ、へつらへるばかりにて、報国の臣にあらざるを誹《そし》られたり。

【現代語訳】

微子という家臣は紂王の心が荒れているのを知りながら、知らぬ顔をして、下僕の真似をして過ごしていたという。何曽という家臣は晋という国の政治がおかしいのを諌めず、家に帰って陰口をたたいていた。これらは我が身のことのみを考えて、こびへつらっていただけで、真の臣ではなかったと、非難されているのである。

【選択肢】

ア　真に国を思い、王にも進言する忠臣。

イ　保身ばかり考えて国のことを顧みない愚臣。

ウ　豊富な知識を活かして国の繁栄を支える賢臣。

エ　出世のためだけに王の機嫌を上手くとろうとする悪臣。

問六　次のページの図は、本文を読んだ中学生が「自分が普段使っている用法とは異なる」と感じた言葉《ありがたし》についてまとめた学習発表シートである。ここでは、文脈から単語の訳を考えるという方法をとった。この発表シートの空欄に入る言葉として最も適切なものを後の【選択肢】の中から一つ選べ。

【選択肢】

ア　あり得ない　　**イ**　ありふれている

ウ　めったにない　　**エ**　みっともない

問七　この話の出典は、鎌倉時代に成立した『十訓抄』という説話集である。同時代に成立した作品を一つ選べ。

ア　枕草子　　**イ**　奥のほそ道　　**ウ**　徒然草　　**エ**　源氏物語

ない。争わなくてはならない時には争い、従わなくてはならない時には従う、これを忠義といい、これを孝行というのである。

　だから、主君でもあれ、父母、親類でもあれ、親友、知友でもあれ、悪いことを、必ず諫《いさ》めなくてはならないと思うけれども、衰えた世の中ではこのことがなかなかできない。人の通例として、思い立ったことを諫められるのは、嫌なことで、賛同して言葉を合わせる人が気に入られるように思うので、天の神は感心なことだと思うだろうけれども、主人の悪いことを諫めるものは、顧みを受けることが《ありがたし》。

　さて一方、諫められるものは自分の置かれた状況が悪くなり、心静かに思い出したりするときは、「あの人はよく言ってくれていたのに」と気づくこともあるが、また何か心惹かれることがあって、やりたいことのある時は、「うっとうしく、また諫められるにちがいない」「このことを秘密にしておこう」と思うのである。これは大変に愚かなことであるけれども、人々の常であるので、忠告する人は心の中で相手のことを意地悪く思ったりせず、また自分も忠告することが嫌にならない程度に対処するべきである。

問一　傍線部x「顧み」の言い換えとして最も適切なものを一つ選べ。

ア　報復　**イ**　天恵　**ウ**　慕情　**エ**　恩情

問二　傍線部y「これはいみじく愚かなること」に関する後の問いに答えよ。

①　「これ」の内容を示す箇所はどこから始まるか。本文中の二重傍線部**ア**～**エ**の中から最も適切なものを一つ選べ。

②　「これ」を作者が「愚か」と評価した理由として最も適切なものを一つ選べ。

ア　自分の経験に対して無反省だから。
イ　自分の言葉に対して無責任だから。
ウ　他人の言動に対して無関心だから。
エ　他人の心情に対して無頓着だから。

問三　波線部a～dの「の」を、それらの働きから三組に分類した結果として最も適切なものを一つ選べ。

ア　a／b／cd
イ　ab／c／d
ウ　ac／b／d
エ　ad／b／c

問四　傍線部z「腹黒からず、また心づきなからぬほどにはからふべきなり」は、他者と接する際の作者なりの心得である。後の【四コマ】はこの心得に共感した高校生Aを含む生徒たちが次のような【状況】に置かれたときの会話の様子である。一番下のコマにいる生徒を高校生Aとしたとき、会話の流れはどうなると予想されるか。【台詞群】ⅰ～ⅳの組み合わせで最も適切なものを後の【選択肢】の中から一つ選べ。

【状況】

　文化祭に関する話し合いで、実行委員は自分がやりたいからという理由でクラスの意見をはじめから聞かずに出し物を「演劇」に決め、演目や役割まで決めようとし始めた。高校生Aは、実行委員が元々演劇を好んでおり、やってみたいと思っていたことを知っているが、他の生徒の不満が噴出するのではないかと不安に思っていた。話し合いが進む中で、予想通りに不満が上がってきてしまった。

絶対的なものにしていかなきゃ駄目なんだね

ウ　歴史的に何度も検証されては答えがわからなくなって、最近ようやく確立されてきたものなのかもしれないね

エ　ちゃんと決めないと物事の判断基準がなくて生きづらいから、今後決めていくことが僕らの課題なのかもしれないね

問七　この文章の表現に関する説明として最も適切なものを一つ選べ。

ア　この文章は、冒頭「その日は、私の初めての面接だった」から、末尾「はっきりと感じていた」に至るまで、常に「古倉さん」の目線から語られている。そのことにより、読者は「古倉さん」の内面を把握しやすくなっていると言える。

イ　コンビニについての描写に注目すると、20行目「懐かしいチャイム」や、42行目「チョコレート売り場」、76行目「ポテトチップスの売り場」など、子どもの時を思い出させるような言葉が目につく。これにより、「古倉さん」の幼児性が示唆されている。

ウ　30行目などに「コンビニの『声』」とあるが、これは実際にコンビニが声を出しているのではなく、レジの音や店員の声など、コンビニの中で発せられる音だけを集約したものである。これは、コンビニが主体的に何かを要求しているかのように表す、一種の擬人法と呼べる表現方法である。

エ　「白羽さん」は、11行目「意気込んでいた」や119行目「面接の会場へと連れて行こうとした」とあるように、「古倉さん」の気持ちに常に寄り添う存在であることが示されている。しかし最後には、146行目「一人で駅の方へと戻って行った」とあることで、「古倉さん」を見捨てたことが強調されている。

問八　本作は、「芥川賞」を受賞している。次の中から、芥川龍之介の作品を一つ選べ。

ア　門　　イ　青年　　ウ　地獄変　　エ　夜明け前

四　次の文章を読み、後の問いに答えよ。

ある人いはく、孔子のたまへることあり。「ひとへに君に随《したが》ひ奉る、忠にあらず。ひとへに親に随ふ、孝にあらず。あらそふべき時あらそひ、随ふべき時随ふ、これを忠とす、これを孝とす。」

しかれば、主君にてもあれ、父母、親類にてもあれ、知音《ちいん》、朋友《ほうゆう》にてもあれ、悪しからむことをば、必ずいさむべきと思へども、世の末にこのことかなはず。人の習ひにて、思ひ立ちぬることをいさむるは、心づきなくて、いひあはす人の心にかなふやうにもおぼゆれば、天道はあはれと思すらめども、主人の悪しきことをいさむるものは、顧みを蒙《こうむ》ること、ありがたし。

さて、することの悪しきさまにもなりて、閑《しず》かに思ひ出づる時は、「その人のよくいひつるものを」と思ひあはすれども、また心の引くかたにつきて、思ひたることのある時は、「むつかしく、またいさめむずらむ」とて、「このことを聞かせじ」と思ふなり。これはいみじく愚かなることなれども、みな人の習ひなれば、腹黒からず、また心づきなからぬほどにはからふべきなり。

【現代語訳】　※《ありがたし》は、設問の都合上、原文のまま記している。

ある人が言うには、孔子がおっしゃっていることがある。むやみに君主にお従いするのは、忠義ではない。むやみに親に従うのも、孝行では

ビニの箱の中に立たせた時、外の世界にいる人々の怪しさが生々しく見えてくる。(…)あやふやな境界を自在に伸び縮みさせる、このあたりの展開を面白く読んだ。

① 傍線部E「『古倉さん』は、実はどこにでもいる」とあるが、このような考え方とは対極に位置する考え方から発せられていると言える作中人物の言葉として、最も適切なものを一つ選べ。

ア これ、ＣＭで今日見たよ！ 食べてみようかなー（65行目）
イ わあ、すごい、魔法みたい（75行目）
ウ 私は人間である以上にコンビニ店員なんです（114行目）
エ お前なんか、人間じゃない（138行目）

② 空欄 F に入る言葉として最も適切なものを一つ選べ。ただし、どちらの空欄にも同じ言葉が入るものとする。

ア 常識　イ 特殊　ウ 産物　エ 異物

③ 次に示すのは、本文及び選考委員の言葉を読んだ中学三年生の生徒たちによる会話である。最後の「島崎さん」の発言が、本文、選考委員の言葉、及び会話の内容をふまえたものになるように、空欄 G に入る最も適切なものを後の【選択肢】より一つ選べ。

夏目さん：いやぁ、Ｋ高校受験おつかれー。国語でさぁ、「コンビニ人間」の結末部分が出題されたじゃん。で、解き終わってから思ったんだけど、「古倉さん」ってこの結末で幸せなのかな？

森　さん：堀江敏幸さんはこの結末について、「伸び縮みしない『世界の部品』となることに、生きがいを見出す」と説明しているよね。そういう、「歯車」になるって自覚することを普通は幸せとは呼ばなそうな気はするよね。

島崎さん：でも、「古倉さん」がそれで幸せだって思っている、意味があるんだと思えているのなら、別にいいんじゃないかな。

夏目さん：えー！ 幸せってそんなに色々なあり方があっていいのー？

森　さん：なんか、漠然とわかっていたつもりの幸せについて、その概念が怪しくなってきたな。なるほど、小川洋子さんが「あやふやな境界を自在に伸び縮みさせる」と言っているのはこのことなのか。

島崎さん：あぁ、わかってきたぞ。「白羽さん」も最初は普通の人かなと思ってたけれど、後半部分を見ると少しそれも怪しくなってくる。

夏目さん：「ムラの掟に反している！」って言ってるけど、「ムラ」ってなんだよ、的な。

森　さん：「古倉さん」が「幸せ」なのか、「白羽さん」が「普通」なのか、それは本人次第だったり、周囲の人間次第だったり……。

島崎さん：つまり、「幸せ」とか、「普通」とか、そういうことって全部 G 。

【選択肢】

ア 確定的なものだと考えられていたのかもしれないけれども、実は流動的なものなんだろうね
イ 多数がなんとなく合意形成して作られた概念でしかないから、

の面接を受けることとなり、今日はその当日である

ウ　古倉さんは長年コンビニでアルバイトをしていたが、一ヵ月ほど前に辞め、現在無職である。同居人の白羽さんと共にもう一度コンビニで働こうと考え、これから面接を受けようとしている

エ　古倉さんはこれまでコンビニでのアルバイトしか仕事をしたことがなく、現在までそれを続けている。同居している白羽さんの勧めで違う仕事に就こうと考えるようになり、面接を受ける準備をしている

問三　空欄［B］に入る言葉として最も適切なものを一つ選べ。

ア　焼きそばの列に混ざっている和風パスタ

イ　並べかえようと思っていた新作のパスタ

ウ　綺麗《きれい》に並べ終えたばかりの明太子パスタ

エ　値引きシールを付け忘れたイカ墨パスタ

問四　空欄［C］に入る言葉として最も適切なものを一つ選べ。

ア　私ではなく、コンビニが喋《しゃべ》っているのだった

イ　コンビニは、私の意思どおりに動いているのだ

ウ　私は、コンビニの「声」にあらがっているのだった

エ　私は、もともとコンビニのなりたい姿を知っているのだ

問五　傍線部D「私の細胞全てが、ガラスの向こうで響く音楽に呼応して、皮膚の中で蠢いているのをはっきりと感じていた」とあるが、この時の古倉さんの心情として最も適切なものを一つ選べ。

ア　ガラスのこちら側では動物であるとされる自分も、ガラスの向こう側では人間であると実感できるはずだと考えている。

イ　ガラスのこちら側では上手に生きられない自分も、ガラスの向こう側では意味のある存在として生きられると感じている。

ウ　ガラスのこちら側では赤ん坊のような無垢《むく》さは許されないが、ガラスの向こう側ではそれが愛らしさとして扱われるだろうと感じている。

エ　ガラスのこちら側では白羽さんの脂っこい汗などに触れて汚い手も、ガラスの向こう側ではファーストフードを包むために綺麗な手へと生まれ変わると考えている。

問六　次の各文は、村田沙耶香が本作で「芥川賞」を受賞した際の、選考委員の言葉の一部である。これらを読み、後の問いに答えよ。

村上　龍：主人公は「おかしな人物」として登場するが、彼女は決して「変な人」「悪人」「病んだ人」「社会的不適格者」などではない。E「古倉さん」は、実はどこにでもいる。それがいいことなのか、悪いことなのか、嘆かわしいことなのか、逆に、新たなコミュニティの出現として歓迎すべきことなのか、それはおそらく誰にもわからないし、小説が回答を出す必要はない。

堀江敏幸：幼少時から常識を知らない変人扱いされてきた「私」は(…)意味のなさに身を委《ゆだ》ね、掛け替えのきく、伸び縮みしない「世界の部品」となることに、生きがいを見出す。指のささくれを一本ずつ抜いていくような心理の詰め方が逆にユーモアを生み、［F］を排除する正常さの暴力をあぶり出す。読後に差し込む不思議な明るさに、強く引き寄せられた。

小川洋子：社会的［F］である主人公を、人工的に正常化したコン

安心して、納得するかもしれない。でもコンビニ店員という動物である私にとっては、あなたはまったく必要ないんです」

　こうして喋《しゃべ》っている時間がもったいなかった。コンビニのために、また身体を整えないといけない。もっと早く正確に動いて、ドリンクの補充も床の掃除ももっと早くできるように、コンビニの「声」にもっと完《かん》璧《ぺき》に従えるように、肉体のすべてを改造していかなくてはいけないのだ。

「気持ちが悪い。お前なんか、人間じゃない」

　吐き捨てるように白羽さんが言った。だからさっきからそう言っているのに、と思いながら、私は白羽さんに掴まれていた手をやっとはずして、自分の胸元で抱きしめた。

　お客様にお釣りを渡し、ファーストフードをお包みするための大切な手だ。白羽さんの粘っこい汗がついているのが気持ちが悪くて、これではお客様に失礼になってしまうと、早く洗いたくて仕方がなかった。

「絶対に後悔するぞ、絶対にだ！」

　白羽さんはそう怒鳴って、一人で駅の方へと戻って行った。私は鞄《かばん》から携帯を取り出した。まずは面接先へ、自分はコンビニ店員だから行くことはできないと伝えて、それから新しい店を探さなくてはならない。

　私はふと、さっき出てきたコンビニの窓ガラスに映る自分の姿を眺めた。この手も足も、コンビニのために存在していると思うと、ガラスの中の自分が、初めて、意味のある生き物に思えた。

「いらっしゃいませ！」

　私は生まれたばかりの甥《おい》っ子と出会った病院のガラスを思い出していた。ガラスの向こうから、私とよく似た明るい声が響くのが聞こえる。

D私の細胞全てが、ガラスの向こうで響く音楽に呼応して、皮膚の中で蠢《うごめ》いているのをはっきりと感じていた。

問一　傍線部1、2の表現についての説明として最も適切なものをそれぞれ一つずつ選べ。

1　怪訝

ア　「かいが」と読み、「不安そうな」という意味である。

イ　「かいが」と読み、「悲しそうな」という意味である。

ウ　「けげん」と読み、「怒ったような」という意味である。

エ　「けげん」と読み、「不思議そうな」という意味である。

2　おぞましい

ア　「どことなく疑わしげな」という意味であり、「おぞましい顔つき」といった使い方をする。

イ　「ぞっとするほどいやな感じの」という意味であり、「おぞましい存在」といった使い方をする。

ウ　「あくどくて抜け目のない」という意味であり、「上司のやり方はおぞましい」といった使い方をする。

エ　「よそよそしく他人行儀な」という意味であり、「最近彼女の態度がおぞましい」といった使い方をする。

問二　空欄 A に入る言葉として最も適切なものを一つ選べ。

ア　古倉さんは現在36歳で、コンビニのアルバイトを続けている。同居している白羽さんの勧めで、コンビニを辞めて派遣の仕事につくことになり、面接の日を迎えた

イ　古倉さんはコンビニでのアルバイトを36歳まで続けてきたが、一ヵ月近く前に辞めている。同居人の白羽さんの勧めもあり、仕事

の棚が少し埃《ほこり》っぽいですね。一度、商品を下げて棚清掃を行ってください」

私にはコンビニの「声」が聞こえて止まらなかった。コンビニがなりたがっている形、お店に必要なこと、それらが私の中に流れ込んでくるのだった。［　C　］。私はコンビニからの天啓を伝達しているだけなのだった。

「はい！」

女の子は信頼しきった声で返事をした。

「それと、自動ドアにちょっと指紋がたくさんついてしまってますね。目立つところなのでそこも清掃してあげてください。あと、女性客が多いので、春雨スープがもっと種類があるといいですね。店長に伝えておいてください。それと……」

コンビニの「声」をそのまま女の子の店員に伝えていると、

「何をしてるんだ！」

という怒鳴り声がした。

白羽さんがいつのまにかトイレから出てきて、私の手首を掴《つか》んで叫んでいるのだった。

「お客様、どうなさったのですか」

反射的に答えると、「ふざけるな！」と言われて、店の外へと連れて行かれた。

「何、馬鹿なことをやってるんだ、お前は！」

道路まで私を引き摺《ず》って怒鳴った白羽さんに、私は言った。

「コンビニの『声』が聞こえるんです」

私の言葉に白羽さんは、[2]おぞましいものをみるような目になった。白羽さんの顔を包んでいる青白くて薄い皮膚が、まるで握りつぶしたようにしわくちゃになった。

それでも、私は引き下がらなかった。

「身体の中にコンビニの『声』が流れてきて、止まらないんです。私はこの声を聴くために生まれてきたんです」

「なにを……」

白羽さんが怯《おび》えたような表情になり、私は畳み掛けた。

「気が付いたんです。私は人間である以上にコンビニ店員なんです。人間としていびつでも、たとえ食べて行けなくてのたれ死んでも、そのことから逃れられないんです。私の細胞全部が、コンビニのために存在しているんです」

白羽さんは黙って、しわくちゃの皮膚の顔をしたまま、私の手首を引っ張り、面接の会場へと連れて行こうとした。

「狂ってる。そんな生き物を、世界は許しませんよ。ムラの掟《おきて》に反している！　皆から迫害されて孤独な人生を送るだけだ。そんなことより、僕の為に働いたほうがずっといい。皆、そのほうがほっとするし、納得する。全ての人が喜ぶ生き方なんですよ」

「一緒には行けません。私はコンビニ店員という動物なんです。その本能を裏切ることはできません」

「そんなことは許されないんだ！」

私は背筋を伸ばして、『誓いの言葉』を言うときのように、白羽さんに真っ直ぐ向き合った。

「いえ、誰に許されなくても、私はコンビニ店員なんです。人間の私には、ひょっとしたら白羽さんがいたほうが都合がよくて、家族や友人も

　はっとしてオープンケースを見ると、「今日からパスタ全品30円引き！」というポスターが貼ってあった。それなのにパスタが焼きそばやお好み焼きと混ざって置いてあり、ちっとも目立っていない。

　これは大変だと、私はパスタを冷麺の隣の目立つ場所へ移動させた。女性客が不可解な目で私を見たが、そちらを見上げて「いらっしゃいませ！」と言うと、社員なのだろうと納得した様子で、［B］をとっていった。

　よかったと思うと同時に、今度はチョコレート売り場が目に入った。慌てて携帯を取り出し今日の日付を見る。今日は火曜日、新商品の日だ。コンビニ店員にとって一週間で一番大切なこの日のことを、どうして忘れていたのだろう。

　私はチョコレートの新商品が、一番下の棚に一列しか並んでないのを見て、悲鳴をあげそうだった。半年前に大ヒットして売り切れ続出で話題になったチョコレート菓子の期間限定のホワイトチョコ味がこんな場所に、地味に並べられているなんて、あり得ないことだ。私は手早く売り場を直し、大して売れるものではないのに幅をとっている菓子を一列にして、新商品を一番上の段に三列にして並べ、他の菓子につけっぱなしになっていた「新商品！」というPOPをつけた。

　レジを打っている女の子が、[1]怪訝な顔でこちらを見ている。私の動きに気が付いているが、行列ができているので動きが取れないようだ。私は胸のバッジを見せるような仕草をしながら、「おはようございます！」とお客様のじゃまにならない程度の声で呼びかけ、会釈をした。

　ほっと安心したような表情になり、女の子は小さく会釈を返して、レジに集中し始めた。スーツ姿の私を、本社の社員だとでも思ったのだろう。こんなに簡単に騙《だま》されてしまうなんて、安全管理がなっていないと思う。私がもしも悪い人間で、バックルームの金庫をあけたりレジのお金を盗んだりしたらどうするつもりなのだろう。

　後で注意しないと、と思って視線を戻すと、「あ、みてみて、このお菓子、ホワイトチョコが出たんだー！」と女性客二人組が、私が並べた新商品を手に盛り上がっている。

「これ、CMで今日見たよ！　食べてみようかなー」

　コンビニはお客様にとって、ただ事務的に必要なものを買う場所ではなく、好きなものを発見する楽しさや喜びがある場所でなくてはいけない。私は満足して頷《うなず》きながら、店内を早足で歩き回った。

　今日は暑い日なのに、ミネラルウォーターがちゃんと補充されていない。パックの2リットルの麦茶もよく売れるのに、目立たない場所に一本しか置いていない。

　私にはコンビニの「声」が聞こえていた。コンビニが何を求めているか、どうなりたがっているか、手に取るようにわかるのだった。

　行列が途切れ、レジにいた女の子が私のほうへ駆け寄ってきた。

「わあ、すごい、魔法みたい」

　私が整えたポテトチップスの売り場を見て呟《つぶや》く。

「今日、一人バイトが来れなくなって、店長に連絡したけれど繋《つな》がらなくて、困ってたんです。新人さんと二人で……」

「そうですか。でも、レジの様子を見ていましたが、礼儀正しくてとてもよかったですよ。ピークが落ち着いたら、冷たい飲み物の補充をしてあげてください。アイスも、暑くなってきたらさっぱりした棒アイスのほうが売れるので、売り場を直してあげるといいですね。それと、雑貨えていくだろう。

イ　森林や火山で身をもって危険を感じ取るような直観をないがしろにして証拠を重視しすぎる傾向は、他人の本心という本来曖昧で分からないものにまで向かって、人間関係の破綻に至る。

ウ　他者とともに生きているという身体的な安定感を喪失している現代人は、出入りが自由であり中心や階層がないという利点を持つインターネットの世界で他者と交流を持つのがよい。

エ　自分で足を運ばずとも宅配で食料が得られる都市型の生活と、行事への参加などを通して身体を使って互いに触れ合い、ちょっとした楽しみを共有できる田舎の暮らしとを両立できる仕組みを実現してほしい。

三　次の文章は、村田沙耶香「コンビニ人間」である。［A］。以下は、それに続く結末部分である。これを読み、後の問いに答えよ。

その日は、私の初めての面接だった。派遣とはいえ、36歳までアルバイトをしていた私が面接にこぎつけることができたのは、奇跡のようなことだと白羽《しらは》さんは得意気に言った。コンビニを辞めてから、一ヵ月近く経っていた。

私は十年以上前にクリーニングに出したきりになっていたパンツスーツを着て、髪の毛を整えていた。

部屋の外に出ること自体、久しぶりだった。バイトをしながら僅《わず》かながらに貯めていたお金も、だいぶ減ってきていた。

「さあ古倉《ふるくら》さん、行きますよ」

白羽さんは私の面接先まで送るという。面接が終わるまで外で待っていると意気込んでいた。

外に出ると、もうすっかり夏の空気だった。

電車に乗って面接先へ向かう。電車に乗るのも久しぶりだった。

「少し早く着き過ぎましたね。まだ一時間以上ある」

「そうですか」

「あ、僕ちょっとトイレに行ってきます。ここで待っていてください」

白羽さんがそう言い残して歩き出した。公衆トイレなどあるだろうかと思ったら、白羽さんが向かっていったのはコンビニだった。

私もトイレに行っておこうかと、白羽さんを追いかけてコンビニに入った。自動ドアが開いた瞬間、懐かしいチャイムの音が聞こえた。

「いらっしゃいませ！」

私の方を見て、レジの中の女の子が声を張り上げた。

コンビニの中には行列ができていた。時計を見ると、もうすぐ12時になろうというころだった。ちょうど昼ピークが始まる時間だ。

レジの中には、若い女の子が二人だけしかおらず、一人は「研修中」のバッジをつけているようだった。レジは二台で、二人ともそれぞれレジの操作に必死だった。

ここはビジネス街らしく、客の殆《ほとん》どはスーツを着た男性や、ＯＬ風の女性たちだった。

そのとき、私にコンビニの「声」が流れ込んできた。

コンビニの中の音の全てが、意味を持って震えていた。その振動が、私の細胞へ直接語りかけ、音楽のように響いているのだった。

この店に今何が必要か、頭で考えるよりも先に、本能が全て理解していた。

感を覚えるようになってきた。そこで、生まれも育ちも違う人たちとの情報交換を通じて、他者の存在を実感できるようにするため。

ウ　グローバル化した時代において、人々はルールを重要視するようになり、互いの事情や立場に考慮して議論していくことよりも、個人として効率的に時間を使うことを追求するようになった。そうして孤立してしまった個人の孤独感を紛らわし、社会性をつなぎとめるため。

エ　かつての人々は、閉鎖的な共同体に生き、互いの性格や行動様式をよく知っていたので、身体感覚で問題を解決することができていた。しかし、グローバル化が進展し、多様な人々と話し合う場面が増加したことで、他者の性格や行動様式を知る機会をつくる必要が増してきたため。

問八　傍線部F「二重生活のススメ」とあるが、山極氏と鎌田氏の発言をまとめると、「二重生活」にはどのような意義があるといえるか。その説明として最も適切なものを一つ選べ。

ア　田舎の経済力が衰退していく時代において、そのような場所にも魅力的な風土や行事があることを都会の人々が知る機会をつくり、田舎の社会の経済成長を実現し、都市化させることによって、日本の社会全体の崩壊を防ぐことができる。

イ　資本主義の世の中では、限界集落は都市型の社会が発展するなかで追いやられ崩壊していってしまうので、納税できる対象を居住地と出身地に分割し、地方の経済力を豊かにして、交通網の利便性を高めることで、田舎から都会へと移りやすくすることができる。

ウ　都市型の生活と比較して地方の生活を不便なものとみなすような資本主義の社会において、働く場所以外での住民としての権利やそこでのコミュニケーションを通した心の安らぎを得られるようにすることで、都市と田舎の暮らしを両立させ、日本の社会の崩壊を防ぐことができる。

エ　資本主義の仕組みで世の中が成り立っている以上、田舎は生き残りをかけた闘いを強いられるので、田舎を存続させるべく、都市生活者が故郷に納税する代わりに産品を入手できる仕組みをつくり、故郷とのつながりを求める都会の人々の協力を得て、地方に経済力を与えることができる。

問九　傍線部G「ぼくの故郷というのはアフリカなんですよ」とあるが、ここで山極氏が言おうとしているのはどういうことか。その説明として最も適切なものを一つ選べ。

ア　総長就任以前から日本とアフリカを行き来していることが既に二重生活の実践にあたるということ。

イ　総長を退任してからもまた日本とアフリカを往復する二重生活をすることが念願であるということ。

ウ　長期間空けて訪れたときでも以前のように迎えてくれるアフリカこそ自分の故郷であるということ。

エ　都市化した日本よりも昔の人間関係が残るアフリカこそ自分にとっての故郷だと感じるということ。

問十　「身体性」という観点から本文の内容について述べたものとして、不適切なものを一つ選べ。

ア　ネットやスマホを用いて、ＡＩが提示する選択肢に従うばかりの生き方では、身体性を通して親しい人間関係を作るための感覚は衰

ア　AIが作り出すヴァーチャルな世界が、人間の身体からどんどん離れていっていること。

イ　AIに人間の脳内の事柄をインプットし、特定の機能の肩代わりをさせていっていること。

ウ　AIという人工的な知能を、人間の脳から引き出した情報の集積で作りはじめていること。

エ　AIの提示する選択や判断が、人間の好みや行動を規定し五感を衰退させていっていること。

問三　波線部a～dの発言の役割に関する説明として不適切なものを一つ選べ。

ア　aでは、鎌田氏の驚く反応を見て、山極氏が具体的な根拠となる事例を挙げている。

イ　bでは、山極氏の脱線した発言を受けて、鎌田氏が本題に戻そうとしている。

ウ　cでは、鎌田氏の楽観的な発言に対して、山極氏が注意を喚起している。

エ　dでは、山極氏の提起した問題について、鎌田氏が議論を発展させる疑問を投げかけている。

問四　傍線部B「第5講の森林のサルの話に戻ると」とあるが、ここで筆者が言及しようとしているサルについての情報は次のうちどれだと考えるべきか。傍線部Bの前後の文脈を踏まえて推測し、最も適切なものを一つ選べ。なお、第5講の文章は、この試験問題には掲載していない。

ア　サルは、グルーミングなどを通じて、お互いの匂いや手触りを確かめ合いながら、信頼関係を構築していく。

イ　変な匂いや変な音が聞こえたとき、サルは、その発生源を目で確かめることによって視覚的にリアリティを担保する。

ウ　サルは、森林の中でガサッと音がしたら、その正体を見極めないうちに、仲間と同じ方向に逃げて距離を取る。

エ　集団のなかで、優位のサルは相手の顔を見つめる権利を持つが、劣位のサルは相手の顔を見返してはいけない。

問五　空欄 C に入る、この章の要旨を表現した小見出しとして、最も適切なものを一つ選べ。

ア　火山噴火予知を簡単に信用するな！

イ　「曖昧さ」の価値vsデータ信奉者たち

ウ　なぜ若者は人の本心が分からないのか？

エ　直観と想像力で「曖昧さ」を乗り越える

問六　空欄 D に入る言葉を、波線部xとyを比較したうえで、自分で考えて漢字二字で記せ。

問七　傍線部E「フェイスブックだったり携帯電話だったりね」とあるが、これらのツールが発達する理由や背景に関する山極氏の考えの説明として、最も適切なものを一つ選べ。

ア　曖昧なものと曖昧なままに向き合えない人が多くなってきている時代なのに、同時にグローバル化により価値観が多様化してしまった。そのような社会に生きる人々が孤独感を抱くことなく、他者に囲まれているという安定感を持つことができるようにするため。

イ　AIを代表とする最新技術が人間の五感を衰退させていき、個人として有効な時間を使うことを重視する時代において、人々が孤独くて、いつもそこにいるかのように噂話をしているというだけの話でね。

（略）

鎌田　総長を退任したらまたアフリカ半分をやりたいですか？

山極　いや、分かんないですけどね。もう総長もそろそろやめたいから、アフリカに限らずいろいろ夢をもっているんです（笑）。

鎌田　いやいや、そうおっしゃらずに（笑）。

（山極寿一・鎌田浩毅『山極寿一×鎌田浩毅
ゴリラと学ぶ――家族の起源と人類の未来――』による。）

※注
1　アウトソーシング――業務の一部を外部の専門業者に任せること。
2　AI――人工知能。
3　アマゾン――世界最大規模のオンラインショッピングサイト。閲覧、購入の履歴に基づいて、各個人に対するおすすめ商品などを表示する機能がある。
4　第5講の五感の話に戻るんだけど――本文以前の箇所で、筆者は、人間関係において信頼をつくるには五感のうちで触覚が一番重要だと述べている。
5　フェイスブック――ソーシャル・ネットワーキング・サービス（SNS）の一つ。友達や家族と写真や動画、近況をシェアしたり、メッセージをやり取りすることができる。
6　養老孟司――医学博士、解剖学者。
7　限界集落――六十五歳以上の高齢者が人口の半数を超え、社会的共同生活の維持が困難な状態に置かれている集落。
8　タクティクス――戦術。
9　ふるさと納税――ふるさとや応援したい自治体に寄附ができる制度。手続きをすることで所得税の還付、住民税の控除が受けられたり、名産品を受け取れたりする。
10　ドラスティック――思い切ったさま。過激なさま。

問一　本文冒頭（網掛け部分）における山極氏の発言の趣旨を視覚的にわかりやすく表現した図として最も適切なものを一つ選べ。

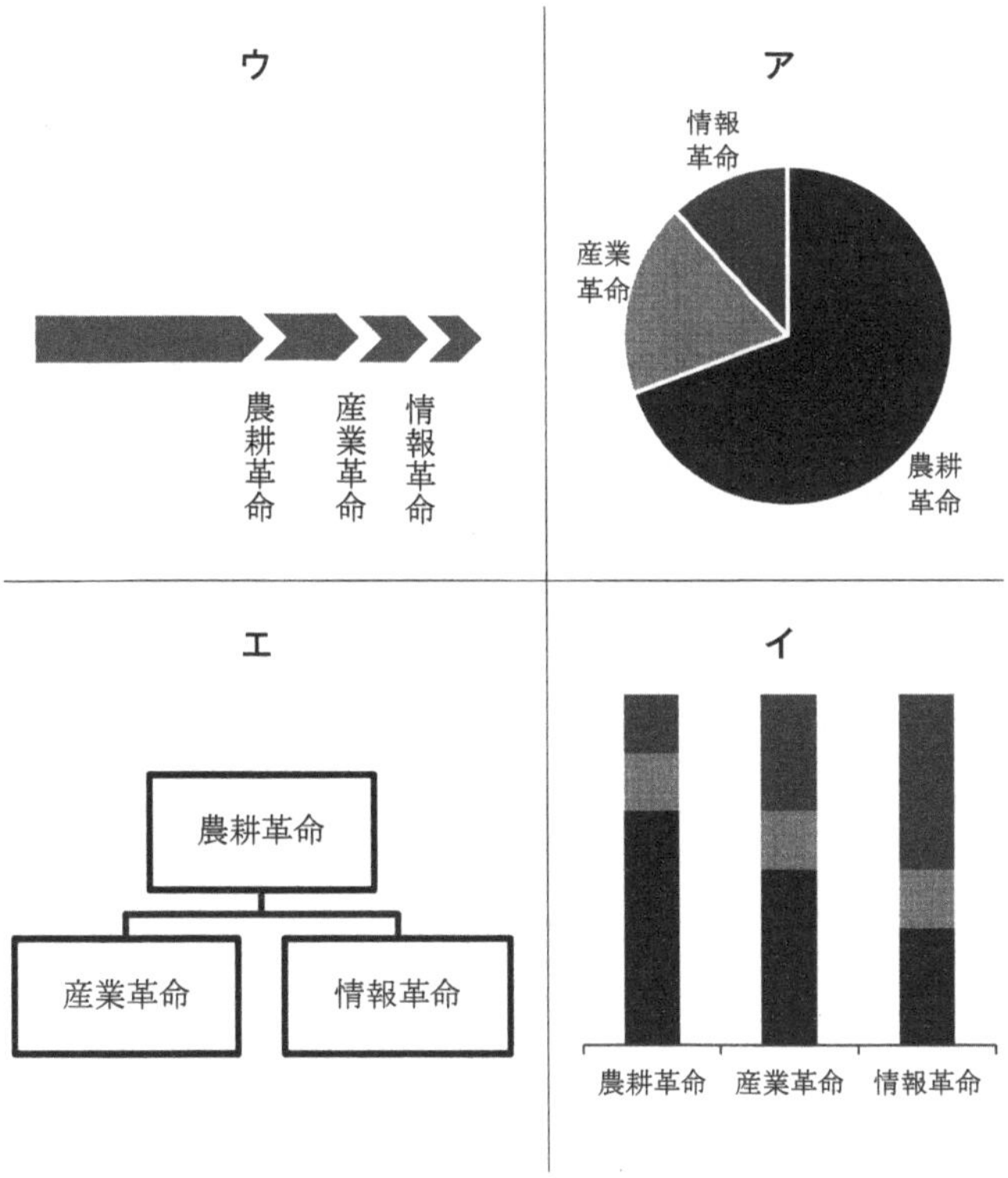

問二　傍線部A「人間の身体そのものを情報が新たに作りはじめている」とはどういうことか。その説明として最も適切なものを一つ選べ。

いるということです。職場と故郷と半分ずつ払えばいいことにしたらどうだろう。税金を納めている人たちに対して、市町村はいろんなお知らせをしたり、便宜をはかる義務を負うわけですね。しかも議員さんを投票で決める権利もできるし、子どもを育てたり行事に参加するのは週末に故郷に帰ってやればいい。いま交通網も利便性が高まって、飛行機も安くなりましたよ。時期にもよりますが、沖縄まで数千円で行ける時代です。だから自分の故郷に週末帰って、あるいは一カ月に一度か二度帰って、何かのお祭りに参加したり、地区でいろんなイベントをやったりできる。故郷にいる時間を会社も認めて、二重生活を成り立たせましょう、と。働く場所と子育てをする場所、あるいは老後楽しみをもつ場所、あるいは地区で共同行事をやる場所を分けて、自分が信頼できる集団やコミュニティへのアイデンティティを作りましょう、というのが二重生活のススメです。ふるさと納税ではそれが解決できない。

鎌田　なるほど。おもしろい考えですね。

山極　そう言ったら、厚生労働省から手紙が来て、これは私たちがずっと提案していることですと言うんですね。地方はお金がない、都会で働く人は故郷とのつながりがほしい。だから両方ハッピーになれます、というんだけど、それは違うだろうと思うんです。お金じゃなくて、人と人とが信頼感をもってつながりあえる仕組みが必要なんですと。さっきぼくが養老さんの言葉を引用して提案したようなことはすぐには成り立たないだろうと思う。でもそれこそが都市と田舎の暮らしというのを、違うけれどもどちらがいい悪いというのでなくて……。

鎌田　両立させる？

山極　両立させる一つの橋渡しになると思うんですよ。そういうことをやっていかなければ地方創生と言っていくらお金を使ったってダメですよ。若者が都市に出てきたいというのは当たり前なんだから。都市に行ってもまた戻ってこられるような筋道を残しておく。それをきちんと制度で下支えするということが必要なわけで、これはかなりドラスティック※10な考え方ですけど、これをやらないと日本の社会は崩壊する。働く場所での人間関係と幼馴染《おさななじみ》のいる故郷とは違うわけで、異なるコミュニケーションを使い分けなくてはならない。でも、それが心の安らぎにもなるわけですよ。そういうことをやりましょうというのがぼくの提案なんです。

鎌田　例えば、総長を退任されてからそういうことやります？

山極　総長になる前からそういうことをやってますけれどね。

鎌田　ほう。で、どう実際に実現させるんです？

山極　G ぼくの故郷というのはアフリカなんですよ。

鎌田　あっ、そういうことですか（笑）。

山極　たとえ短期であってもアフリカには何度も行ったし。

鎌田　分かります、分かります。

山極　一度新聞に書いたことがあるんですが、彼らはそういうことをよく知っていて、ぼくが不在のときはぼくの噂話《うわさばなし》をするんです。そして、何カ月か何年ぶりでも、行くと昨日までいたように迎えてくれる。あぁ懐かしいなぁなんて絶対に言わない。やぁお前か、みたいな話。ぼくが半年前、一年前に付き合ってた関係がそのまま始まるんです。

鎌田　彼らはちゃんと二重生活を認めてくれているわけですね。

山極　認めてくれている。それは噂話をしているからそういうふうになるんだと思います。ぼくが長い不在の期間をおいて帰ってきたのではなうに携帯をもたないとか？

山極　まぁそれは一つの防御策ではありますけどね(笑)。逆に今はネットのよさもあるんですよ。つまり情報共有や連絡がしやすいから、呼びかけたらすぐ集まる。実際に集まらなければ意味がないんで、そのために使う。距離や時間を考えずに、いろんな提案ができますね。しかもネット社会というのは中心が出来ない、あるいは階層が出来ないという利点をもっているから、互いが参加しやすく抜けやすい。古い人間関係だと、一旦入っちゃうと抜けられないとかね、誰かに紹介されないと参加しにくい、入っていけないとかね、そういうことがあるんだけど、そういう不便さはなくなりました。それをもっと活用して、いろんな人たちが五感を感じ合えるような機会を増やすということがネットを使ってもできるわけですよ。

鎌田　でも実際に会うというのをちゃんと確保しないとダメなんてすね？

山極　そうです。

鎌田　それがないとぜんぶが元《もと》の木阿弥《もくあみ》になると。

社会中心の経済と二重生活のススメ

山極　いちばん重要なことは、いま経済中心の社会をつくっているわけだけど、逆だと思うんです。社会中心の経済をつくらないといけない。つまり、壊してはいけない社会があるということです。今は経済が右肩上がりでないと社会自体が成り立たないからと脅迫されているんですよ。そうじゃなくて、社会を成り立たせるために、その社会の規模に合わせた経済を考えないといけない。

鎌田　具体的にはどうします？

山極　都市の経済と地方の経済は違いますよ。違っていいじゃないかと思う。※6養老孟司《ようろうたけし》さんが言ってるんだけど、※7限界集落は「限界」ではなくて、老人が生きられるすてきな社会だというふうに考え直した方がいいと、そこで都市的な生き方を求めない方がいいと言うんです。その環境やコミュニティに合わせた経済を当てはめていけばいいわけで、そこにおける幸福感というのは、鉄筋アパートに住んで宅配で食料が来て、自分が動かなくていい生活ではなくて、自分の身体を使って互いに触れ合いながら、ちょっとした楽しみを共有して生きる、そういうものでいいわけですよ。それを都市型に当てはめて、やれ不便だという、そんなことは忘れた方がいい、と。

鎌田　なるほど。たしかに養老さんの説は分かるんだけど、実際にはどうでしょうか。現実には経済が優先でブルドーザーのようにすべてを押しつぶしていくから。だからそういう限界集落があっても守れないのではないかと。むしろ守るというか闘わないといけない。ぼくは資本主義の世の中ではね、果てしのない闘いが必要だと思うんですよ。

山極　ぼくはそのための※8タクティクスとして、[F]二重生活のススメというのを提案しているんです。つまりね、現在の※9ふるさと納税というのは、いま都市に生活している人がふるさとにお金を出してそこの産品を買うということになっているけど、そうじゃなくて、納税をして実際に権利を手に入れましょう、住民登録をしましょう、と。だから住民登録を二カ所でしていい。自分が働く場所と自分の故郷。

鎌田　ああ、そういうことですか。

山極　住民登録をしているということは、そこの行政機関に納税をしてね、データ信奉者はまずデータを取ってみて、このデータは私の仮説に合わないんですけどと言う。

鎌田　そうそう、そうそう。

山極　y もともとデータを基に仮説をつくっているものだから……。

鎌田　［ D ］してるんですよね、話がね。

（略）

身体性・社会性の喪失

鎌田　少し身体性の話に戻りましょうか。現代の霊長類学からすると、人間はここまで来て、これからどうなるんでしょう、具体的に身体は？

山極　ぼくは『「サル化」する人間社会』（集英社インターナショナル、二〇一四年）という本を書いたけど、要はグローバル化して人と物の動きが活発になると、人間は規則やルールに依存していくようになるということですよ。これまではそういったものがなくても、人間の身体感覚でいろんな問題を解決できた。それはある程度閉鎖的な社会で生きていたからね。みんな互いの性格や行動様式を知ってたわけですよ。互いに見知っていた間で生きてたからそれはできた。でも今は価値観も基準もグローバルになりつつあるわけですね。全然生まれも育ちも違う人たちが突然やって来て、その人たちと意見を交わさなくちゃいけないし、共存しなければいけない時代になった。そうすると、ルールをもっていた方がやりやすいという話になって、いや、この人がどう思っているのか分からないから、とりあえずこういうルールをお互い守りましょうね、とやっていくわけですね。

　そうすると、さっき言ったように、この人はこういう事情でこういうことを始めたんだから、こっちもそれに合わせて相手の立場になって考えながら、でもこういう解決策もあるよねと提案していく時間を使うことがもったいなくなるんですよ。ルールがあるからいいじゃないか、と。そうすると、信頼あるいは共感というものは人間の社会をつくるプロセスから消え去っていって、ルールだけになる。そして効率だけが前面に出てくるようになる。ルールがあるんだから時間を使うのはもったいない。時間を使うんだったら個人で思うように時間を使いましょうよ、と。それは今の資本主義、自由主義が求めている方向と合致するわけですよ。だから個人の自由な時間をどんどん増やすということになる。でもそれだけ個人はどんどん孤独になってくる。

鎌田　そうですね。

山極　すると、それを紛らわすツールというのが増えてくるわけです。しかも個人が孤立すると社会性が失われるんで、社会性をつなぎとめるようなツールが発達する。E フェイスブック※5だったり携帯電話だったりね。でも個人どうしが身体を使って交わる機会がどんどん薄れていくんで、他者の実感がつかめないんですよ、情報だけはやり取りできるんだけど。そうすると身体的安定性、他者に囲まれて自分は生きているという安定感がどんどん失われていく。浮遊感だけが残る。

（略）

鎌田　じゃ、先生、どうしたらいいんでしょう。どういうふうな提言を？

山極　触覚や味覚や嗅覚《きゅうかく》というのをもっと働かせ、相手を思いやるような機会をどんどんつくることだと思うんです。

鎌田　例えばそれは、ネットのスイッチを切るということ？　先生のよ

ね。

（略）

それからＡＩは曖昧なものを確かなものにしていこうという方向性をもっているわけですね。これもB第５講の森林のサルの話に戻ると、曖昧なものを曖昧なように理解する、感じるというのがサルからつながる人間の能力だったわけですよ。家族がそもそもそうなんです。でも曖昧を許さないという方向に行くわけですからね。それを突き進めていくと、人間が機械になっていくという話になる。つまり曖昧なものは不気味、もっときちんと正確に知りたいと。

鎌田　今の若い人は結構みんなそうですよね、学生たちも分からないことに対してめっぽう弱い。

Ｃ

山極　曖昧なものを曖昧なままに温存しておく、曖昧なままに付き合うということができなくなるんです。だから相手の本心を知りたい、ほんとは本心なんか分からないものなんですよ。でも知りたい、証拠がほしい、どんどんどんどんエスカレートしていって結局相手が信用できなくなって破綻《はたん》してしまう。そんなものは分からないものだし、曖昧なままに付き合っていけばいいんですよ。あるいは言葉なんか分からなくたってある程度気持ちが通じればいいじゃないかという鷹揚《おうよう》さ、曖昧さをどんどん失っていくわけですね。なぜ曖昧でよかったのかと言ったら、それは感じる心をもっていたからです。実際何が起こっているかということを正確に確かめなくても間違わないというのが森林の世界なんですよ。それを失いつつあるということですね。

鎌田　そうですね。ぜんぶを明らかにしないといけないというのは、まさに科学の行き過ぎですね。例えば、ぼくの火山噴火予知だと、調査に行ってデータを取りには行くんだけれども、全部のデータが得られるわけではない。こういうときに常に考えるのは、この山は今どういう状態かということで、そうしないと危ない。先生が森に入っていくのと一緒だと思うんだけど、データがなくても直観的に危険がせまっているのが分かることがある。その感覚を若い人に伝えにくくなっているんですよね。結局それは何なんですか、スマホで何か緊急地震速報が鳴るから分かるんですかと。いや違うんだ、そういう人間が作ったものではなくて……。それは実際にフィールドに行っても学生に伝わりづらくなっていて、理解してもらうまですごく時間がかかるんです。直観はもともと曖昧なもので、それを証明するツールなんてないんですよ。でも、曖昧なものを曖昧なものなんだといっても受け入れられなくなっている、若い人たちが。

山極　初めから測ろうと思って行くんですよ。

鎌田　そう、そうだそうだ。

山極　計測器をもっていって、数字にならないと納得しない。エッほんとですか、それはちゃんと測ってみないと言う。バカじゃないのと思うんだけど（笑）。そこから始まるわけなんですよ。何でも測ったらいいという話じゃない。そこにある直観と想像力をめぐらせて、何が起こっているのか、何がおかしいのかということを感じないといけないんですよね。自分の考えたこと、思い込んだことが正しいかどうか、いくつかの事例を通して見定める余裕が必要で、Xそれをやってからあらためて他人を説得するためにデータを取るということなんです。でもりなかった。時間、空間、それはすべて身体化していたから。だけどどんどんそれを外に出したわけですね。外のものにやらせるということになった。

鎌田　今風に言えば、アウトソーシング※1ですね。

山極　今は情報化だから、モノではなくて情報にそれをさせているわけです。もっとヴァーチャルになってきた。これからどこに行くのかといったときに、そういった情報によって作りだされる世界が人間の身体からどんどん離れていく。でも逆に[A]人間の身体そのものを情報が新たに作りはじめている。

鎌田　[a]えーっ。

山極　だってＡＩ※2がそうじゃないですか。

鎌田　ああ、そうですね。

山極　だからそういったときに、人間というものは一体何なのかということを過去に遡ってもう一度定義し直さないといけなくなってきた。生命倫理の問題もあるし、人間の幸福とは一体何かということもあるし、それをもう一度考え直すためには、人間の身体がどうつくられたのかという歴史をもう一度確認しなくちゃいけないと思っているわけですよ。そこをちょっと今テーマにしたいとぼくは思っているんです。

鎌田　[b]ＡＩに関して、それはある機能の肩がわりはできるけれど、人間そのものの代わりにはならないですよね。もともと天然の生物ではないし。

山極　生物ではない。

鎌田　そうすると、ＡＩと人間は今後もずーっと違うもので、怖るるに足らずというか、コンピューターの機能が増えるだけですよね。

山極　[c]でもね、人間はいろんなことを外にやらせ始めたわけですよね、自分でやらずに。それによって人間は感じることも考えることもやめていくかもしれないわけですよ。例えば、今あなたの好きなものは何ですかと言われて、これまでは自分の欲求に従って答えていたものが……。

鎌田　アマゾン※3がバーッと決めちゃう（笑）。

山極　ああ、そうね、それに従って自動的に幸福感を感じるような人間になっていくかもしれない。その方が楽だから。自分でいろいろ悩む必要がないからね。あなたが好きな人はこの人です、あなたが好むことはこういうことです、こういうふうにやりなさいという指令がどんどん来て、その通りにやっていけば自分で決定する必要がないし、考える必要も悩む必要もなくなる。それが、近い将来待っているかもしれないわけですね。

鎌田　[d]そのとき退化していくんですか。つまり、われわれはもっているものをどんどん失っていくんですか？

山極　失っていくと思いますね。だって使う必要がないんだもの。

鎌田　使わないと減っていくというか、消えていくだけ。

山極　だからぼくが最近よく問題にしているのは、共感力の減退という話なんですね。第５講※4の五感の話に戻るんだけど、人間は近い人間に親しみを感じるという身体性を通して親しい人間関係を作ってきたわけですよ。それが七百万年という長い進化をかけて作り上げてきた歴史の古い能力なんですよ。でもそれを手放しつつある。だってインターネットの中で見ると距離なんて無くなるわけですから。あるいは携帯やスマホを使えば距離感はなくていい。だから人間のもっている距離感を感じる五感というのは使う必要がない。使う必要がなければ衰えてきますよ

【国　語】（五〇分）〈満点：一〇〇点〉

一　次の文章は『老子』道徳経の第四十一章を現代語訳したものである。これを読み、後の問いに楷書で答えよ。

優秀な人が「道（真理）」を知ると、一生[1]ケンメイそれを実践しようとする。平凡な人が「道」を知ると、それを中途[2]ハンパに実践して首をひねる。愚かな人が「道」を知ると大笑いする。つまるところ、愚かな人に笑われないようでは「道」を実践できているとは言えないのである。

だからこのような言葉が存在するのである。「明るい道は暗く見える。前に進む道は後ろに退いているようだ。[3]ヘイタンな道には起伏を感じる。高い徳（品性）はまるで谷のようだ。広くいきわたる徳は不十分に感じる。しっかりした徳はだらけているように感じる。[4]ジュンスイなものは変化し続ける。白いものは黒く見える。大きすぎる四角形には角を感じることができない。大きなものが完成するには時間がかかる。大きな音はかえって聞こえず、大きな形はかえって形がわからない。『道』は裏に隠れていて表に出ることはない。それでも『道』は力を与え、完成に導いてくれる。」

問一　傍線部1～4のカタカナを適切な漢字に改めて記せ。

問二　この話がもとになり「真に偉大な人物も、立派になるには時間がかかる」という意味の故事成語が生まれた。この故事成語を何というか。漢字四字で答えよ。

二　次の文章は、霊長類学者で京都大学総長である山極寿一《やまぎわじゅいち》と、火山学者で同大学教授である鎌田浩毅《かまたひろき》の対談である。これを読み、後の問いに答えよ。なお、設問の都合上、本文の一部を省略した。

人間の身体性と共感力

鎌田　いよいよ最後の講は、人類の未来について語っていただきましょう。

山際　われわれはどこから来て、どこへ行くのか。どこへ行くのかということをやっぱり知りたいわけですよ。人類はここまで進化したというけれど、われわれが意識してわれわれの過去を眺められる有史時代で言えば、せいぜい一万年くらいしかないわけで、文化の爆発を示す装飾品が出てきてからでも四万年くらいしかない。人類の進化が七百万年とすれば、ほんのわずかな証拠しか握ってないわけですよ。

だけど人間の環境の変化の速度はどんどん増している。その短期間に、言うならば、文明の転換点みたいな時期は三回か四回くらいあって、今その間隔がどんどん短くなっているわけですね。農耕革命、産業革命、そして情報革命となって、まさに次に何が来るのか。産業革命から情報革命まで二百年しかない。農耕革命から産業革命までには一万年近い時代があったわけですよ。こんど情報革命か次の革命までひょっとしたら何十年かもしれないですね。何年かもしれない。

鎌田　ふむふむ。

山極　どこへ向かっているのかと問う前に、やっぱり人間の身体性ということをもう一度考えないとね。ぼくがすごく重要視しているのは、脳が大きくなって象徴物を作りはじめてから、実は人間は知識を脳の外に出すということを覚えたわけです。それがいまだに続いているということです。つまり脳はどんどん空っぽになっていく。人間の脳が身体化しているときには、外のものに人間の行動がしばられるということがあま

MEMO

大切なことはメモしておこうネ！

2020年度

解　答　と　解　説

《2020年度の配点は解答欄に掲載してあります。》

＜数学解答＞

Ⅰ　(1)　ア　5　　(2)　イ　7　　(3)　ウ　3　　エ　2　　オ　3　　カ　1　　キ　5
　(4)　ク　9　　ケ　1　　コ　8　　(5)　サ　4　　シ　5

Ⅱ　(1)　ア　2　　イ　1　　ウ　0　　(2)　エ　1　　オ　2　　(3)　カ　2　　キ　4
　(4)　ク　9　　ケ　4　　コ　6

Ⅲ　(1)　ア　2　　イ　9　　(2)　ウ　1　　エ　1　　オ　1　　カ　2
　(3)　キ　7　　ク　1　　ケ　8

Ⅳ　(1)　ア　2　　イ　2　　(2)　ウ　3　　エ　2　　(3)　オ　8　　カ　1　　キ　6

Ⅴ　(1)　解説参照　　(2)　解説参照　　(3)　解説参照

○配点○

Ⅰ　(1)・(2)　各5点×2　　(3)　10点　　(4)・(5)　各5点×2　　Ⅱ　各4点×5

Ⅲ　(1)　5点　　(2)・(3)　各6点×2　　Ⅳ　各5点×3　　Ⅴ　各6点×3　　計100点

＜数学解説＞

基本　Ⅰ　(式の計算，平方根，資料の整理，扇形と面積，確率)

(1)　$\frac{9x^2-6xy+y^2}{3x-y}=\frac{(3x-y)^2}{3x-y}=3x-y$　　これに$x=\frac{1}{3}$，$y=-4$を代入して，$3\times\frac{1}{3}-(-4)=1+4=5$

(2)　$\sqrt{169}<\sqrt{190}<\sqrt{196}$より$13<\sqrt{190}<14$となるので，$\frac{8+13}{3}<\frac{8+\sqrt{190}}{3}<\frac{8+14}{3}$　$7<\frac{8+\sqrt{190}}{3}<7\frac{1}{3}$　　よって，$\frac{8+\sqrt{190}}{3}$より小さい自然数は7個ある。

(3)　$\{(+6)+0+(+9)+(-2)+(+3)+(-4)\}\div 6+30=12\div 6+30=32$より，平均値は32　　また，記録を小さい順にならべると-4，-2，0，$+3$，$+6$，$+9$となり，中央値は0と$+3$の平均値となるので，$(0+3)\div 2+30=1.5+30=31.5$より，中央値は31.5

(4)　図1のように図形を区切り，図2のように移動させると，色をつけた部分は，半径6cm，中心角90°の扇形から，等しい辺の長さが6cmの直角二等辺三角形を除いた形になる。よって，色をつけた部分の面積は$6\times6\times\pi\div4-6\times6\div2=9\pi-18$(cm^2)

図1

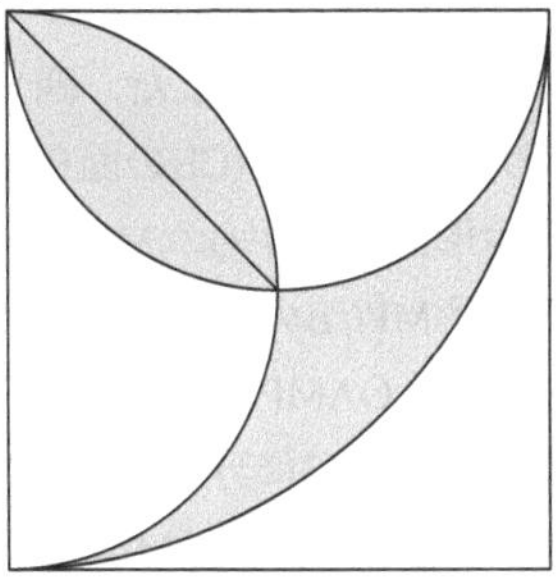

図2

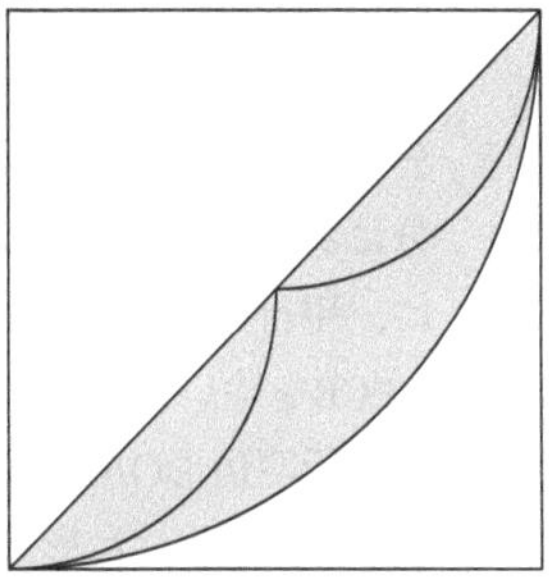

(5)　問題とは逆に，中央のカードがⒸである場合を考えると，中央以外の4カ所に4枚のカードを並べればよいので，中央のカードがⒸとなる並べ方は$4\times3\times2\times1=24$(通り)　　また，全部のカードの並べ方は$5\times4\times3\times2\times1=120$(通り)　　このとき，中央のカード

が[C]となる確率は$\frac{24}{120}=\frac{1}{5}$　よって，中央のカードが[C]ではない確率は$1-\frac{1}{5}=\frac{4}{5}$

[Ⅱ]（2次関数と図形）

重要　(1)　点Cのx座標を$k(k>0)$とすると，$y=\frac{1}{2}x^2$に$x=k$を代入して$y=\frac{1}{2}k^2$となることから，点Cの座標は$C\left(k,\ \frac{1}{2}k^2\right)$と表せる。また，点Aの$x$座標は$-2$なので，$y=\frac{1}{2}x^2$に$x=-2$を代入して$y=\frac{1}{2}\times(-2)^2=2$となることから，点Aの座標は$A(-2,\ 2)$となる。ここで，四角形OABCが平行四辺形になることから，点Oから点Aへの平行移動のしかたと点Cから点Bへの平行移動のしかたは同じであり，点Oと点Aの座標より「x軸の正の方向に-2，y軸の正の方向に2」なので，点Bの座標は$B\left(k-2,\ \frac{1}{2}k^2+2\right)$と表せる。さらに，点Mは線分ABの中点なので，$A(-2,\ 2)$，$B\left(k-2,\ \frac{1}{2}k^2+2\right)$より，点Mの$x$座標は$(-2+k-2)\div2=\frac{1}{2}k-2$と表せる。このとき，点Mは$y$軸上の点なので$x$座標が0になることから$\frac{1}{2}k-2=0$となり，$k=4$　よって，$B\left(k-2,\ \frac{1}{2}k^2+2\right)$に$k=4$を代入して，点Bの座標は$B(2,\ 10)$

(2)　(1)より点Cの座標は$C\left(k,\ \frac{1}{2}k^2\right)$と表せるので，$k=4$を代入して，点Cの座標は$C(4,\ 8)$　ここで，直線BCの方程式を$y=ax+b$（a，bは定数）…①とすると，$B(2,\ 10)$を通るので，①に$x=2$，$y=10$を代入して$10=2a+b$…②　$C(4,\ 8)$を通るので，①に$x=4$，$y=8$を代入して$8=4a+b$…③　②の両辺から③の両辺をそれぞれひいて$2=-2a$より$a=-1$　さらに②に$a=-1$を代入して，$10=2\times(-1)+b$より$b=12$　よって，直線BCの方程式は$y=-x+12$

重要　(3)　平行四辺形OABCを対角線ACで切ってできる△OACと△BACは合同な図形なので，面積が等しい。ここで，点Aからx軸に下ろした垂線とx軸の交点を点A_x，点Cからx軸に下ろした垂線とx軸の交点を点C_xとすると，△OACは台形A_xACC_xから$△OA_xA$と$△OC_xC$を除いた図形となる。このとき，台形A_xACC_xの面積は$(2+8)\times(2+4)\div2=30$，$△OA_xA$の面積は$2\times2\div2=2$，$△OC_xC$の面積は$4\times8\div2=16$となるので，△OACの面積は$30-2-16=12$　よって，平行四辺形OABCの面積は$12\times2=24$

やや難　(4)　(1)より点Aの座標は$A(-2,\ 2)$，点Bの座標は$B(2,\ 10)$なので，辺ABの中点である点Mのx座標は0，点Mのy座標は$(2+10)\div2=6$となり，点Mの座標は$M(0,\ 6)$　また，(2)より点Cの座標は$C(4,\ 8)$なので，x軸に平行な直線$y=6$は線分OCと交点を持ち，この交点を点Pとする。ここで，直線OCの方程式は$y=2x$なので，$y=6$を$y=2x$に代入して$6=2x$より$x=3$となり，点Pの座標は$P(3,\ 6)$　ここで，線分OCの中点を点Nとすると，点Nの座標は$N(2,\ 4)$となり，x軸に平行な底辺MPと頂点Nを持つ△MNPを考えると，MPの長さは$3-0=3$，△MNPの高さは$6-4=2$となるので，△MNPの面積は$3\times2\div2=3$　また，四角形MNCBは平行四辺形OABCを線分MNで二等分した形なので，(3)より，四角形MNCBの面積は$24\div2=12$　よって，直線$y=6$よりも上の部分にある台形MPCBは四角形MNCBから△MNPを除いた図形なので，その面積は$12-3=9$　次に，平行四辺形OABCと台形MPCBの面積の比は$24:9=8:3$なので，平行四辺形OABCから台形MPCBを除いた図形である台形OAMPと台形MPCBの面積の比は$(8-3):3=5:3$となり，直線MPは平行四辺形OABCを面積比が$5:3$に分ける直線であることがわかる。さらに，線分ONの中点を点Qとすると，台形MPCBと台形MQOAは$MB=MA$，$CP=OQ$より，上底と下底の長さがそれぞれ等しく，高さも共通な図形であるので面積が等しくなり，直線MQも平行四辺形OABCの面積を$3:5$に分ける直線であることがわかる。このとき，点Oの座標は$O(0,\ 0)$，点Nの座標は$N(2,\ 4)$

なので，線分ONの中点である点Qのx座標は$(0+2)\div2=1$，点Qのy座標は$(0+4)\div2=2$となり，点Qの座標はQ(1，2)　さらに，直線MQの方程式を$y=cx+6$(cは定数)として点Qの座標である$x=1$，$y=2$を代入すると，$2=c+6$より$c=-4$となる。よって，点Mを通る直線によって，平行四辺形OABCを2つの部分に分けたとき，この2つの部分の面積比が3：5になるような直線の方程式は$y=6$または$y=-4x+6$である。

Ⅲ　(確率)

基本　(1)　さいころの目の出方を$(a,\ b)$のように表す。10の約数は1，2，5，10なので，それぞれの数になるような2つのさいころの目の出方を調べると，出る目の和が1になるさいころの目の出方はなく，出る目の和が2になるさいころの目の出方は(1，1)の1通り，出る目の和が5になるさいころの目の出方は(1，4)，(2，3)，(3，2)，(4，1)の4通り，出る目の和が10になるさいころの目の出方は(4，6)，(5，5)，(6，4)の3通りとなる。よって，出る目の和が10の約数になる目の出方は全部で$0+1+4+3=8$(通り)となり，2つのさいころの目の出方は全部で$6\times6=36$(通り)あるので，出る目の和が10の約数になる確率は$\frac{8}{36}=\frac{2}{9}$

重要　(2)　出る目の数の和が11になるさいころの目の出方は(5，6)，(6，5)の2通りで，出る目の数の和が12になるさいころの目の出方は(6，6)の1通りなので，出る目の数の和が10より大きくなるさいころの目の出方は全部で3通りとなる。このとき，出る目の数の和が10以下になるさいころの目の出方は$36-3=33$(通り)なので，出る目の数の和が10以下になる確率は$\frac{33}{36}=\frac{11}{12}$

(3)　$a=1$のとき，$\frac{b}{a}$が整数になるのは$b=1$，2，3，4，5，6の6通り。$a=2$のとき，$\frac{b}{a}$が整数になるのは$b=2$，4，6の3通り。$a=3$のとき，$\frac{b}{a}$が整数になるのは$b=3$，6の2通り。$a=4$のとき，$\frac{b}{a}$が整数になるのは$b=4$の1通り。$a=5$のとき，$\frac{b}{a}$が整数になるのは$b=5$の1通り。$a=6$のとき，$\frac{b}{a}$が整数になるのは$b=6$の1通り。よって，$\frac{b}{a}$が整数になるさいころの目の出方は$6+3+2+1+1+1=14$(通り)なので，$\frac{b}{a}$が整数になる確率は$\frac{14}{36}=\frac{7}{18}$

Ⅳ　(規則性)

基本　(1)　5番目の正方形は図3のようになるので，[4，3]の位置にあるタイルに書かれている数は22

図3

1	2	3	4	5
16	17	18	19	6
15	24	25	20	7
14	23	22	21	8
13	12	11	10	9

重要　(2)　$[a,\ b]$の位置にあるタイルに書かれている数をxとして$[a,\ b]=x$のように表すと，n番目の正方形の左上の角の位置[1，1]の値は[1，1]=1となる。ここで，図4のように，n番目の正方形の最外周を合同な長方形で区切ると，[1，1]から$[1,\ n-1]$までの長方形にはタイルが$n-1$(枚)並ぶので，続く$[1,\ n]$から$[n-1,\ n]$，$[n,\ n]$から$[n,\ 2]$までの2つの長方形にもタイルが$n-1$(枚)ずつ並ぶことになり，$[n,\ 2]=3(n-1)=3n-3$　このとき，$[n,\ 1]$は$[n,\ 2]$の次の数なので，$[n,\ 1]=[n,\ 2]+1=3n-3+1=3n-2$　よって，$[n,\ 1]$の位置にあるタイルに書かれている数は$3n-2$

やや難 (3) 図4のように，n番目の正方形の最外周を合同な長方形で区切ると，[1, 1]から[1, $n-1$]までの長方形にはタイルが$n-1$(枚)並ぶので，続く[1, n]から[$n-1$, n]，[n, n]から[n, 2]，[n, 1]から[2, 1]までの3つの長方形にもタイルが$(n-1)$枚ずつ並ぶことになり，[2, 1]$=4(n-1)=4n-4$となる。さらに，図5のように，最外周の1つ内側の周も合同な長方形で区切ると，[2, 2]から[2,$n-2$]までの長方形にはタイルが$(n-2)-2+1=n-3$(枚)並ぶので，続く[2, $n-1$]から[$n-2$, $n-1$]，[$n-1$, $n-1$]から[$n-1$, 3]，[$n-1$, 2]から[3, 2]までの3つの長方形にもタイルが$n-3$(枚)ずつ並ぶことになる。このとき，[3, 2]$=$[2, 1]$+4(n-3)=(4n-4)+(4n-12)=8n-16$となるので，[3, 2]の位置に書かれているタイルに書かれている数は$8n-16$

図4

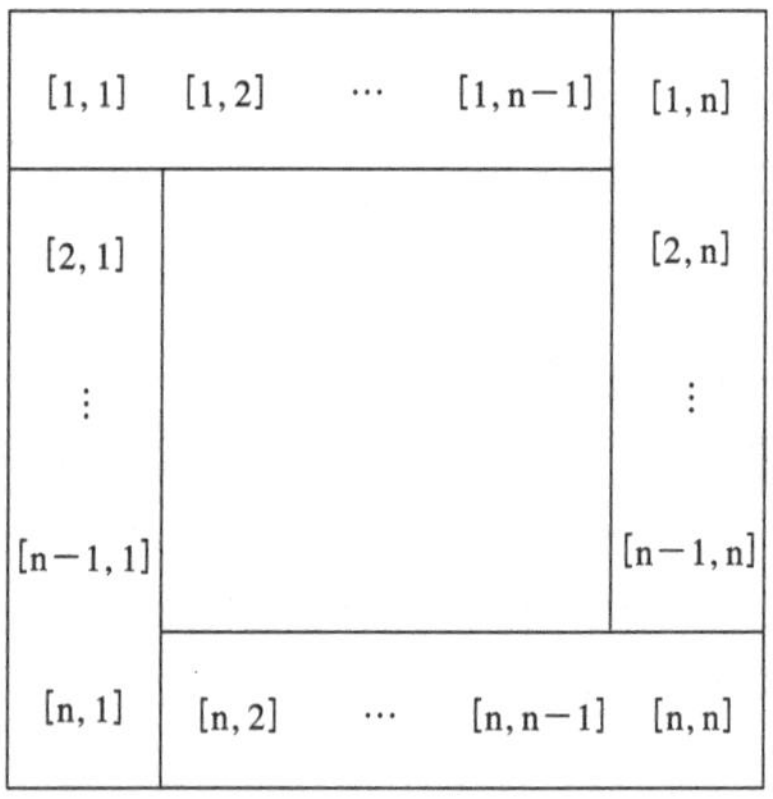

図5

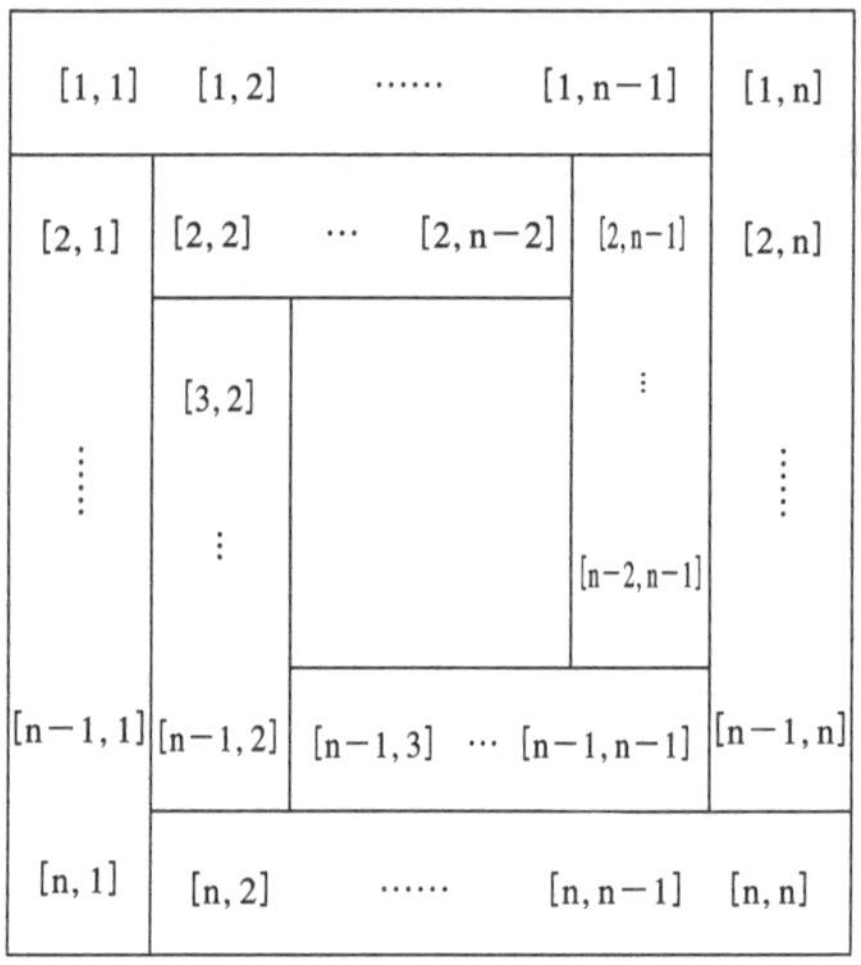

V (三平方の定理，相似の利用)

重要 (1) $FC=x(x>0)$とすると，$DF=EF=5$なので，$CD=FC+DF=x+5$となり，正方形ABCDの一辺の長さは$x+5$と表せる。このとき，$BE:EC=2:1$より，$EC=(x+5)\times\frac{1}{3}=\frac{x+5}{3}$　さらに△EFCにおいて，三平方の定理より$EF^2=FC^2+EC^2$となるので，$5^2=x^2+\left(\frac{x+5}{3}\right)^2$　$25=x^2+\frac{x^2+10x+25}{9}$　両辺を9倍して$225=9x^2+x^2+10x+25$　$10x^2+10x-200=0$　$x^2+x-20=0$　$(x+5)(x-4)=0$　$x=4, -5$　よって，$x>0$より，$x=FC=4$(cm)

重要 (2) (1)より，正方形ABCDの一辺の長さは9なので，$EB:EC=2:1$より$EB=6$，$EC=3$　また，$FE=DF=DC-FC=9-4=5$　ここで，△EFCと△IEBにおいて，$\angle ECF=\angle IBE=90°$…①　$\angle IEF=90°$より$\angle FEC=180°-\angle IEF-\angle IEB=180°-90°-\angle IEB=90°-\angle IEB$…②　△IEBの内角の和は180°なので，$\angle EIB=180°-\angle IBE-\angle IEB=180°-90°-\angle IEB=90°-\angle IEB$…③　②，③より$\angle FEC=\angle EIB$…④　①，④より2つの角がそれぞれ等しいので，△EFC∽△IEB　このとき，$IE:EF=EB:FC$となり，$EF=5$，$EB=6$，$FC=4$より$IE:5=6:4$　$4IE=30$　$IE=\frac{30}{4}=\frac{15}{2}$　よって，$HE=9$より，$HI=HE-IE=9-\frac{15}{2}=\frac{3}{2}$(cm)

やや難 (3) △IGHと△IEBにおいて，$\angle GHI=\angle EBI=90°$，対頂角が等しいので$\angle GIH=\angle EIB$より，2組の角がそれぞれ等しいので，△IGH∽△IEB　さらに(2)より△EFC∽△IEBなので，△IGH∽△EFC　このとき，$GH:FC=HI:CE$となり，$FC=4$，$HI=\frac{3}{2}$，$CE=3$より$GH:4=\frac{3}{2}:3$　$3GH=4\times\frac{3}{2}$　$GH=2$　ここで，台形AGFDと台形HGFEは合同であり，$AG=GH=2$，$AD=9$，$DF=5$より，台形AGFDの面積は$(2+5)\times9\div2=\frac{63}{2}$なので，台形HGFEの面積も$\frac{63}{2}$となる。ま

た，GH＝2，HI＝$\frac{3}{2}$，∠GHI＝90°より，△IGHの面積は$2\times\frac{3}{2}\div2=\frac{3}{2}$となり，四角形GIEFは台形HGFEから△IGHを除いた図形なので，四角形GIEFの面積は$\frac{63}{2}-\frac{3}{2}=\frac{60}{2}=30$　よって，台形AGFDと四角形GIEFの面積の比は$\frac{63}{2}$：30＝63：60＝21：20

★ワンポイントアドバイス★

工夫を要求する問題が多いので，細かな解法を多数知っている方が有利ではあるが，それだけにとどまらず，数学的な発想を豊かにしておくことが必要。そのためにも，解法を発見する醍醐味を感じられるように取り組もう。

＜英語解答＞

1　1 ア　2 ウ　3 エ　4 エ　5 イ

2　[A] (1) イ　[B] (1) イ　(2) ア

3　1 ② ア　⑤ オ　2 ② エ　⑤ ウ　3 ② カ　⑤ イ
4 ② イ　⑤ カ　5 ② ア　⑤ イ

4　1 She was late for school because of rain.　2 The shop was full of foreigners.
3 Forty years have passed since this library was built.
4 I went fishing with my grandfather when I was a child.
5 This is the watch (which) my father gave me on my birthday.

5　ウ・エ・キ

6　1 ウ　2 ア　3 エ　4 ア　5 イ　6 エ　7 ウ　8 エ　9 イ
10 ア　11 ア　12 ウ

○配点○

1 各2点×5　2 各1点×3　3 各2点×5　4 各4点×5　5 各3点×3
6 各4点×12　計100点

＜英語解説＞

1　(リスニング問題)

1. Michael is interested in Mexican culture. Now his school has a student from Mexico, named Angela, and she is an assistant for their Spanish teacher. Yesterday, Angela introduced some Mexican songs to the class. Michael liked them very much and he is thinking of borrowing the CD of Mexican songs from her.
2. Adrian takes a Korean course. Every week his Korean teacher gives the students homework. Yesterday, she told them to remember the names of months in Korean by next class. It's hard to learn all of them by heart, but Adrian enjoys studying Korean.
3. Last Saturday, Akira asked Sarah to have dinner with him at a Japanese restaurant downtown. When they arrived at the restaurant, however, they discovered that it was closed. Finally, they took a taxi to a Chinese restaurant and had Peking duck there.

4. Michiko can play the piano and the guitar very well. She practices them very hard every day. Last Sunday, she won the first prize in a guitar contest. Michiko's parents were very proud of her. In that evening, they took her out for dinner.

5. Mayu belongs to the volleyball club. After classes are over, she hurries to the gym and starts practicing volleyball right away. Her team is rather strong in their area, and next week they will play in the finals of the summer tournament. Mayu is not sure if she will play in the game or not, but she is looking forward to it.

1. マイケルはメキシコの文化に関心がある。今，彼の学校にはアンジェラと名づけられたメキシコ出身の生徒がいて，彼女は彼らのスペイン語の先生の助手である。昨日，アンジェラはクラスにいくつかのメキシコの歌を紹介した。マイケルはそれらが大好きで，彼は彼女からメキシコの歌のCDを借りることを考えている。
マイケルはアンジェラに何をするように頼むつもりか。
ア．彼にCDを貸す。

2. エイドリアンは韓国・朝鮮語課程をとる。彼の韓国・朝鮮語の先生は，毎週，宿題を与える。昨日，彼女は彼らに次の授業までに韓国・朝鮮語の月の名前を覚えるように言った。それらの全てを暗記するのは難しいが，エイドリアンは韓国・朝鮮語を学ぶことを楽しむ。
エイドリアンは次の授業までに何をする必要があるか。
ウ．月の名前を暗記する。

3. 先週の土曜日，アキラはサラに，彼と一緒に繁華街の和食レストランで夕食をとるように頼んだ。彼らがそのレストランについたとき，しかしながら，彼らはそれが閉められているのを知った。最終的に，彼らはタクシーに乗って中華レストランへ行き，そこで北京ダックを食べた。
サラとアキラはなぜ中華レストランへ行ったのか。
エ．和食レストランがその日，開いていなかった。

4. ミチコはピアノとギターをとても上手に弾くことができる。彼女は，毎日それらをとても一生懸命に練習する。先週の日曜日，彼女はギター・コンテストで1等賞を獲った。ミチコの両親は彼女をとても誇りに思った。その夜，彼らは食事のために彼女を連れ出した。
ミチコは先週の日曜日の夜に何をしたか。
エ．彼女は夕食に出かけた。

5. マユはバレーボール部に所属している。授業が終わった後，彼女は体育館へ急ぎ，すぐにバレーボールの練習を始める。彼女のチームは彼らの地域ではかなり強く，来週，彼らは夏の勝ち抜き試合の決勝戦で試合する予定だ。マユはその試合に出るか出ないか確かではないが，彼女はそれを楽しみにしている。
マユのチームは来週，何をする予定か。
イ．バレーボールの決勝戦で試合する。

2 （長文読解・論説文・物語文：語句補充）

［A］（全訳）彼のクラスで，タナカ先生は生徒に，彼らが日本のどの県を訪れたいか，について尋ねた。それぞれの生徒は1つの県を選んだ。沖縄は生徒の中で最も人気のある県だった。11人の生徒がそれを訪れたかった。8人の生徒が北海道へ行きたくて，4人が大阪を訪れたかった。だから，北海道は大阪(1)よりも人気があった。他の県へ行きたい生徒の数は3人より少なかった。

［B］（全訳）マサキは中学生だ。彼のおばはインターネット会社で働いている。彼女は仕事でしばしば海外へ行った。去年の冬，マサキと彼のおばは中国を訪れた。これは彼の最初の海外だった。飛行機の中で，彼はおいしい機内食にとても驚いたが，飛行機が離陸する直前に昼食をとっ

たので，(1)全てを食べることはできなかった。

北京では，彼は博物館や寺院，良いレストランのようなたくさんの場所を訪れて楽しんだ。中国の人々はマサキにとても親切だった。彼はそれを話すことができなかったが，彼が言いたかったことを言うのに苦しんだときに，彼らは(2)彼に中国語を教えた。中国での2週間の滞在の後，マサキと彼のおばは日本へ飛行機で戻った。マサキは，いつか1人で中国を訪れたいと思った。

3 （語句整序：助動詞，語い，文型，不定詞，分詞）

重要 1. (Dad,) could you pick me up at (the station today at five o'clock?) 〈Could you ＋動詞の原形？〉の形で「～していただけますか」という丁寧な依頼・要請を表す。pick up「迎えに行く」のような〈他動詞＋副詞〉の句動詞では，目的語に me などの代名詞が来る場合は〈他動詞＋代名詞＋副詞〉の順になる。

基本 2. (Rina) got lost her way to (her friend's party.) lose one's way で「道に迷う」，on the way to ～ で「～への途中で」の意味。get は後に形容詞・形容詞化した動詞の過去分詞形・名詞を伴って「～(の状態)になる」の意味になる。

3. (Mom,) there is something wrong with my computer(.) there is something wrong with ～「～はどこか調子が悪い」

4. She looked surprised at the news (, so I told ～) 〈主語＋ look ～〉で「…(主語)は～に見える，surprised at ～「～に驚いて」の意味。

やや難 5. (～, they noticed that there) was a long line of people waiting to buy tickets(.) 主語が不特定なもので「…が～にある」という意味を表す場合，〈There ＋be動詞＋数量[a／an]＋名詞＋場所を示す前置詞句〉の形にする。「～するために」という意味の不定詞の副詞的用法を用いた文。不定詞は〈to ＋動詞の原形〉の形。people を修飾する現在分詞 waiting を使った文。現在分詞 waiting は単独ではなく関連する語句 to buy tickets を伴っているので people の直後に置く。

4 （英作文：語彙，受動態，現在完了，接続詞，文型，関係代名詞）

1. because of ～ で「～の原因で，～のために」，be late for ～ で「～に遅れる」の意味。

2. 「～でいっぱいだ」の意味にするには，be full of ～ か be filled with ～ を用いるのが一般的である。

3. 「～される」という意味なので〈be動詞＋動詞の過去分詞形〉の形の受動態の文にする。since「～から」を用いて，〈have［has］＋動詞の過去分詞形〉の形をとる現在完了の継続用法の文にする。「(主語)が～してから…年になる」の意味にするときは，〈… years have passed since ＋主語＋動詞〉の形を用いる。

4. 「AがBのとき，CがD」という意味にするには，接続詞 when を用いる。〈When ＋主語A＋動詞B，主語C＋動詞D〉，または〈主語C＋動詞D＋ when ＋主語A＋動詞B〉の形にする。動詞Bと動詞Dの時制は一致させる。

やや難 5. give は〈主語＋ give ＋A＋B〉という文型を作り，「(主語)がAにBを与える」という意味になる。関係代名詞 which を用いて this is the watch と my father gave me it on my birthday をつなげた文を作る。it が which に代わる。この which は省略することができる。

5 （長文読解・資料読解：内容吟味）

（全訳） 新たに開園

錦城保育園

子どもたちを受け入れています

●定員(受け入れる子どもの数)

0歳 → 8人　1歳 → 10人　2歳 → 15人

3歳 → 18人　4歳 → 18人　5歳 → 18人

●料金(支払わなければならないお金)

入学金 － 1人20,000円

2歳以下 － 1ヶ月45,000円

3歳以上 － 1ヶ月32,000円

●保育時間

月曜日－金曜日　午前8時～午後6時

土曜日　午前8時～午後5時

※長時間保育を受け入れます(最大2時間)。

追加料金は1時間につき500円です。

☆給食は提供しませんが，毎週火曜日に，3～5歳のための料理教室をしますので，彼らはその日には弁当を持ってこなくてもよいです。

☆木曜日ごとに1日体験を受け入れています。

住所：オダイラコヌマ町1-1-1

電話：XXX－XXX－XXXX

タケバヤシ

ア　この保育園が満員になると，0歳クラスには5歳クラスの2倍より多い子どもたちがいる。(×)　0歳クラスの定員は8人，5歳クラスは18人だから，5歳クラスの方が多くなるのである。

イ　もし2人の子どもをこの保育園に入れたいなら，入学金として20,000円を支払わなくてはならない。(×)　入学金は1人につき20,000円だから，2人なら40,000円である。

ウ　もし1歳の子ども1人と3歳の子ども1人をこの保育園に預けたいなら，毎月，77,000円払わなければならない。(○)　1ヶ月に，1歳の子どもは1人45,000円，3歳は1人32,000円だから，合計で77,000円である。

エ　土曜日には午後7時に子どもを車で迎えに行くことができる。(○)　土曜日は午後5時までだが，最大2時間の長時間保育を受けられるから，午後7時である。

オ　1日に2,000円支払うなら，保育時間を4時間まで変えることができる。(×)　長時間保育は最大で2時間まででである。

カ　2歳の子どもたちは，月曜日に英語の授業を受ける。(×)　英語の授業についての記載はない。

キ　4歳の子どもたちは，木曜日には弁当を持ってくる必要がある。(○)　弁当を持ってくる必要がないのは，料理教室がある火曜日である。

ク　2歳の子どもたちは，火曜日には弁当を持ってこなくてもよい。(×)　火曜日の料理教室は3～5歳だけだから，2歳は火曜日にも弁当を持っていく必要がある。

6　**(長文読解・物語文：語句補充，内容吟味)**

(全訳)　モモカはその夜，1人で公園のベンチに座っていた。彼女の頭の上に，弱々しく飛んでいるコウモリがいた。彼女は古い物語のいやしいコウモリのようだ，と彼女は思った。その物語で，獣の王と鳥の王は互いにけんかしていた。コウモリは両方の側に良い顔をしたが，けんかが終わったとき，コウモリはそれがしたことで非難された。それはついに両方の側から信用を失って，完全に1人で生きなければならなかった。彼女は同じようなことをした，と彼女は思った。彼がいないところで，レイを(1−A)支援するために彼女はツバサの悪口を言い，そして，彼女のいないところで，ツバサを(1−B)支援するためにレイの悪口を言いもした。

レイとツバサ，モモカは高校最後の年で，合唱部に所属していた。彼らはみんな良い友達だった。部のリーダーのレイは，音楽理論が得意で，たくさんの合唱技術を知っていた。部の副リーダーのツバサは，とても快活な性格だった。彼と一緒に，彼らは練習をとても楽しむことができた。ツバサやレイは彼女とはとても違っている，とモモカは思った。彼らは彼ら自身の考えを持っていて，それらをはっきりと表現することができた。モモカには話す友達はたくさんいたが，真の友達がいる，という自信が彼女にはなかった。

合唱競技会はもうすぐだった。合唱部のメンバーは自由課題に何の歌を歌うか決めなければならなかった。レイとツバサは(2)完全に違った意見を持っていた。賞を獲るためにより良い，と彼女は考えたから，彼らは歌うのに難しい歌を選ぶべきだ，レイは言った。それは高度な技術を必要とする，とみんなが知っていた。彼女は「私たちは賞を獲ったことがない。私たちが獲れば，私たちの学校の他の生徒が彼らの見方を変えて，私たちをもっと誇りに思うわ」と言った。もう一方で，ツバサは言った。「これは僕らの最後のコンテストだから，僕らは僕らが歌いたい歌を歌うべきだよ。僕らは歌うことが好きだから，この部に参加して一生懸命に練習してきているんだ。僕らはなぜ，僕らのほとんどが1度も聞いたことがない歌を歌う練習をするべきなんだよ」彼らはその時は決めることができずに，次の週にまたこれについて話すことに同意した。

モモカが教室に戻ると，レイと部の他のメンバーはすでにそこにいた。レイは落ち込んでいるようだった。モモカは，(3)あんなに白熱した議論の後でレイがどう感じたのか，と思った。彼女は，彼女が言うべき言葉を探して言った。「私はツバサが言ったことに同意できないわ。彼は私たちのお気に入りの歌を歌いたい，と言ったけれど，(4)私たちは私たちのためだけに歌うの。もしそうなら，私たちは観客の前で歌うために尽力する必要がないわ。むしろ，私たちの苦しくて長い練習の理由は，私たちの感動を他の人たちと共有して，彼らを幸せにしたい，ということよ」レイはモモカが言っていることを注意深く聞いたが，答えなかった。

モモカが校門を出たあとすぐに，ツバサは部の何人かの他のメンバーと話していた。話題はレイとツバサの間の意見の相違点だった。彼らはモモカに，彼女がどちらの立場につくか尋ねた。モモカは「私はレイが言ったことに同意できなかった。彼女はいつも結果について考えているわ。それに彼女はいつも彼女がしたいように全てを完璧にしようとする。レイと一緒にいると，(5)私たちは主人の言うことに従うように設定されたロボットだ，と私たちは感じるのよ」と答えた。ツバサは彼女の言うことを聞いていたが，答えなかった。

その夜，モモカはオンライン・チャット・グループを調べた。そのメンバーはそこでどんな種類のメッセージをも交換することができた。彼女の合唱部もこの種のグループを持っていた。彼女はそのグループで書かれていることを見てショックを受けた。レイとツバサとの異なった意見についての議論があった。モモカにとって問題だったことは，放課後に彼女がレイとツバサに言ったことについて彼らが書いたことだった。それぞれのメッセージは「モモカが言うには…」で始まっていた。そして最大の問題は，レイとツバサもそれらを確実に読む，ということだった。「⑥全て終わりだわ」と彼女は思った。

モモカは公園へ行くために外出した。彼女は1人でベンチに座っていた。コウモリは暗がりに消えた。彼女は彼女の携帯電話を取り出して，レイとツバサに携帯メールを書き始めた。彼女は「ごめんなさい。あんなことを言って。私はあなたたちそれぞれを励ますように彼らに言ったの」「本当よ」彼女は考えて，それからそれを消去した。彼女はまた書き始めた。「他のメンバーはよく私が言ったのと同じことを言うから，私は…」彼女の指は止まった。その携帯メールは彼女を落ち込ませただけだった。彼女は「私はなんて卑劣な子なんだろう。うそは真実を変えることはできない。私は彼らと歌い続けることはできなかった。⑦他に方法はないのよ。私は歌が上手ではないから，もし私が部を去っても問題ないだろう」

次の日の放課後，モモカはトイレにいて，彼女が部のメンバーの前で言うつもりのことを彼女の心の中で繰り返した。話し合いが開かれようとしたとき，彼女はその部屋に入った。みんながモモカを見た。彼女が心の中で最初の語を言おうとしたとき，レイが「私はモモカとツバサと個人的なことについて話したいの。私たちの話が終わるまで，あなたたちは教室の外で待ってくれない」と言った。(8)他の全てのメンバーは何も言わずに出ていった。

モモカはレイとツバサに「私が言ったひどいことをすまなく思っているわ。私は部を去ろうと決めたの…ごめんなさい」それは彼女が前もって言う用意をしたことだった。彼女は彼らの顔を見ることができなかった。話し終えたとき，彼女は何かもっと言って，彼らの顔を見上げなければならない，と感じた。モモカはレイに「あなたのレッスンで私たちの歌は前よりもずっと良く聞こえる。私たちは歌をより良く理解することができる。今では，私たちは不可能のようだったことをすることができる，と私は感じるの」モモカはツバサの方を向いて言った。「実際，私は最初は練習することが好きではなかったけれど，あなたが私に歌うことがどんなに素晴らしいかを教えてくれたから，それをあきらめることは決して考えなかった。私は賞を獲ったことがないけれど，この部での長い間の経験よりも大切なものはないの。でも，私はあなたたちのいない所で悪口を言うことであなたたち両方を裏切った。私はもうあなたたちと一緒に歌い続けることはできない」レイは言った。「私の言うことを聞いて，モモカ。あの日，私とツバサはあなたに言うことについて話したの。⑨−Aもちろん，もし私について言うことがあったら，私はあなたに私に直接話してほしい。⑨−Bでも，私たちにはあなたの言葉について考えなくてはならないことがあった，とツバサと私にはわかったの。⑨−C実際は，私はいつも結果を心配して，私がなぜ歌うのかを忘れていたわ」ツバサもモモカに言った。「君が言うように，僕らは僕ら自身のためだけに歌うのではないよ。レイのおかげで，僕らは高い目標を設定して，それを達成しようとすることは重要だ，と僕らは今知っている。他のメンバーが考えていることを君が言ったけれど，⑩最も良い方法ではなかったな。それに，もし誰かが僕のいない所で悪口を言ったら，たとえ彼や彼女の言葉に本当のことがあったとしても，僕はその人を憎むようになる。君は僕たちのことをとてもよく知っていて，僕たちを裏切らなかった。君は僕らに直接謝った。君は僕らの友情を維持しているよ」レイは言った。「私もそう思うわ。もう心配しないで。私たちは本当の友達よね。何の歌を歌ったら良いか決めはじめよう」モモカは彼らにお礼を言うことしかできず，彼女には本当の友達がいない，と彼女がかつて思ったことを恥ずかしく感じた。

問1 「(1−A)と(1−B)には同じ語が入る。最も適切な答えを選びなさい」 ア 「攻撃する」(×) イ 「信用する」(×) ウ 「支援する」(○) 第1段落参照。モモカが自分を「古い物語のいやしいコウモリのようだ」(第3文)と思ったのは，コウモリは「その物語で」「けんかしていた」「獣の王と鳥の王」(第4文)の「両方の側に良い顔をした」(第5文)，つまり，両方を「支援した」からである。 エ 「ぎょっとさせる」(×)

問2 「(2)に書き込むための最も適切な答えを選びなさい」 ア 「完全に違った意見」(○) 第3段落参照。レイは「難しい歌を選ぶべきだ」(第4文)と言い，ツバサは「歌いたい歌を歌うべきだ」(第9文)と言ったのである。 イ 「とても単純な性格」(×) ウ 「同じように強い情熱」(×) エ 「たくさんの似た経験」(×)

問3 「(3)に書き込むための最も適切な答えを選びなさい」 ア 「ツバサの意思を変えるためにレイがするべきこと」(×) イ 「レイがツバサにするだろうひどいこと」(×) ウ 「どのようにあんな素晴らしい考えがレイの心に浮かぶのか」(×) エ 「あんなに白熱した議論の後でレイがどう感じたのか」(○) 第4段落参照。「レイがどう感じたのか」わからなかったから，「言うべき言葉を探した」(第3文)のである。

問4 「(4)に書き込むための最も適切な答えを選びなさい」 ア 「私たちは私たちのためだけに歌

うの」(○)　空欄4の直後の1文参照。「観客の前で歌う尽力する必要がない」のは，自分たちのために歌う場合である。　イ　「私たちは誰かのためだけに歌うの」(×)　ウ　「それは，私たちが練習する必要がない，ということなの」(×)　エ　「それは，私たちは意見が一致する必要がない，ということなの」(×)

問5　「(5)に書き込むための最も適切な答えを選びなさい」　ア　「私たちは大きな城の女王に仕える労働者を育てている」(×)　イ　「私たちは主人の言うことに従うように設定されたロボットだ」(○)　空欄5の直前の1文参照。　ウ　「私たちは食べ物を探しているライオンと戦っている」(×)　エ　「私たちは強いタカの翼に乗って空を飛んでいる」(×)

問6　「なぜモモカは『⑥全て終わりだわ』と思ったのか。最も適切な答えを選びなさい」　ア　「彼女の言いたかった全てのメッセージはオンライン・チャット・グループですでに言われたから」(×)　イ　「彼女がオンライン・チャット・グループで書いたメッセージを消すには遅すぎたから」(×)　ウ　「全てのメンバーが，彼女がみんなを喜ばせようとした方法に怒ったから」(×)　エ　「彼女が最も知ってほしくなかった人が彼女がしたことを知ってしまうだろうから」(○)　下線部⑥の直前の1文参照。

問7　「⑦他に方法がない，とはどういう意味か。最も適切な答えを選びなさい」　ア　「私にはどんな解決策も見つけ出せない」(×)　イ　「私はどんな良い言い訳も考えつくことができない」(×)　ウ　「私は部を去らなくてはならない」(○)　下線部⑦の直前の1文・直後の1文参照。　エ　「私はオンライン・グループを出なければならない」(×)

問8　「(8)に書き込むための最も適切な答えを選びなさい」　ア　「他の1人のメンバー」(×)　another「(3つ以上あるうちの)別の1つ」　イ　「他の何人かのメンバー」(×)　other —s …「(3つ以上あるうちの)残りのいくつか」　ウ　「他の1人のメンバー」(×)　the other「(2つあるうちの)残りの1つ」　エ　「他の全てのメンバー」(○)　the other —s 「(3つ以上あるうちの)残り全部の」

問9　「(⑨−A)と(⑨−B)，(⑨−C)に書き込むための最も適切な答えを選びなさい」　全訳参照。

問10　「⑩最も良い方法とは何か。最も適切な答えを選びなさい」　ア　「面と向かって誠実に話すこと」(○)　ツバサ「がいないところで」「ツバサの悪口を言い」，レイ「のいないところで」「レイの悪口を言」った(第1段落最終文)，というモモカのやり方を指して「最も良い方法ではなかった」と言っているのである。　イ　「正確な言葉であなたの考えを表現すること」(×)　ウ　「秘密で本当のメッセージを送ること」(×)　エ　「決してあきらめない，とあなたの心に決めること」(×)

問11　「レイとツバサの前でのモモカの話について，どれが一致しているか。最も適切な答えを選びなさい」　ア　「レイとツバサはモモカに，彼らにはそれぞれの立場に変えなければならないいくつかの点があり，彼女がしたことに対して非難しない，と言った」(○)　最終段落参照。モモカ「の言葉について考えなくてはならないことがあった」し(空欄⑨−Bの1文)，モモカは2人を「裏切らなかった」(最後から7文目)から「友情を維持している」(最後から5文目)のである。　イ　「モモカは言うつもりのことを前もって練習したので，彼女の正直な意見をはっきりとレイとツバサに表現することができた」(×)　ウ　「モモカはとても真面目に話したので，レイとツバサはついに，また賞を獲るための手段として意見を一致させるために，彼らの意見を変えた」(×)　エ　「欠点のない人間はいないから，誰にも他の人々を非難することはできない，とモモカの話はレイとツバサに教えた」(×)

問12　「物語についてどれが一致しているか。最も適切な答えを選びなさい」　ア　「モモカとツバサは高い目標を設定し，それを達成するため一生懸命にやってみることは他の何よりも重要だ，とわかり，自由課題としてレイが提案した歌を決めた」（×）　イ 「インターネットでメッセージを送ることは，本当の友達の間の大切な友情を壊す意思疎通の汚い方法だ，と気付いた」（×）　ウ 「彼らが築いた関係はとても強かったので，モモカとレイ，ツバサは困難を乗り越えることができ，お互いにお互いをより信頼するための機会にした」（○）　最終段落最後から5文目～最終文参照。　エ 「レイとツバサはモモカに，もし彼女が真の友達が本当に欲しいなら，どんな場合にも彼女は古い物語のコウモリのように行動するべきではない，と教えた」（×）

★ワンポイントアドバイス★

あまり馴染みのない内容の長文を読むときは，厳密な日本語訳をすることよりも正確な内容の把握をすることに努めよう。

＜国語解答＞

一　問一　1　懸命　2　半端　3　平坦　4　純粋　問二　大器晩成

二　問一　ウ　問二　エ　問三　イ　問四　ウ　問五　イ　問六　逆転［転倒／倒錯］
問七　ウ　問八　ウ　問九　ア　問十　ウ

三　問一　1　エ　2　イ　問二　イ　問三　ウ　問四　ア　問五　イ
問六　①　エ　②　エ　③　ア　問七　ア　問八　ウ

四　問一　エ　問二　①　ウ　②　ア　問三　イ　問四　イ　問五　イ
問六　ウ　問七　ウ

○配点○

一　各2点×5　二　問七・問八・問十　各4点×3　他　各3点×7

三　問一・問八　各2点×3　問六①・③　各4点×2　他　各3点×6

四　問一・問二　各3点×3　問三・問七　各2点×2　問四～問六　各4点×3　計100点

＜国語解説＞

一　（漢字の読み書き，熟語）

問一　1　力いっぱいがんばること。「懸」の他の音読みは「ケ」で，「懸念」などの熟語がある。　2　どちらともつかないこと。「端」の他の訓読みは「はし」「はた」。　3　土地が平らなこと。「坦」の訓読みは「かつ(ぐ)」「にな(う)」。　4　まじりけのないこと。「粋」の訓読みは「いき」。

問二　「タイキバンセイ」と読む故事成語となる。

二　（論説文・対談―主題・表題，内容吟味，文脈把握，脱文・脱語補充）

基本　問一　いずれの図にも「農耕革命」「産業革命」「情報革命」とあるので，この三つが書かれている部分に注目する。「農耕革命」「産業革命」「情報革命」を「文明の転換点」とし，「その間隔がどんどん短くなっている」ことを表現した図を選ぶ。

問二　「ああ，そうね」で始まる山極氏の発言に，AIについて「それに従って自動的に幸福感を感じるような人間になっていくかもしれない……あなたが好むことはこういうことです，こういうふうにやりなさいという指令がどんどん来て，その通りにやっていけば自分で決定する必要がないし，考える必要も悩む必要もなくなる」とあり，この内容を述べているものを選ぶ。

問三　bの鎌田氏の発言は，AIとの関係を踏まえて人間の身体性を考え直したいとする山極氏の発言を受けて，AIは「人間そのものの代わりにはならない」という新たな視点を述べるものである。

問四　直後の「曖昧なものを曖昧なように理解する，感じるというのがサルからつながる人間の能力」に着目する。ここから，サルは曖昧なものを曖昧なままで理解しようとしないと推測する。この推測にふさわしいのは，正体を見極めないうちに逃げるとあるウ。

問五　C の章の冒頭で「曖昧なものを曖昧なままに温存しておく，曖昧なままに付き合うということができなくなる」と述べ，章内では「曖昧なものを曖昧なものなんだといっても受け入れられ」ず，データをとらうとする「若い人たち」について述べている。

やや難　問六　「計測器を」で始まる山極氏の発言に，本来は「自分の考えたこと，思い込んだことが正しいかどうか，いくつかの事例を通して見定め……他人を説得するためにデータを取る」ものであるが，データ信奉者は「まずデータを取ってみて，このデータは私の仮説に合わない」と言う，とある。本来は自分の考えがありそれからデータを取るもので，データを取ってから自分の考えに合わないというのは順序が逆であると述べている。順序が逆という意味を表す漢字二字の言葉を考える。

問七　一つ前の山極氏の発言で，グローバル化に従って「人間は規則やルールに依存していくようにな」り，「信頼あるいは共感というものは人間の社会をつくるプロセスから消え去っていって……効率だけが前面に出てくる」と述べている。その結果，傍線部Eの直前にあるように「個人が孤立すると社会性が失われるんで，社会性をつなぎとめるようなツールが発達する」と，フェイスブックや携帯電話というツールが発達する背景を説明している。

重要　問八　同じ山極氏の発言にあるように「二重生活」は，「自分が働く場所と自分の故郷」の両方で生活することを言っている。次の山極氏の発言「働く場所と子育てをする場所，あるいは老後楽しみをもつ場所……を分けて，自分が信頼できる集団やコミュニティへのアイデンティティを作りましょう」や，後の「両立させる」で始まる山極氏の発言「これをやらないと日本の社会は崩壊する。働く場所での人間関係と幼馴染のいる故郷とは違うわけで，異なるコミュニケーションを使い分けなくてはならない。でも，それが心の安らぎにもなる」から，「二重生活」の意義を探る。

問九　傍線部Gは，一つ前の山極氏や鎌田氏の発言の「そういうこと」を具体的に言及したものである。「そういうこと」は，これまで話題となっていた「二重生活」を指し示している。

問十　「身体性・社会性の喪失」の章の「実際に会うというのをちゃんと確保しないとダメ」という内容に対して，ウは不適切。

三　（小説―主題・表題，情景・心情，内容吟味，文脈把握，脱文・脱語補充，漢字の読み書き，語句の意味，文学史）

問一　1　店員のように商品を移動させている古倉さんを見ている「女の子」の様子であることからも，意味を推察することができる。　2　「コンビニの『声』が聞こえるんです」と不可解なことを言う古倉さんに対する白羽さんの「目」である。

基本　問二　冒頭の「その日は，私の初めての面接だった。派遣とはいえ，36歳までアルバイトをしていた私が面接にこぎつけることができた……コンビニを辞めてから，一ヶ月近く経っていた」という古倉さんのプロフィールとしてふさわしいものが入る。

問三　直前の段落に「『今日からパスタ全品30円引き！』というポスターが貼ってあ」るのに，パスタが「ちっとも目立っていない」とある。それに気づいた古倉さんは「パスタを……目立つ場所へ移動させ」，古倉さんの意図通りに女性客は「パスタ」をとっていったのだと想像できる。

問四　直後の文「私はコンビニからの天啓を伝達しているだけなのだった」に着目する。「天啓」は神の導きという意味で，コンビニの声を「天啓」としていることから考える。

問五　「ガラスの向こう」は，コンビニの店内のこと。同じ段落に「コンビニの窓ガラスに映る自分の姿を眺めた。この手も足も，コンビニのために存在していると思うと，ガラスの中の自分が，初めて，意味のある生き物に思えた」とある。ここから，古倉さんは「ガラスの中」，つまりコンビニでは自分を「意味のある生き物」と思えるのだと読み取れる。

重要　問六　①　傍線部Eは，古倉さんはどこにでもいる人間，と言い換えられる。本文後半の「気持ちが悪い。お前なんか，人間じゃない」という白羽さんの言葉に注目する。

②　直後の「正常さの暴力」は，何を「排除」するのか。正常でない物，つまり異物を排除すると考える。「指のささくれを一本ずつ抜いていくような」という比喩表現にも注目する。

③　二つ目の夏目さんの会話に「幸せってそんなに色々なあり方があっていいのー？」とあり，それに答えて，森さんは，小川洋子さんの「あやふやな境界を自由に伸び縮みさせる」という言葉を引用し，何が「幸せ」で「普通」なのかは，「本人次第であったり，周囲の人間次第であったり……」と述べている。空欄［G］を含む島崎さんの会話はこれに続くもので，「つまり」という言い換えの意味を表す語で始まっている。したがって，前の「幸せ」や「普通」は確定的なものではなく本人次第という森さんの発言を言い換えているものを選ぶ。

問七　本文は，終始「私」の目線で描かれ，その心情が場面に沿って詳しく描写されている。「私」は「古倉さん」と呼ばれており，これらの表現の説明として最も適切なのはア。

基本　問八　アは夏目漱石，イは森鷗外，エは島崎藤村の作品。

四　（古文ー情景・心情，内容吟味，文脈把握，指示語の問題，語句の意味，品詞・用法，文学史）

問一　【現代語訳】の該当部分「主人の悪いことを諌めるものは，顧みを受けることが《ありがたし》」に着目する。問五にあるように「ありがたし」はめったにないという意味。同じ文の「人の通例として，思い立ったことを諌められるのは，嫌なこと」を踏まえて，主人の悪いことを諌めても主人から何を受けることはめったにないのかを考える。

やや難　問二　①　作者が「いみじく愚かなること」と考えている箇所を探す。【現代語訳】の内容より，「諌められるもの」の態度を言っているので，ウの「する」から始まる箇所を示す。　②　諌められるのを嫌って秘密にしておこうとすることを「愚か」とする理由を考える。「あの人はよく言ってくれたのに」と気づいたこともあったのに，その経験を活かしていないからである。

問三　abは連体修飾を示す格助詞，cは「もの」という名詞の一部，dは主語を示す格助詞。

重要　問四　【四コマ】は，【状況】の「実行委員は……クラスの意見をはじめから聞かずに出し物を『演劇』に決め」「話し合いが進む中で，予想通りに不満が上がってき」た場面である。したがって，一コマ目は不満を述べるⅰが，二コマ目と三コマ目は不満に同意するⅲとⅳが想定される。四コマ目には実行委員の思いも知っている高校生Aが，不満をなだめとりなそうとするⅱがくるという流れとなる。

問五　「微子」も「何曽」も，自分の身を守るために主君を諌めようとしなかった家臣である。

問六　空欄の矢印の前「有ることが難しい」から，意味を推察する。

基本　問七　アは平安時代に成立した随筆，イは江戸時代に成立した紀行文，ウは鎌倉時代に成立した随筆，エは平安時代に成立した物語。

★ワンポイントアドバイス★

問題文だけでなく，問題文を踏まえた対話文や問題文から派生した資料などが提示されている。さまざまな資料や，対話文などを合わせて読み取らせる問題は今後ますます増えていくだろう。どのような形式で出題されてもあわてることのないよう，過去問などで練習を重ねておこう。

解答用紙集

〇月×日　△曜日　天気（合格日和）

◆ご利用のみなさまへ

＊解答用紙の公表を行っていない学校につきましては、弊社の責任において、解答用紙を制作いたしました。

＊編集上の理由により一部縮小掲載した解答用紙がございます。

＊編集上の理由により一部実物と異なる形式の解答用紙がございます。

人間の最も偉大な力とは、その一番の弱点を克服したところから生まれてくるものである。──カール・ヒルティ──

東京学参株式会社

錦城高等学校　　2024年度　　　　◇数学◇

※ 130%に拡大していただくと，解答欄は実物大になります。

Ⅰ

(1)	ア	0	1	2	3	4	5	6	7	8	9
	イ	0	1	2	3	4	5	6	7	8	9
(2)	ウ	0	1	2	3	4	5	6	7	8	9
	エ	0	1	2	3	4	5	6	7	8	9
(3)	オ	0	1	2	3	4	5	6	7	8	9
	カ	0	1	2	3	4	5	6	7	8	9
	キ	0	1	2	3	4	5	6	7	8	9
(4)	ク	0	1	2	3	4	5	6	7	8	9
	ケ	0	1	2	3	4	5	6	7	8	9
(5)	コ	0	1	2	3	4	5	6	7	8	9
	サ	0	1	2	3	4	5	6	7	8	9
	シ	0	1	2	3	4	5	6	7	8	9
	ス	0	1	2	3	4	5	6	7	8	9

Ⅱ

(1)	ア	0	1	2	3	4	5	6	7	8	9
	イ	0	1	2	3	4	5	6	7	8	9
	ウ	0	1	2	3	4	5	6	7	8	9
(2)	エ	0	1	2	3	4	5	6	7	8	9
	オ	0	1	2	3	4	5	6	7	8	9
	カ	0	1	2	3	4	5	6	7	8	9
(3)	キ	0	1	2	3	4	5	6	7	8	9
	ク	0	1	2	3	4	5	6	7	8	9
	ケ	0	1	2	3	4	5	6	7	8	9
(4)	コ	0	1	2	3	4	5	6	7	8	9

Ⅲ

(1)	ア	0	1	2	3	4	5	6	7	8	9
	イ	0	1	2	3	4	5	6	7	8	9
(2)	ウ	0	1	2	3	4	5	6	7	8	9
	エ	0	1	2	3	4	5	6	7	8	9
	オ	0	1	2	3	4	5	6	7	8	9
(3)	カ	0	1	2	3	4	5	6	7	8	9
(4)	キ	0	1	2	3	4	5	6	7	8	9

Ⅳ

(1)	ア	0	1	2	3	4	5	6	7	8	9
	イ	0	1	2	3	4	5	6	7	8	9
	ウ	0	1	2	3	4	5	6	7	8	9
(2)	エ	0	1	2	3	4	5	6	7	8	9
	オ	0	1	2	3	4	5	6	7	8	9
(3)	カ	0	1	2	3	4	5	6	7	8	9
	キ	0	1	2	3	4	5	6	7	8	9
	ク	0	1	2	3	4	5	6	7	8	9
(4)	ケ	0	1	2	3	4	5	6	7	8	9
	コ	0	1	2	3	4	5	6	7	8	9
	サ	0	1	2	3	4	5	6	7	8	9

Ⅴ は裏に解答しなさい。

記述解答用紙

V (1)

$F =$ (ア)(答え)

$E =$ (イ)(答え)

$E =$ (ウ)(答え)

$2E =$ (エ)(答え)

$V =$ (オ)(答え)

$\frac{E}{V} =$ (カ)(答え)

(2) (式)

(答え) $F =$ 　 $E =$ 　 $V =$

錦城高等学校　2024年度

◇英語◇

※ 110％に拡大していただくと，解答欄は実物大になります。

1

1	a	b	c	d
2	a	b	c	d
3	a	b	c	d
4	a	b	c	d
5	a	b	c	d

2

1	3番目	a	b	c	d	e	f	g
	6番目	a	b	c	d	e	f	g
2	3番目	a	b	c	d	e	f	g
	6番目	a	b	c	d	e	f	g
3	3番目	a	b	c	d	e	f	g
	6番目	a	b	c	d	e	f	g
4	3番目	a	b	c	d	e	f	g
	6番目	a	b	c	d	e	f	g

3

解答欄は裏にあります

4

1	a	b	c	d
2	a	b	c	d
3	a	b	c	d

5

a	b	c	d	e	f	g	h

6

1	1a	1b	1c	1d						
2	a	b	c	d						
3 A	a	b	c	d	e	f	g			
3 B	a	b	c	d	e	f	g			
4	a	b	c	d						
5	a	b	c	d						
6	a	b	c	d						
7	a	b	c	d						
8	a	b	c	d						
9	a	b	c	d						
10	a	b	c	d	e	f	g	h	i	j

記述解答用紙

3

1	
2	
3	
4	

錦城高等学校　２０２４年度

※　１１９％に拡大していただくと，解答欄は実物大になります

◇国語◇

一

問	解答欄
問1	
問2	ア○ イ○ ウ○ エ○
問3 最初	
問3 最後	
問4	ア○ イ○ ウ○ エ○
問5	ア○ イ○ ウ○ エ○
問6	ア○ イ○ ウ○ エ○
問7	ア○ イ○ ウ○ エ○
問8	ア○ イ○ ウ○ エ○
問9	ア○ イ○ ウ○ エ○

二

問	解答欄
問1	ア○ イ○ ウ○ エ○
問2	ア○ イ○ ウ○ エ○
問3 a	ア○ イ○ ウ○ エ○
問3 b	ア○ イ○ ウ○ エ○
問4	ア○ イ○ ウ○ エ○
問5	ア○ イ○ ウ○ エ○

三

問	解答欄
問1	ア○ イ○ ウ○ エ○ オ○
問2	ア○ イ○ ウ○ エ○
問3	
問4	ア○ イ○ ウ○ エ○
問5	ア○ イ○ ウ○ エ○
問6 (i)	ア○ イ○ ウ○ エ○
問6 (ii) A	ア○ イ○
問6 (ii) B	ア○ イ○
問6 (ii) C	ア○ イ○
問6 (ii) D	ア○ イ○
問6 (ii) E	ア○ イ○
問6 (ii) F	ア○ イ○
問6 (ii) G	ア○ イ○
問6 (ii) H	ア○ イ○
問7	ア○ イ○ ウ○ エ○
問8	ア○ イ○ ウ○ エ○

四

問	解答欄
問一 1	ア○ イ○ ウ○ エ○
問一 2	ア○ イ○ ウ○ エ○
問一 3	ア○ イ○ ウ○ エ○
問二 1	ア○ イ○ ウ○ エ○ オ○ カ○
問二 2	ア○ イ○ ウ○ エ○ オ○ カ○
問三 1	
問三 2	
問四 1	ア○ イ○ ウ○ エ○
問四 2	ア○ イ○ ウ○ エ○
問四 3	ア○ イ○ ウ○ エ○

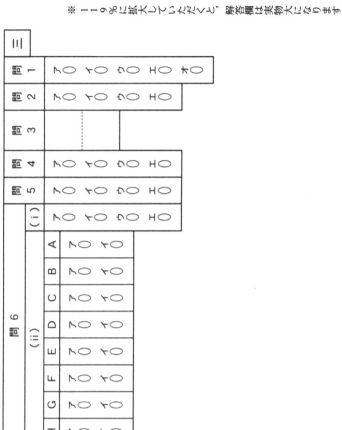

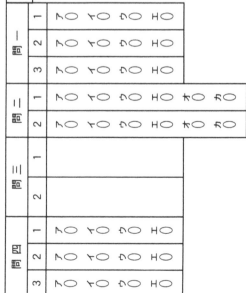

錦城高等学校　2023年度

◇数学◇

※ 128%に拡大していただくと，解答欄は実物大になります。

I

(1)	ア	0 1 2 3 4 5 6 7 8 9
	イ	0 1 2 3 4 5 6 7 8 9
(2)	ウ	0 1 2 3 4 5 6 7 8 9
	エ	0 1 2 3 4 5 6 7 8 9
	オ	0 1 2 3 4 5 6 7 8 9
(3)	カ	0 1 2 3 4 5 6 7 8 9
	キ	0 1 2 3 4 5 6 7 8 9
	ク	0 1 2 3 4 5 6 7 8 9
(4)	ケ	0 1 2 3 4 5 6 7 8 9
	コ	0 1 2 3 4 5 6 7 8 9
(5)	サ	0 1 2 3 4 5 6 7 8 9
	シ	0 1 2 3 4 5 6 7 8 9
(6)	ス	0 1 2 3 4 5 6 7 8 9
	セ	0 1 2 3 4 5 6 7 8 9
	ソ	0 1 2 3 4 5 6 7 8 9

II

(1)	ア	0 1 2 3 4 5 6 7 8 9
	イ	0 1 2 3 4 5 6 7 8 9
(2)	ウ	0 1 2 3 4 5 6 7 8 9
	エ	0 1 2 3 4 5 6 7 8 9
	オ	0 1 2 3 4 5 6 7 8 9
(3)	カ	0 1 2 3 4 5 6 7 8 9
	キ	0 1 2 3 4 5 6 7 8 9
	ク	0 1 2 3 4 5 6 7 8 9
	ケ	0 1 2 3 4 5 6 7 8 9

III

ア	0 1 2 3 4 5 6 7 8 9
イ	0 1 2 3 4 5 6 7 8 9
ウ	0 1 2 3 4 5 6 7 8 9
エ	0 1 2 3 4 5 6 7 8 9
オ	0 1 2 3 4 5 6 7 8 9
カ	0 1 2 3 4 5 6 7 8 9
キ	0 1 2 3 4 5 6 7 8 9
ク	0 1 2 3 4 5 6 7 8 9
ケ	0 1 2 3 4 5 6 7 8 9
コ	0 1 2 3 4 5 6 7 8 9
サ	0 1 2 3 4 5 6 7 8 9
シ	0 1 2 3 4 5 6 7 8 9
ス	0 1 2 3 4 5 6 7 8 9
セ	0 1 2 3 4 5 6 7 8 9
ソ	0 1 2 3 4 5 6 7 8 9

IV

(1)	ア	0 1 2 3 4 5 6 7 8 9
	イ	0 1 2 3 4 5 6 7 8 9
	ウ	0 1 2 3 4 5 6 7 8 9
(2)	エ	0 1 2 3 4 5 6 7 8 9
	オ	0 1 2 3 4 5 6 7 8 9
	カ	0 1 2 3 4 5 6 7 8 9
	キ	0 1 2 3 4 5 6 7 8 9
(3)	ク	0 1 2 3 4 5 6 7 8 9
	ケ	0 1 2 3 4 5 6 7 8 9
	コ	0 1 2 3 4 5 6 7 8 9

V は裏に解答しなさい。

記述解答用紙

V

（１）（解答）

（答え）

（２）（解答）

（答え）

（３）（解答）

（答え）　　cm^3

錦城高等学校　2023年度

◇英語◇

※ 118％に拡大していただくと，解答欄は実物大になります。

1

1	a	b	c	d
2	a	b	c	d
3	a	b	c	d
4	a	b	c	d
5	a	b	c	d

2

1	3番目	a	b	c	d	e	f	
	5番目	a	b	c	d	e	f	
2	3番目	a	b	c	d	e	f	
	5番目	a	b	c	d	e	f	
3	3番目	a	b	c	d	e	f	g
	5番目	a	b	c	d	e	f	g
4	3番目	a	b	c	d	e	f	g
	5番目	a	b	c	d	e	f	g

3

解答欄は裏にあります

4

1	a	b	c	d
2	a	b	c	d
3	a	b	c	d

5

a	b	c	d	e	f	g	h

6

1		a	b	c	d				
2		a	b	c	d				
3	A	a	b	c	d	e	f	g	
	B	a	b	c	d	e	f	g	
4		4a	4b	4c	4d				
5		a	b	c	d				
6		a	b	c	d				
7		a	b	c	d				
8		a	b	c	d				
9		a	b	c	d				
10		a	b	c	d	e	f	g	h

記述解答用紙

3

1	
2	
3	
4	

◇国語◇

錦城高等学校　２０２３年度

※１２７％に拡大していただくと，解答欄は実物大になります

一

問1		ア〇 イ〇 ウ〇 エ〇
問2		ア〇 イ〇 ウ〇 エ〇
問3		ア〇 イ〇 ウ〇 エ〇
問4		ア〇 イ〇 ウ〇 エ〇
問5		ア〇 イ〇 ウ〇 エ〇
問6		
問7		ア〇 イ〇 ウ〇 エ〇
問8	(1)	ア〇 イ〇 ウ〇 エ〇
	(2)	ア〇 イ〇 ウ〇
	(3)	ア〇 イ〇 ウ〇 エ〇

二

問1		ア〇 イ〇 ウ〇 エ〇
問2	一つ目	
	二つ目	
問3		ア〇 イ〇 ウ〇 エ〇
問4		ア〇 イ〇 ウ〇 エ〇
問5	一つ目	ア〇 イ〇 ウ〇 エ〇 オ〇 カ〇
	二つ目	ア〇 イ〇 ウ〇 エ〇 オ〇 カ〇
問6		ア〇 イ〇 ウ〇 エ〇
問7		ア〇 イ〇 ウ〇 エ〇
問8	最初	
	最後	
問9		ア〇 イ〇 ウ〇 エ〇
問10	1	ア〇 イ〇
	2	ア〇 イ〇
	3	ア〇 イ〇
	4	ア〇 イ〇
	5	ア〇 イ〇
	6	ア〇 イ〇
	7	ア〇 イ〇

三

問1	ア〇 イ〇 ウ〇 エ〇
問2	ア〇 イ〇 ウ〇 エ〇

四

問1	①	ア〇 イ〇 ウ〇
	②	ア〇 イ〇 ウ〇
	③	ア〇 イ〇 ウ〇
問2	(1)	ア〇 イ〇 ウ〇 エ〇 オ〇 カ〇 キ〇
	(2)	ア〇 イ〇 ウ〇 エ〇 オ〇 カ〇 キ〇
	(3)	ア〇 イ〇 ウ〇 エ〇 オ〇 カ〇 キ〇
問3	(1)	
	(2)	
	(3)	
問4		ア〇 イ〇 ウ〇 エ〇

錦城高等学校　2022年度

◇数学◇

※ 128％に拡大していただくと，解答欄は実物大になります。

I

(1)	ア	0 1 2 3 4 5 6 7 8 9
	イ	0 1 2 3 4 5 6 7 8 9
(2)	ウ	0 1 2 3 4 5 6 7 8 9
	エ	0 1 2 3 4 5 6 7 8 9
(3)	オ	0 1 2 3 4 5 6 7 8 9
	カ	0 1 2 3 4 5 6 7 8 9
(4)	キ	0 1 2 3 4 5 6 7 8 9
	ク	0 1 2 3 4 5 6 7 8 9
	ケ	0 1 2 3 4 5 6 7 8 9
(5)	コ	0 1 2 3 4 5 6 7 8 9
	サ	0 1 2 3 4 5 6 7 8 9
	シ	0 1 2 3 4 5 6 7 8 9
	ス	0 1 2 3 4 5 6 7 8 9
	セ	0 1 2 3 4 5 6 7 8 9
	ソ	0 1 2 3 4 5 6 7 8 9

II

(1)	ア	0 1 2 3 4 5 6 7 8 9
	イ	0 1 2 3 4 5 6 7 8 9
(2)	ウ	0 1 2 3 4 5 6 7 8 9
	エ	0 1 2 3 4 5 6 7 8 9
	オ	0 1 2 3 4 5 6 7 8 9
	カ	0 1 2 3 4 5 6 7 8 9
(3)	キ	0 1 2 3 4 5 6 7 8 9
	ク	0 1 2 3 4 5 6 7 8 9
	ケ	0 1 2 3 4 5 6 7 8 9
	コ	0 1 2 3 4 5 6 7 8 9

III

(1)	ア	0 1 2 3 4 5 6 7 8 9
	イ	0 1 2 3 4 5 6 7 8 9
(2)	ウ	0 1 2 3 4 5 6 7 8 9
	エ	0 1 2 3 4 5 6 7 8 9
(3)	オ	0 1 2 3 4 5 6 7 8 9
	カ	0 1 2 3 4 5 6 7 8 9

IV

(1)	ア	0 1 2 3 4 5 6 7 8 9
	イ	0 1 2 3 4 5 6 7 8 9
	ウ	0 1 2 3 4 5 6 7 8 9
(2)	エ	0 1 2 3 4 5 6 7 8 9
	オ	0 1 2 3 4 5 6 7 8 9
	カ	0 1 2 3 4 5 6 7 8 9
	キ	0 1 2 3 4 5 6 7 8 9
(3)	ク	0 1 2 3 4 5 6 7 8 9
	ケ	0 1 2 3 4 5 6 7 8 9
(4)	コ	0 1 2 3 4 5 6 7 8 9
	サ	0 1 2 3 4 5 6 7 8 9
(5)	シ	0 1 2 3 4 5 6 7 8 9
	ス	0 1 2 3 4 5 6 7 8 9
	セ	0 1 2 3 4 5 6 7 8 9
	ソ	0 1 2 3 4 5 6 7 8 9
	タ	0 1 2 3 4 5 6 7 8 9
	チ	0 1 2 3 4 5 6 7 8 9

V は裏に解答しなさい。

記述解答用紙

V

(1)(式)

(答え)半径 ____ cm

(2)(式)

(答え)点 A が動いた道のり ____ cm

(3)(式)

(答え)CD の長さ ____ cm, △ABC の面積 ____ cm^2

錦城高等学校　2022年度

◇英語◇

※ 118%に拡大していただくと，解答欄は実物大になります。

1

1	ア	イ	ウ	エ
2	ア	イ	ウ	エ
3	ア	イ	ウ	エ
4	ア	イ	ウ	エ
5	ア	イ	ウ	エ

2

1	3番目	ア	イ	ウ	エ	オ	カ	キ	ク
	6番目	ア	イ	ウ	エ	オ	カ	キ	ク
2	3番目	ア	イ	ウ	エ	オ	カ	キ	ク
	6番目	ア	イ	ウ	エ	オ	カ	キ	ク
3	3番目	ア	イ	ウ	エ	オ	カ	キ	
	6番目	ア	イ	ウ	エ	オ	カ	キ	
4	3番目	ア	イ	ウ	エ	オ	カ	キ	
	6番目	ア	イ	ウ	エ	オ	カ	キ	

3

解答欄は裏にあります

4

1	ア	イ	ウ	エ
2	ア	イ	ウ	エ
3	ア	イ	ウ	エ

5

ア	イ	ウ	エ	オ	カ	キ	ク

6

1		ア	イ	ウ	エ				
2	A	ア	イ	ウ	エ	オ	カ	キ	
	B	ア	イ	ウ	エ	オ	カ	キ	
3		ア	イ	ウ	エ				
4		ア	イ	ウ	エ				
5		ア	イ	ウ	エ				
6		ア	イ	ウ	エ				
7		ア	イ	ウ	エ				
8		ア	イ	ウ	エ				
9		ア	イ	ウ	エ				
10		ア	イ	ウ	エ	オ	カ	キ	ク

記述解答用紙

3

1	
2	
3	
4	

錦城高等学校　２０２２年度

※１２７％に拡大していただくと，解答欄は実物大になります

◇国語◇

一

問		解答欄
問1	a	ア○ イ○ ウ○ エ○
問1	b	ア○ イ○ ウ○ エ○
問2		ア○ イ○ ウ○ エ○
問3		ア○ イ○ ウ○ エ○
問4		ア○ イ○ ウ○ エ○
問5		ア○ イ○ ウ○ エ○
問6	一つ目	ア○ イ○ ウ○ エ○ オ○
問6	二つ目	ア○ イ○ ウ○ エ○ オ○
問7		ア○ イ○ ウ○ エ○
問8		ア○ イ○ ウ○ エ○
問9		ア○ イ○ ウ○ エ○

二

問		解答欄
問1		
問2		a○ b○ c○ d○
問3		ア○ イ○ ウ○ エ○
問4		
問5	Ⅰ	ア○ イ○ ウ○ エ○ オ○
問5	Ⅱ	ア○ イ○ ウ○ エ○ オ○
問5	Ⅲ	ア○ イ○ ウ○ エ○ オ○
問5	Ⅳ	ア○ イ○ ウ○ エ○ オ○
問6		ア○ イ○ ウ○ エ○
問7	一	ア○ イ○ ウ○ エ○
問7	二 あ	ア○ イ○ ウ○ エ○
問7	二 い	ア○ イ○ ウ○ エ○
問7	三	ア○ イ○ ウ○ エ○
問7	四	ア○ イ○ ウ○ エ○

三

問		解答欄
問1	一	
問1	二	
問2		ア○ イ○ ウ○
問3	A	
問3	B	
問4	一	ア○ イ○ ウ○ エ○
問4	二	ア○ イ○ ウ○ エ○
問4	三	ア○ イ○ ウ○ エ○
問5	A	
問5	B	

錦城高等学校　2021年度

◇数学◇

※119%に拡大していただくと，解答欄は実物大になります。

Ⅰ

(1)	ア	0	1	2	3	4	5	6	7	8	9
	イ	0	1	2	3	4	5	6	7	8	9
(2)	ウ	0	1	2	3	4	5	6	7	8	9
	エ	0	1	2	3	4	5	6	7	8	9
	オ	0	1	2	3	4	5	6	7	8	9
	カ	0	1	2	3	4	5	6	7	8	9
	キ	0	1	2	3	4	5	6	7	8	9
	ク	0	1	2	3	4	5	6	7	8	9
(3)	ケ	0	1	2	3	4	5	6	7	8	9
(4)	コ	0	1	2	3	4	5	6	7	8	9
	サ	0	1	2	3	4	5	6	7	8	9
(5)	シ	0	1	2	3	4	5	6	7	8	9
	ス	0	1	2	3	4	5	6	7	8	9

Ⅱ

(1)	ア	0	1	2	3	4	5	6	7	8	9
	イ	0	1	2	3	4	5	6	7	8	9
	ウ	0	1	2	3	4	5	6	7	8	9
	エ	0	1	2	3	4	5	6	7	8	9
	オ	0	1	2	3	4	5	6	7	8	9
	カ	0	1	2	3	4	5	6	7	8	9
	キ	0	1	2	3	4	5	6	7	8	9
(2)	ク	0	1	2	3	4	5	6	7	8	9
	ケ	0	1	2	3	4	5	6	7	8	9
	コ	0	1	2	3	4	5	6	7	8	9
(3)	サ	0	1	2	3	4	5	6	7	8	9
	シ	0	1	2	3	4	5	6	7	8	9
	ス	0	1	2	3	4	5	6	7	8	9

Ⅲ

(1)	ア	0	1	2	3	4	5	6	7	8	9
	イ	0	1	2	3	4	5	6	7	8	9
(2)	ウ	0	1	2	3	4	5	6	7	8	9
	エ	0	1	2	3	4	5	6	7	8	9
	オ	0	1	2	3	4	5	6	7	8	9
	カ	0	1	2	3	4	5	6	7	8	9
(3)	キ	0	1	2	3	4	5	6	7	8	9
	ク	0	1	2	3	4	5	6	7	8	9
	ケ	0	1	2	3	4	5	6	7	8	9

Ⅳ

(1)	ア	0	1	2	3	4	5	6	7	8	9
	イ	0	1	2	3	4	5	6	7	8	9
	ウ	0	1	2	3	4	5	6	7	8	9
(2)	エ	0	1	2	3	4	5	6	7	8	9
	オ	0	1	2	3	4	5	6	7	8	9
	カ	0	1	2	3	4	5	6	7	8	9
	キ	0	1	2	3	4	5	6	7	8	9
	ク	0	1	2	3	4	5	6	7	8	9
(3)	ケ	0	1	2	3	4	5	6	7	8	9
	コ	0	1	2	3	4	5	6	7	8	9
(4)	サ	0	1	2	3	4	5	6	7	8	9
	シ	0	1	2	3	4	5	6	7	8	9

Ⅴ は裏に解答しなさい。

記述解答用紙

V

（1）（式）

（答え）CD＝ 　　　 cm

（2）〔証明〕

（答え）CE＝ 　　　 cm

（3）（式）

（答え） △ADE＝

錦城高等学校　2021年度

◇英語◇

※解答欄は実物大になります。

1

1	ア	イ	ウ	エ
2	ア	イ	ウ	エ
3	ア	イ	ウ	エ
4	ア	イ	ウ	エ
5	ア	イ	ウ	エ

2

1	3番目	ア	イ	ウ	エ	オ	カ	キ	
	6番目	ア	イ	ウ	エ	オ	カ	キ	
2	3番目	ア	イ	ウ	エ	オ	カ	キ	ク
	6番目	ア	イ	ウ	エ	オ	カ	キ	ク
3	3番目	ア	イ	ウ	エ	オ	カ	キ	
	6番目	ア	イ	ウ	エ	オ	カ	キ	
4	3番目	ア	イ	ウ	エ	オ	カ	キ	ク
	6番目	ア	イ	ウ	エ	オ	カ	キ	ク

3

解答欄は裏にあります

4

1	ア	イ	ウ	エ
2	ア	イ	ウ	エ
3	ア	イ	ウ	エ
4	ア	イ	ウ	エ

5

ア	イ	ウ	エ	オ	カ	キ	ク

6

1	ア	イ	ウ	エ
2	ア	イ	ウ	エ
3	ア	イ	ウ	エ
4	ア	イ	ウ	エ
5	ア	イ	ウ	エ
6	ア	イ	ウ	エ
7	ア	イ	ウ	エ
8	ア	イ	ウ	エ
9	ア	イ	ウ	エ
10	ア	イ	ウ	エ
11	ア	イ	ウ	エ
12	ア	イ	ウ	エ

記述解答用紙

3

1	
2	
3	
4	

◇国語◇

錦城高等学校　２０２１年度

※118%に拡大していただくと、解答欄は実物大になります。

一

問		解答欄
問1		ア〇 イ〇 ウ〇 エ〇
問2		ア〇 イ〇 ウ〇 エ〇
問3		ア〇 イ〇 ウ〇 エ〇
問4		ア〇 イ〇 ウ〇 エ〇
問5	ⓐ	ア〇 イ〇 ウ〇 エ〇
問5	ⓑ	ア〇 イ〇 ウ〇 エ〇
問6	ⓐ	最初 ／ 最後
問6	ⓑ	ア〇 イ〇 ウ〇 エ〇
問7		ア〇 イ〇 ウ〇 エ〇 オ〇

二

問		解答欄
問1	甲	ア〇 イ〇 ウ〇 エ〇
問1	乙	ア〇 イ〇 ウ〇 エ〇
問2		ア〇 イ〇 ウ〇 エ〇
問3		ア〇 イ〇 ウ〇 エ〇 オ〇 カ〇 キ〇 ク〇
問4	ⓐ	ア〇 イ〇 ウ〇 エ〇
問4	ⓑ	ア〇 イ〇 ウ〇 エ〇
問4	ⓒ	ア〇 イ〇 ウ〇 エ〇
問5		ア〇 イ〇 ウ〇 エ〇
問6		ア〇 イ〇 ウ〇 エ〇
問7		ア〇 イ〇 ウ〇 エ〇

三

問		解答欄
問1		
問2		ア〇 イ〇 ウ〇 エ〇
問3		ア〇 イ〇 ウ〇 エ〇
問4	D	ア〇 イ〇 ウ〇 エ〇
問4	E	ア〇 イ〇 ウ〇 エ〇
問5		
問6	1	ア〇 イ〇 ウ〇 エ〇 オ〇 カ〇
問6	2	ア〇 イ〇 ウ〇 エ〇 オ〇 カ〇
問7		ア〇 イ〇 ウ〇 エ〇 オ〇
問8		ア〇 イ〇 ウ〇 エ〇

四

問		解答欄
問1	①	
問1	②	
問2	①	
問2	②	
問2	③	

錦城高等学校　2020年度

◇数学◇

※118％に拡大していただくと，解答欄は実物大になります。

I

(1)	ア	0 1 2 3 4 5 6 7 8 9
(2)	イ	0 1 2 3 4 5 6 7 8 9
(3)	ウ	0 1 2 3 4 5 6 7 8 9
	エ	0 1 2 3 4 5 6 7 8 9
	オ	0 1 2 3 4 5 6 7 8 9
	カ	0 1 2 3 4 5 6 7 8 9
	キ	0 1 2 3 4 5 6 7 8 9
(4)	ク	0 1 2 3 4 5 6 7 8 9
	ケ	0 1 2 3 4 5 6 7 8 9
	コ	0 1 2 3 4 5 6 7 8 9
(5)	サ	0 1 2 3 4 5 6 7 8 9
	シ	0 1 2 3 4 5 6 7 8 9

II

(1)	ア	0 1 2 3 4 5 6 7 8 9
	イ	0 1 2 3 4 5 6 7 8 9
	ウ	0 1 2 3 4 5 6 7 8 9
(2)	エ	0 1 2 3 4 5 6 7 8 9
	オ	0 1 2 3 4 5 6 7 8 9
(3)	カ	0 1 2 3 4 5 6 7 8 9
	キ	0 1 2 3 4 5 6 7 8 9
(4)	ク	0 1 2 3 4 5 6 7 8 9
	ケ	0 1 2 3 4 5 6 7 8 9
	コ	0 1 2 3 4 5 6 7 8 9

III

(1)	ア	0 1 2 3 4 5 6 7 8 9
	イ	0 1 2 3 4 5 6 7 8 9
(2)	ウ	0 1 2 3 4 5 6 7 8 9
	エ	0 1 2 3 4 5 6 7 8 9
	オ	0 1 2 3 4 5 6 7 8 9
	カ	0 1 2 3 4 5 6 7 8 9
(3)	キ	0 1 2 3 4 5 6 7 8 9
	ク	0 1 2 3 4 5 6 7 8 9
	ケ	0 1 2 3 4 5 6 7 8 9

IV

(1)	ア	0 1 2 3 4 5 6 7 8 9
	イ	0 1 2 3 4 5 6 7 8 9
(2)	ウ	0 1 2 3 4 5 6 7 8 9
	エ	0 1 2 3 4 5 6 7 8 9
(3)	オ	0 1 2 3 4 5 6 7 8 9
	カ	0 1 2 3 4 5 6 7 8 9
	キ	0 1 2 3 4 5 6 7 8 9

V は裏に解答しなさい。

記述解答用紙

V

（1）（式）

（答え）FC＝　　cm

（2）（式）

（答え）HI＝　　cm

（3）（式）

（答え）四角形 AGFD：四角形 GIEF＝

錦城高等学校　2020年度

◇英語◇

※100％に拡大していただくと，解答欄は実物大になります。

1

1	ア	イ	ウ	エ
2	ア	イ	ウ	エ
3	ア	イ	ウ	エ
4	ア	イ	ウ	エ
5	ア	イ	ウ	エ

2

A	(1)	ア	イ	ウ	エ
B	(1)	ア	イ	ウ	エ
	(2)	ア	イ	ウ	エ

3

1	2番目	ア	イ	ウ	エ	オ	カ
	5番目	ア	イ	ウ	エ	オ	カ
2	2番目	ア	イ	ウ	エ	オ	カ
	5番目	ア	イ	ウ	エ	オ	カ
3	2番目	ア	イ	ウ	エ	オ	カ
	5番目	ア	イ	ウ	エ	オ	カ
4	2番目	ア	イ	ウ	エ	オ	カ
	5番目	ア	イ	ウ	エ	オ	カ
5	2番目	ア	イ	ウ	エ	オ	カ
	5番目	ア	イ	ウ	エ	オ	カ

4　解答欄は裏にあります

5

ア	イ	ウ	エ	オ	カ	キ	ク

6

1	ア	イ	ウ	エ
2	ア	イ	ウ	エ
3	ア	イ	ウ	エ
4	ア	イ	ウ	エ
5	ア	イ	ウ	エ
6	ア	イ	ウ	エ
7	ア	イ	ウ	エ
8	ア	イ	ウ	エ
9	ア	イ	ウ	エ
10	ア	イ	ウ	エ
11	ア	イ	ウ	エ
12	ア	イ	ウ	エ

記述解答用紙

4

1	
2	
3	
4	
5	

2020年度　錦城高等学校

◇国語◇

※120%に拡大していただくと、解答欄は実物大になります。

一

問一	1	
	2	
	3	
	4	
問二		

二

問一	ア〇 イ〇 ウ〇 エ〇
問二	ア〇 イ〇 ウ〇 エ〇
問三	ア〇 イ〇 ウ〇 エ〇
問四	ア〇 イ〇 ウ〇 エ〇
問五	ア〇 イ〇 ウ〇 エ〇
問六	
問七	ア〇 イ〇 ウ〇 エ〇
問八	ア〇 イ〇 ウ〇 エ〇
問九	ア〇 イ〇 ウ〇 エ〇
問十	ア〇 イ〇 ウ〇 エ〇

三

問一	1	ア〇 イ〇 ウ〇 エ〇
	2	ア〇 イ〇 ウ〇 エ〇
問二		ア〇 イ〇 ウ〇 エ〇
問三		ア〇 イ〇 ウ〇 エ〇
問四		ア〇 イ〇 ウ〇 エ〇
問五		ア〇 イ〇 ウ〇 エ〇
問六	①	ア〇 イ〇 ウ〇 エ〇
	②	ア〇 イ〇 ウ〇 エ〇
	③	ア〇 イ〇 ウ〇 エ〇
問七		ア〇 イ〇 ウ〇 エ〇
問八		ア〇 イ〇 ウ〇 エ〇

四

問一		ア〇 イ〇 ウ〇 エ〇
問二	①	ア〇 イ〇 ウ〇 エ〇
	②	ア〇 イ〇 ウ〇 エ〇
問三		ア〇 イ〇 ウ〇 エ〇
問四		ア〇 イ〇 ウ〇 エ〇
問五		ア〇 イ〇 ウ〇 エ〇
問六		ア〇 イ〇 ウ〇 エ〇
問七		ア〇 イ〇 ウ〇 エ〇

～公立高校志望の皆様に愛されるロングセラーシリーズ～

公立高校入試シリーズ

・全国の都道府県公立高校入試問題から良問を厳選
　※実力錬成編には独自問題も！
・見やすい紙面、わかりやすい解説

数学

合格のために必要な点数をゲット

目標得点別・公立入試の数学　基礎編

- 効率的に対策できる！　30・50・70点の目標得点別の章立て
- web解説には豊富な例題167問！
- 実力確認用の総まとめテストつき

定価：1,210 円（本体 1,100 円 + 税 10%）／ ISBN：978-4-8141-2558-6

応用問題の頻出パターンをつかんで80点の壁を破る！

実戦問題演習・公立入試の数学　実力錬成編

- 応用問題の頻出パターンを網羅
- 難問にはweb解説で追加解説を掲載
- 実力確認用の総まとめテストつき

定価：1,540 円（本体 1,400 円 + 税 10%）／ ISBN：978-4-8141-2560-9

英語

「なんとなく」ではなく確実に長文読解・英作文が解ける

実戦問題演習・公立入試の英語　基礎編

- 解き方がわかる！　問題内にヒント入り
- ステップアップ式で確かな実力がつく

定価：1,100 円（本体 1,000 円 + 税 10%）／ ISBN：978-4-8141-2123-6

公立難関・上位校合格のためのゆるがぬ実戦力を身につける

実戦問題演習・公立入試の英語　実力錬成編

- 総合読解・英作文問題へのアプローチ手法がつかめる
- 文法、構文、表現を一つひとつ詳しく解説

定価：1,320 円（本体 1,200 円 + 税 10%）／ ISBN：978-4-8141-2169-4

理科

短期間で弱点補強・総仕上げ

実戦問題演習・公立入試の理科

- 解き方のコツがつかめる!　豊富なヒント入り
- 基礎～思考・表現を問う問題まで
  重要項目を網羅

定価：1,045 円（本体 950 円 + 税 10%）
ISBN：978-4-8141-0454-3

社会

弱点補強・総合力で社会が武器になる

実戦問題演習・公立入試の社会

- 基礎から学び弱点を克服!　豊富なヒント入り
- 分野別総合・分野複合の融合など
  あらゆる問題形式を網羅
  ※時事用語集を弊社HPで無料配信

定価：1,045 円（本体 950 円 + 税 10%）
ISBN：978-4-8141-0455-0

国語

最後まで解ききれる力をつける

形式別演習・公立入試の国語

- 解き方がわかる!　問題内にヒント入り
- 基礎～標準レベルの問題で
  確かな基礎力を築く
- 実力確認用の総合テストつき

定価：1,045 円（本体 950 円 + 税 10%）
ISBN：978-4-8141-0453-6

東京学参の
高校別入試過去問題シリーズ

＊出版校は一部変更することがあります。一覧にない学校はお問い合わせください。

東京ラインナップ

あ 愛国高校(A59)
青山学院高等部(A16)★
桜美林高校(A37)
お茶の水女子大附属高校(A04)
か 開成高校(A05)★
共立女子第二高校(A40)★
慶應義塾女子高校(A13)
啓明学園高校(A68)★
国学院高校(A30)
国学院大久我山高校(A31)
国際基督教大高校(A06)
小平錦城高校(A61)★
駒澤大高校(A32)
さ 芝浦工業大附属高校(A35)
修徳高校(A52)
城北高校(A21)
専修大附属高校(A28)
創価高校(A66)★
た 拓殖大第一高校(A53)
立川女子高校(A41)
玉川学園高等部(A56)
中央大高校(A19)
中央大杉並高校(A18)★
中央大附属高校(A17)
筑波大附属高校(A01)
筑波大附属駒場高校(A02)
帝京大高校(A60)
東海大菅生高校(A42)
東京学芸大附属高校(A03)
東京農業大第一高校(A39)
桐朋高校(A15)
都立青山高校(A73)★
都立国立高校(A76)★
都立国際高校(A80)★
都立国分寺高校(A78)★
都立新宿高校(A77)★
都立墨田川高校(A81)★
都立立川高校(A75)★
都立戸山高校(A72)★
都立西高校(A71)★
都立八王子東高校(A74)★
都立日比谷高校(A70)★
な 日本大櫻丘高校(A25)
日本大第一高校(A50)
日本大第三高校(A48)
日本大第二高校(A27)
日本大鶴ヶ丘高校(A26)
日本大豊山高校(A23)
は 八王子学園八王子高校(A64)
法政大高校(A29)
ま 明治学院高校(A38)
明治学院東村山高校(A49)
明治大付属中野高校(A33)
明治大付属八王子高校(A67)
明治大付属明治高校(A34)★
明法高校(A63)
わ 早稲田実業学校高等部(A09)
早稲田大高等学院(A07)

神奈川ラインナップ

あ 麻布大附属高校(B04)
アレセイア湘南高校(B24)
か 慶應義塾高校(A11)
神奈川県公立高校特色検査(B00)
さ 相洋高校(B18)
た 立花学園高校(B23)
桐蔭学園高校(B01)
東海大付属相模高校(B03)★
桐光学園高校(B11)
な 日本大高校(B06)
日本大藤沢高校(B07)
は 平塚学園高校(B22)
藤沢翔陵高校(B08)
法政大国際高校(B17)
法政大第二高校(B02)★
や 山手学院高校(B09)
横須賀学院高校(B20)
横浜商科大高校(B05)
横浜市立横浜サイエンスフロンティア高校(B70)
横浜翠陵高校(B14)
横浜清風高校(B10)
横浜創英高校(B21)
横浜隼人高校(B16)
横浜富士見丘学園高校(B25)

千葉ラインナップ

あ 愛国学園大附属四街道高校(C26)
我孫子二階堂高校(C17)
市川高校(C01)★
か 敬愛学園高校(C15)
さ 芝浦工業大柏高校(C09)
渋谷教育学園幕張高校(C16)★
翔凜高校(C34)
昭和学院秀英高校(C23)
専修大松戸高校(C02)
た 千葉英和高校(C18)
千葉敬愛高校(C05)
千葉経済大附属高校(C27)
千葉日本大第一高校(C06)★
千葉明徳高校(C20)
千葉黎明高校(C24)
東海大付属浦安高校(C03)
東京学館高校(C14)
東京学館浦安高校(C31)
な 日本体育大柏高校(C30)
日本大習志野高校(C07)
は 日出学園高校(C08)
や 八千代松陰高校(C12)
ら 流通経済大付属柏高校(C19)★

埼玉ラインナップ

あ 浦和学院高校(D21)
大妻嵐山高校(D04)★
か 開智高校(D08)
開智未来高校(D13)★
春日部共栄高校(D07)
川越東高校(D12)
慶應義塾志木高校(A12)
さ 埼玉栄高校(D09)
栄東高校(D14)
狭山ヶ丘高校(D24)
昌平高校(D23)
西武学園文理高校(D10)
西武台高校(D06)
た 東京農業大第三高校(D18)
は 武南高校(D05)
本庄東高校(D20)
や 山村国際高校(D19)
ら 立教新座高校(A14)
わ 早稲田大本庄高等学院(A10)

北関東・甲信越ラインナップ

あ 愛国学園大附属龍ヶ崎高校(E07)
宇都宮短大附属高校(E24)
か 鹿島学園高校(E08)
霞ヶ浦高校(E03)
共愛学園高校(E31)
甲陵高校(E43)
国立高等専門学校(A00)
さ 作新学院高校
（トップ英進・英進部）(E21)
（情報科学・総合進学部）(E22)
常総学院高校(E04)
た 中越高校(R03)＊
土浦日本大高校(E01)
東洋大附属牛久高校(E02)
な 新潟青陵高校(R02)
新潟明訓高校(R04)
日本文理高校(R01)
は 白鷗大足利高校(E25)
ま 前橋育英高校(E32)
や 山梨学院高校(E41)

中京圏ラインナップ

あ 愛知高校(F02)
愛知啓成高校(F09)
愛知工業大名電高校(F06)
愛知みずほ大瑞穂高校(F25)
暁高校（３年制）(F50)
鶯谷高校(F60)
栄徳高校(F29)
桜花学園高校(F14)
岡崎城西高校(F34)
か 岐阜聖徳学園高校(F62)
岐阜東高校(F61)
享栄高校(F18)
さ 桜丘高校(F36)
至学館高校(F19)
椙山女学園高校(F10)
鈴鹿高校(F53)
星城高校(F27)★
誠信高校(F33)
清林館高校(F16)★
た 大成高校(F28)
大同大大同高校(F30)
高田高校(F51)
滝高校(F03)★
中京高校(F63)
中京大附属中京高校(F11)★
中部大春日丘高校(F26)★
中部大第一高校(F32)
津田学園高校(F54)
東海高校(F04)★
東海学園高校(F20)
東邦高校(F12)
同朋高校(F22)
豊田大谷高校(F35)
な 名古屋高校(F13)
名古屋大谷高校(F23)
名古屋経済大市邨高校(F08)
名古屋経済大高蔵高校(F05)
名古屋女子大高校(F24)
名古屋たちばな高校(F21)
日本福祉大付属高校(F17)
人間環境大附属岡崎高校(F37)
は 光ヶ丘女子高校(F38)
誉高校(F31)
ま 三重高校(F52)
名城大附属高校(F15)

宮城ラインナップ

さ 尚絅学院高校(G02)
聖ウルスラ学院英智高校(G01)★
聖和学園高校(G05)
仙台育英学園高校(G04)
仙台城南高校(G06)
仙台白百合学園高校(G12)
た 東北学院高校(G03)★
東北学院榴ヶ岡高校(G08)
東北高校(G11)
東北生活文化大高校(G10)
常盤木学園高校(G07)
は 古川学園高校(G13)
ま 宮城学院高校(G09)★

北海道ラインナップ

さ 札幌光星高校(H06)
札幌静修高校(H09)
札幌第一高校(H01)
札幌北斗高校(H04)
札幌龍谷学園高校(H08)
は 北海高校(H03)
北海学園札幌高校(H07)
北海道科学大高校(H05)
ら 立命館慶祥高校(H02)

★はリスニング音声データのダウンロード付き。

都道府県別 公立高校入試過去問 シリーズ

- 全国47都道府県別に出版
- 最近数年間の検査問題収録
- リスニングテスト音声対応

公立高校入試対策 問題集シリーズ

- 目標得点別・公立入試の数学（基礎編）
- 実戦問題演習・公立入試の数学（実力錬成編）
- 実戦問題演習・公立入試の英語（基礎編・実力錬成編）
- 形式別演習・公立入試の国語
- 実戦問題演習・公立入試の理科
- 実戦問題演習・公立入試の社会

高校入試特訓問題集 シリーズ

- 英語長文難関攻略33選（改訂版）
- 英語長文テーマ別難関攻略30選
- 英文法難関攻略20選
- 英語難関徹底攻略33選
- 古文完全攻略63選（改訂版）
- 国語融合問題完全攻略30選
- 国語長文難関徹底攻略30選
- 国語知識問題完全攻略13選
- 数学の図形と関数・グラフの融合問題完全攻略272選
- 数学難関徹底攻略700選
- 数学の難問80選
- 数学　思考力―規則性とデータの分析と活用―

〈ダウンロードコンテンツについて〉

本問題集のダウンロードコンテンツ、弊社ホームページで配信しております。現在ご利用いただけるのは「2025年度受験用」に対応したもので、**2025年3月末日**までダウンロード可能です。弊社ホームページにアクセスの上、ご利用ください。

※配信期間が終了いたしますと、ご利用いただけませんのでご了承ください。

高校別入試過去問題シリーズ

小平錦城高等学校　2025年度

ISBN978-4-8141-2942-3

[発行所] 東京学参株式会社

〒153-0043　東京都目黒区東山2-6-4

書籍の内容についてのお問い合わせは右のQRコードから ⇒

※書籍の内容についてのお電話でのお問い合わせ、本書の内容を超えたご質問には対応できませんのでご了承ください。

2024年7月11日　初版